财政支农资金整合研究

——以山东省平阴县为例

朱红方 赵 宇 李学刚等 编著

经济科学出版社

图书在版编目（CIP）数据

财政支农资金整合研究：——以山东省平阴县为例／朱红方等编著．—北京：经济科学出版社，2009.1
ISBN 978 - 7 - 5058 - 7864 - 8

Ⅰ．财…　Ⅱ．朱…　Ⅲ．财政支出－支援农业－资金管理－研究－平阴县　Ⅳ．F812.45

中国版本图书馆 CIP 数据核字（2009）第 003636 号

责任编辑：白留杰　张占芬
责任校对：王肖楠
版式设计：代小卫
技术编辑：李　鹏

财政支农资金整合研究
——以山东省平阴县为例
朱红方　赵　宇　李学刚等　编著
经济科学出版社出版、发行　新华书店经销
社址：北京市海淀区阜成路甲 28 号　邮编：100142
教材编辑中心电话：88191354　发行部电话：88191540
网址：www. esp. com. cn
电子信箱：bailiujie518@ 126. com
北京欣舒印务有限公司印刷
华丰装订厂装订
787×1092　16 开　17.25 印张　280000 字
2011 年 1 月第 1 版　2011 年 1 月第 1 次印刷
ISBN 978 - 7 - 5058 - 7864 - 8／F·7115　定价：35.00 元

序

　　建设社会主义新农村是一项长期、复杂、系统的社会工程，在这个过程中，始终要关注和解决好"钱从哪里来，花到那里去"这一重大课题。山东省平阴县县长朱红方同志主编的《财政支农资金整合研究——以山东省平阴县为例》一书，针对我国目前财政支农资金投入、使用和管理中存在的突出问题，从理论到实践，进行了深入研究探讨，并取得了可喜的成果，对于当前社会主义新农村建设具有很强的针对性和现实意义。

　　红方同志在清华大学攻读公共管理硕士学位时，是我的学生。教学期间我们彼此探讨了很多"三农"方面的问题，给我留下了深刻印象。后来毕业论文选题就确定了这个题目。一方面，平阴县自 2005 年起就先后承担了山东省和国家财政部关于财政支农资金整合研究和实践的试点任务，作为县长肯定是有动力更有压力。另一方面，红方同志担任平阴县县长的近七年间，很辛苦也很有感悟，看的出他对农业、农村和农民倾注了浓厚的感情也积累了丰富的经验。经过在清华学习的理性思考和近一年的潜心研究，其论文取得了较高的研究价值。值得欣慰的是，这一研究成果没有就此束之高阁，他与山东经济学院财政金融学院的专家学者组成了联合课题组做了进一步深化研究，并获得了济南市科技项目研究支持。当由他们共同编著完成的《财政支农资金整合研究——以山东省平阴县为例》书稿请我审定并作序时，我欣然应允。

　　通读书稿之后，我觉得该书将财政支农资金整合放在建设社会主义新农村的大背景下进行研究，通过对山东省平阴县财政支农资金整合的调查研究，特别是精选了平阴县玫瑰花产业发展中、圣母山农业综合开发项目中以及农村饮水工程中财政支农资金整合的三个典型案例，通过个案分析，探究了平阴县在财政支农资金整合过程中的具体做法、总结了平阴县财政支农资金整合试点的成功经验，指出了存在的问题，提出了优化财政支农资金整合对策。该书作为作者们在财政支农资金整合试点工作中理论联系实际、长期实践和学术研究积累的阶段性成果无疑具有很强的针对性、时效性和实践意义。

其次，该书创新点颇多。（1）该书认为财政支农资金的整合并不是将各种渠道的资金简单归并，财政支农资金整合应以科学发展观为统领，以农业农村发展规划为依据，以主导产业、优势区域和重点项目为平台，以县级为主与多级次资金整合相结合，以切实提高支农资金使用整体效益为目的，通过建立政府领导、部门配合的协调机制，整合各政府部门、各来源渠道安排的支农资金，逐步形成支农资金投资项目合理、运作流程规范、使用高效、运行安全的管理机制，使财政支农资金"打捆"使用，提高财政支农资金发挥的整体合力和使用效率，是对实践的高度总结。（2）该书通过计量分析表明，平阴县财政支农支出对农业增加值的增加有明显的促进作用。进一步分析表明，自1998年以来，平阴县财政支农支出的边际产出均为大于1的正数，说明平阴县财政支农支出整体不足，继续增加财政支农支出在边际上是有效率的。通过对平阴县最优财政支农支出规模与现实规模的对比，总体来看，平阴县财政支农的缺口还比较大，1998年平阴县财政支农缺口为7 593万元，到2007年该缺口为5 856万元，要缩小甚至填补该缺口，还需要加大财政支农的规模。这一研究成果，具有较强的政策含义。

第三，该书不仅内容充实，结构完整，见解新颖，对策建议切实可行，而且个案分析和计量分析的运用也使得研究结论更具理论依据和实践支持。

最后，我也很乐意将这本著作推荐给大家。我相信，该书

的出版发行不仅会使我国从事财政支农资金整合方面的研究界
和实践界的工作者们开卷有益，而且对我国财政支农资金整合
试点工作的进一步开展和财政支农资金使用效率的提高必将发
挥一定的推动作用。

2010 年 10 月

目　录

第一章 导 论

第一节 选题的背景与研究意义

一、选题的背景

1. 国内背景。我国是发展中国家，也是农业大国。改革开放以来，我国农业发展取得了巨大成就，最显著的标志就是主要农产品产量大幅度增长，以占世界9%的耕地成功地解决了占世界21%人口的吃饭问题。与此同时，我们必须清醒地认识到，我国农业仍然是国民经济中最薄弱的环节，农业发展的滞后问题突出。（1）从整体上看，我国农业仍处在粗放型增长时期，农业生产率不高，传统的农业生产方式还没有得到根本改观，田间地头的农民大多数还是依靠手工和畜力从事农业生产，与其他产业部门的发展状况相比，我国农业发展的进程十分缓慢。（2）与世界其他国家相比，我国人均耕地占有量仅有1.41亩，低于世界平均水平的一半以上，水资源人均年占有量2 000立方米，是世界平均水平的1/4等，农业受到耕地、水等自然资源有限性的制约，而且农业产业结构不合理进一步加剧了农业生产资源的紧张程度。（3）农田水利建设、农业基础设施等建设薄弱，农业科技创新和转化能力低，长期以来，我国的农业发展仍然停留在初级阶段，农业生产的附加值较低，出口的大部分是初级农产品，科技含量较低。（4）在农业生态环境方面，我国至今没有改变"局部改善，总体恶化"的情况，长期滥用化肥和农药造成了巨大的浪费，而且污染了土壤、水域等自然资源，导致生态环境的破坏。（5）加入WTO以后，我国农产品市场已向国外开放，农业直接面对国际竞争，来自国际市场的挑战和压力越来越大，如果不能改变以往的生产模式，不能优化产业结构，加之农业生产的科技含量仍然很低，以后我们将无法和国际发达国家抗衡。

除此之外，在我国农业发展中比较突出的问题还有财政支农支出总量不足、结构不合理和使用效率不高。无论是在农业基本建设、农业科技投入以及农村社会公共事业投入方面都明显不足，而政府部门的行政支出又明显偏高，吃财政饭的人数量过多、范围过大；农业投入长期以来主要依靠本级财政收入水平就不高的地方政府，更没有办法增加其对支农的投入比例；在财政支农资金的管理上，分管部门多、投入渠道多、资金分散，难以发挥规模效应，等等。这些问题在一定程度上阻碍了我国农业的发展。

近年来，尽管党中央、国务院高度重视包括农业在内的"三农"问题，强调要把解决"三农"问题作为一切工作的重中之重，采取了免税、种粮补贴等一系列支农惠农的重大政策措施，农业和农村发展以及农民的生活水平发生了可喜的变化，迎来了新的发展机遇，然而由于长期以来受体制和结构等多方面因素的影响，"三农"问题始终没有从根本上解决。

2005年10月，党的十七届三中全会通过的《中共中央关于制定国民经济和社会发展第十一个五年规划的建议》明确指出要按照"生产发展、生活宽裕、乡风文明、村容整洁、管理民主的要求，坚持从各地实际出发，尊重农民意愿，扎实稳步推进新农村建设"。"生产发展、生活宽裕、乡风文明、村容整洁、管理民主"20个字，是对新农村的全景式描绘，是从统筹城乡发展、促进工农互动的高度对新世纪新阶段建设社会主义新农村做出的重大部署。这20个字的要求是一个有机的整体，涉及农村经济、政治、文化、社会建设的方方面面，概括了社会主义新农村建设的主要内容。2006年初，中共中央、国务院继2004年和2005年连续两个中央一号文件后，再一次把一号文件锁定在推进社会主义新农村建设上。2007年10月，党的十七大报告又指出，"解决好农业、农村、农民问题，事关全面建设小康社会大局，必须始终作为全党工作的重中之重。要加强农业基础地位，走中国特色农业现代化道路，建立以工促农、以城带乡长效机制，形成城乡经济社会发展一体化新格局。坚持把发展现代农业、繁荣农村经济作为首要任务，加强农村基础设施建设，健全农村市场和农业服务体系。加大支农惠农政策力度，严格保护耕地，增加农业投入，促进农业科技进步，增强农业综合生产能力，确保国家粮食安全。"2008年10月，党的十七届三中全会通过的《关于推进农村改革发展若干重大问题的决定》进一步指出，"农业是安天下、稳民心的战略产业，没有农业现代化就没有国家现代化，没有农村繁荣稳定就没有全国繁荣稳定，没有农民全面小康就没有全国人民全面小康。"我国目前"农业基础仍然薄弱，最需要加强；农村发展仍然滞后，最需要扶持；农民增收仍然困难，最需要加快。""必须巩固和加强农业基础地位，始终把解决好十几亿人口吃饭问题作为治国安邦的头等大事。坚持立足国内实现粮食基本自给方针，加大国家对农业支持保护力度，深入实施科教兴农战略，加快现代农业建设，实现农业全面稳定发展，为推动经济发展、促进社会和谐、维护国家安全奠定坚实基础。"这些决定无疑为我们指明了农村、农业和农民今后的发展方向。

生产发展是建设社会主义新农村和解决"三农"问题的首要任务。生产发展首先是指农业的现代化。可以说，没有现代农业就没有社会主义新农村。而要推进现代农业建设，就必须加强农业基础设施建设，改善农业发展环境；加快农业科技创新，提高农业科技含量；继续推进农业和农村经济结构调整，提高农业竞争力；改革和完善农村投融资体制，健全农业投入机制；提高农村劳动者素质，促进农民和农村社会全面发展。显然，建设现代农业是一项复杂的系统工程，需要相关的政策配套和各方支持，其中财政支农责无旁贷，财政支农资金整合刻不容缓。

2. 国际背景。从国际上看，许多国家在工业化过程中，都经历了由农业为工业化提供积累转向国家对农业进行保护的过程。当今世界发达国家几乎无一例外地实施农业保护政策，政府通过种种方式支持本国农业的发展。虽然自 20 世纪 90 年代以来，各国为了适应农产品贸易自由化的发展趋势，对农业保护政策进行了调整和变革，但是，从这些改革的具体内容上看，更多地体现为支持手段的调整，力度并没有减少，特别是以美国、日本为代表的农业发达国家更是加大了对农业的支持力度。美国财政支持农业政策的目标是：提高农业生产效率；增加和稳定农场主收入；增进社会福利和促进农村发展。日本财政支持农业政策的目标是：食品的稳定供给；农业的多功能性；农业可持续发展和农村振兴。

尽管这些政策的具体目标因国别有所不同，但其基本目标是一致的：一是稳定农产品市场价格，兼顾生产者和消费者的利益——既要保证农业经营者的收入，又要保证消费者有一个合理的价格水平；二是提高农业劳动生产率，保障供给，增强和提高本国农产品在世界竞争中的能力和地位；三是注重农业的多功能性，强调农业的可持续发展。而且，这些目标基本上都是随各国不同时期对农业的要求和农业面临的问题而变化的。其中一个比较明显的规律是：当本国农业生产供给能力不能满足国内对农产品的需求时，政府财政主要支持农业生产，目的是提高农产品的生产能力，维持较低的农产品价格水平，并相应增加农民收入；当农产品生产能力足以满足国内需求并出现农产品生产过剩时，政府财政支持政策就逐步转向控制农产品生产，调节和优化生产结构，维持农业资源的可持续利用和良好的生态环境，目的在于保证农民收入，稳定农产品供应的价格以及实现农业的可持续发展。发达国家政府对原本先进的本国农业进一步支持的结果，会使他们的农产品更加优质、低价，这对缺乏国际竞争力的我国农业来说无疑是雪上加霜。

发达国家经验表明，长期有效的农业支持不仅仅是"给政策"，而且是对农业和相关服务的实际财政支持，包括直接、间接拨款和转移支付。从某种意义上说，政府的农业支持政策在相当大程度上集中体现为财政支持。它是国家对农业的直接分配和投资，反映了经济发展过程中政府对农业实行宏观调控的意愿和能力。可以说，任何一国农业的兴衰都可以从其财政支持农业政策的安排中找到根本性的原因。

除此之外，在经济全球化的今天，没有任何一个国家的农业发展不受国际环境的影响，特别是近年来全球面临的"粮食危机"、资源紧缺和波及全球的金融危机，我们作为一个人口大国和农业大国，农业的发展、新农村的建设和农民的富裕显得更为重要。

二、研究意义

改革开放以来，党和政府十分重视农业和农村的发展，特别是近年来，新农村建设过程中，中央出台了一系列的支农惠农政策和措施，财政支农资金大幅增加。这些支农措施在发展农业生产力、促进农村经济结构调整、增加农产品有效供给、提高农业竞争力和增加农民收入等方面取得了显著成效。但需要注意的是，目前我国财政支农的范围和支农资金的使用管理还存在一些突出问题。

现阶段，我国财政对农业的支持主要集中在以下几个方面：一是国家财政对农业的投入性支出，包括支援农村生产支出、农林、水利、气象等部门的事业费、农业基本建设支出、农业科技三项费用、农业综合开发支出和扶贫开发支出等；二是国家对农业的补贴支出，包括良种补贴、农机补贴、农民种粮直接收入补贴、农用生产资料价格补贴、粮食价格补贴、贷款贴息等内容；三是救灾资金和特殊用途资金。从以上几个方面来看，我国财政支农范围与 WTO 支农范围相比较，覆盖面较小、不全面。我国财政支农侧重对农业的直接支出，而忽视了对农产品流通和农村环境保护等补贴。

从财政支农资金的支出来看，首先，财政支农资金总量虽呈现不断增大趋势，但是，财政支农资金占财政支出的比例不断下降，而且财政支农资金的投入相对于农业对国民经济的贡献来说仍然不足，这可以通过投资比较率①来判断。根据发达国家的农业发展规律，当一个国家进入工业化社会，这一指标值应该接近1，而我国这一指标值还不到0.2。由此看来，包括财政投入在内的农业投资占全社会投资的比重偏低，农业的投资总量远远不够。其次，财政支农资金还存在结构失衡问题。财政支农支出用于主管部门自身的支出比例偏高，而用于农业可持续发展、农民增收以及农村基础设施建设的支出比例偏低，严重影响了支农资金效益的发挥和目标的实现。

从财政支农资金管理和使用来看也存在许多问题。例如，因分管部门多、投入渠道多、分散设立资金专项，缩小了资金规模，难以发挥财政支农资金规模效应和政策效应；预算管理弱化；追踪监管反馈差；支农资金到位率低、而且经常被挤占、挪用等。此外，由于诸多农业专项资金多头管理、多头组织，行业和部门分割，部门利益难以调整，中间损耗大，资金被肢解的现象也时有发生，致使财政支农资金使用效率低下。

面对我国新农村建设中农业发展面临的问题和财政支农资金使用中存在的诸多问题，如何调整财政农业政策，改革财政支农资金支出制度，提高支农资金的使用效益，促进农村经济和各项社会事业的健康、有序发展，需要我们以严谨和科学的态度加以研究。目前，无论是从理论上还是从实践中来看，整合财政支农资金就是解决以上问题的有效途径之一。

财政支农资金整合并不是将各种渠道的资金简单归并，而是要根据发展规划和重点项目对现有资金进行适当归并，并以主导产业或重点建设项目打造支农资金整合平台，通过项目的实施带动支农资金的集中使用，通过整合明确支农资金的重点投向，提高资金的使用效益。由此可见，财政支农资金整合是财政管理体制的一大改革，是支农资金使用方式的一大创新，它对于提高财政支农资金使用效益，促进农业发展、农民增收、农村富裕都具有深远意义。

2006年，财政部下发《关于进一步推进支农资金整合工作的指导意见》，在全国13个粮食主产省（区）选择26个县，另外还选择了135个

① 投资比较率是指农业投资占全社会投资的比重与农业产值占国民总收入比重的商。

县（市）开展支农资金整合试点，山东省平阴县在 2005 年作为山东省唯一的试点县，展开了对财政支农资金整合问题研究和探讨。后来，平阴县被确定为中央、省、市三级试点县。本书以山东省平阴县财政支农资金整合情况为研究对象，对该县支农资金整合工作实践进行分析总结，探讨我国现阶段财政支农资金整合中存在的问题，并提出进一步优化财政支农资金整合的对策措施。

通过对财政支农资金整合特别是山东省平阴县试点情况的研究，既可以从理论上丰富和拓展财政支农的研究成果，也可以从实践上提出财政支农资金整合的一些可操作性措施，为有限的财政支农资金使用效益最大化提供一些决策性参考，以期继续推进平阴县财政支农资金整合试点工作顺利开展，并为全省乃至全国提供借鉴，该书的研究无疑具有较高的理论价值和实践意义。

第二节　相关概念界定

一、县级财政

在现代社会，绝大多数国家都设立多级政府。我国《宪法》第 30 条规定："中华人民共和国的行政区域划分如下：（1）全国分为省、自治区、直辖市；（2）省、自治区分为自治州、县、自治县、市；（3）县、自治县分为乡、民族乡、镇。直辖市和较大的市分为区、县。自治州分为县、自治县、市。自治区、自治州、自治县都是民族自治地方。"第 107 条规定："县级以上地方各级人民政府依照法律规定的权限，管理本行政区域内的经济、教育、科学、文化、卫生、体育事业、城乡建设事业和财政、民政、公安、民族事务、司法行政、监察、计划生育等行政工作，发布决定和命令，任免、培训、考核和奖惩行政工作人员。"

社会主义市场经济体制下，中国与世界上大多数国家一样，国民经济是一种混合经济。所谓混合经济（Mixed Economy）是指在国民经济中，市场机制与政府干预并存，私人部门与公共部门共同发挥作用，国民经济是两者的混合统一。私人部门（Private Sector）是指由个人、家庭和私人拥有的企事业单位组成。私人部门的各项经济活动构成了私人部门经济。私人部门经济在政府法令制约下受市场机制调节。公共部门（Public Sector）是指政府所有，使用公共财产和资金，在一定程度上贯彻和执行政府意图的政府机关和企事业单位。公共部门各项经济活动构成公共部门经济。公共部门经济直接由政府控制和管理。这里需要特别指出的是，在混合经济体制中，公共部门经济主要指政府的经济活动，这些活动主要是通过财政收支来进行的。可以说，财政在公共部门经济中居于核心地位。现代财政经济学者有时也把财政称为公共部门经济或政府经济。

一般来说，有一级政府就有一级财政收支活动。根据我国《宪法》和现行的财政管理体制，我国财政由中央财政和地方财政组成。地方财政由省（自治区、直辖市）级财政、县（自治县、县级市）级财政、乡镇（民族乡）级财政组成。

我国现行的财政管理体制是分税制。分税制是分税分级预算体制的简称，它是以划分税种和税权为主要方式来确定各级政府的收入范围及其管理权限，以税法为基础来规范中央和地方以及地方各级政府之间的公共财政分配关系的分级财政制度。它是市场经济国家普遍实行的公共财政体制模式。分级预算体制可归纳为以下几个要点：（1）一级政权，一级预算主体，各级预算相对独立，自求平衡；（2）在明确市场经济条件下政府职能边界的前提下划分各级政府职责（即事权）范围，在此基础上划分各级预算支出职责（即财权）范围；（3）收入划分实行分税制，分设国税局和地税局，分税、分管与分征相结合；（4）实行预算调节制度，即政府间财政转移支付①。县级财政也不例外。

目前，我国地方财政体制不完善，县级财政实力不是很强。随着正在开展的"省直管县"②和"乡财县管"③改革的逐步推行，县级财政作为

---

① 政府间财政转移支付制度是在各级政府间或同级政府之间通过财政资金的无偿拨付来调节各预算主体收支水平的一项财政制度。因为，在分级预算管理体制中，收支的划分不可能使各级预算主体的收支完全对应，并且同级预算主体之间在收支的对应程度上也存在差别，从而出现所谓财政收支的纵向不均衡和横向不均衡问题，需要运用转移支付方式来实现财政体系内部的预算收支的最终均衡。政府间转移支付制度的目标是实现公共财政资金的公平分配，保持中央政府对地方政府行为的必要控制力，解决区域性公共产品的外溢问题，促进落后地区的资源开发和经济发展。

② "省直管县"实际上是在现有的五级政府框架下，弱化地市级政府对县级政府的行政隶属关系，使县级政府与地市级政府在财政级次上平级。这一改革有利于减少政府财政级次，并为最终的政府级次改革奠定基础。

③ "乡财县管"改革目前已在全国许多省份陆续推开。这一改革的直接动因是农村税费改革后，乡镇政府事权以及财政供养人员的上划。在一定程度上，这项改革实现了对乡级政府行为的制约。但是，如果把这一改革作为政府财政级次改革的一部分，尚有许多重要的理论和实践问题需进一步研究。

我国财政的重要组成部分必将发挥重要作用。

二、财政支农与财政支农资金

财政支农是政府基于农村、农业、农民"三农"问题而向其投入政府资金的一种政府投资行为。财政支农资金是指国家财政（包括中央与地方各级财政）支持农业、农村、农民的财政预算内、外资金，也就是国家支持"三农"发展的资金。它是政府财政运用财政支出手段对"三农"的资金投入，是政府用于农业和农村经济方面，支持农业发展的各种直接和间接的资金投入，包括预算内和预算外财政对农业的全部资金投入。预算内资金投入是指列入国家预算支出直接拨付的支农资金；预算外资金投入是指不列入国家预算，而是由地方财政部门和农业有关主管单位用于发展农业的投入。由于预算外资金在农业投入中所占的比例较少，况且预算外资金主要用于弥补预算内资金的不足，加之对于预算外资金也较少公布具体使用情况的统计数据资料，即使有也缺乏连续性和完整性，难以进行有效的分析。因此，本书对财政支农资金的研究主要为预算内资金，研究的资金范围限于财政预算内范围的支农资金。而且这种财政预算内的支农资金是一个系统整体，农业是一个大农业概念，包括农业企业化、产业化以及为农业服务的各级组织。因此，本书所指的财政支农资金实际上是全部财政支出项目中支农资金的汇总和综合。

三、财政支农资金整合

"整合"一词由英文 Integration 译来。整合资源的基本思路就是将资源视为一个系统，通过对系统各要素的加工与重组，使之相互联系、相互渗透，形成合理的结构，实现整体优化，协调发展，发挥整体最大功能，实现整体最大效益。整合就是要优化资源配置，追求资源的整体结构最佳化和整体效益的最大化，以实现"整体大于部分之和"的目标。

财政支农资金整合并不是财政资金的简单调整和归并，财政支农资金整合是以科学发展观为统领，以农业、农村发展规划为依据，以主导产业、优势区域和重点项目为平台，以县为主与多级次资金整合相结合，以切实提高支农资金使用整体效益为目的，通过建立政府领导、部门配合的协调机制，整合各政府部门、各来源渠道安排的支农资金，逐步形成支农资金投资项目合理、运作流程规范、使用高效、运行安全的管理机制，使财政支农资金整合使用、整合管理，以期提高财政支农资金的使用效率，以便以较少的资金投入获取最大的支农效果。

第三节　国内外主要文献综述

财政支持农业发展政策作为一项公共经济政策，其涉及的内容及影响早已超出财政学本身，对于这一问题的研究已经成为经济学、政治学、管理学等学科之间的一个边缘交叉课题。财政支农作为各国政府财政支出的一部分，地位是非常重要的，一直以来是经济理论界研究的重要问题之一。对财政支农的研究，各国根据各自的国情以及国家发展的不同阶段和财政的不同状况，采用不同方法展开了不同侧面的研究。

一、国外学者的研究

20 世纪 30 年代以前，西方奉行自由发展的经济，政府基本上不干预经济的发展。在这种思潮的影响下，西方政府的财政收支长期以来局限于较小的范围，政府资金不直接参与经济生活。30 年代以后，农业遭受到经济危机的巨大打击，农产品过剩、价格低下、农民收入下降、购买力不足，为促使农业走出危机，许多国家纷纷制定了相关支农政策，开始农业保护和农业支持。

国外对财政支农问题的早期研究，首先反映在美国 1933 年的《农业调整法》中，该法确定了农业政策以支持农民收入为主要目标。1952 年日本政府颁布了《农林渔业金融公库法》和《自耕农维持资金融通法》，以保证农业结构变革所需的资金来源；同时，还在财政、金融等方面制定并采取了一系列的政府法令予以支持农业。1958 年欧洲共同体成立后通过对"共同农业政策"的研究和制定，把财政农业政策作为一个专门范畴进行规范研究，制定了统一的农业财政政策。20 世纪 60 年代，日韩两国开始推进农业和农村现代化建设。日本从实施"国民经济倍增计划"到推行各项农政改革，韩国从发动"新村运动"到创建"汉江奇迹"，其间两国政府都通过投入大量财力来解决农业、农村和农民问题。

此后学者们从不同方面对财政支农进行了研究，其中，在农业投资与农业增长的关系上的研究比较深入。英国经济学家简·A·莫里特（J. A. Morrit）教授对世界上 17 个发达国家（1970～1975 年）和 18 个发展中国家（1975～1977 年）农业与经济发展关系进行比较后得出结论：人均收入每增加 1%，农产品总值中再投入农业的比重应增加 0.25%，或每个农业劳动力人均收入每增加 1%，农产品总值中再投入农业的比重应增加 1.3%。钱纳里和塞尔昆等人根据 1950～1970 年 100 多个国家的数据，分析经济长期变化趋势，发现人均国民生产总值从 300～1 200 美元的过渡时期是国民经济结构发生迅速变化的时期，这一时期固定资产用于农业、基础设施、服务业的比重应分别为 10%、40% 和 24%。

此外，舒尔茨[①]认为，农业问题的根源在于投资收益率太低，刺激不了人们投资的积极性，改造传统农业的根本出路在于引进新的生产要素，也就是通过农业技术创新提高农业的投资收益率。作为改造传统农业的关键因素，新的生产要素有供给者，也有需求者。供给者开发新的生产要素，并提供给农民。舒尔茨还指出，农业可以成为经济增长的发动机，这已不容置疑。但是，政府必须向农业投资，这不仅要注意资金投向，还要对农民给予指导和鼓励。

总之，国外对财政农业支持的研究主要侧重于实证分析方面，而较少考虑制度因素对支持水平和支持效率的影响。尽管目前有些 OECD 国家在研究财政对农业支持水平的同时也开始关注对支持效率的研究，但尚未形成成熟的研究成果。尽管如此，国外关于财政支农问题的相关研究仍值得我国借鉴。

二、国内学者的研究

国内学者在改革之前就围绕农业的基础地位做了大量研究，强调增加农业投资的重要性，其中以于光远教授的《以农业为基础是我国社会主义现代化建设的一个基本方针》为代表。随着农村经济体制改革和市场经济的建立，农业运行的宏观环境发生了巨大变化。国内学者在强调农业基础地位的同时，开始关注财政投资与农业发展的关系问题。

近年来，国内一些实际部门和研究机构的学者对农业财政支出作出了一定研究，以农业部财务司赖新华、蒋协新主编的《中国农业资金问题研究》为代表，其在 20 世纪 90 年代初对中国农业资金运行状况作了较为详尽的分析，对未来 10 年的农业资金供需趋势通过建立模型进行了预测。该书在对农业支农资金进行了较深入的研究后发现：我国的农业财政资金

---

① 1943～1953 年出版了关于农业政策的四本专著，《重新调整农业政策》（1943）、《不稳定经济条件下的农业》（1945）、《农业生产和福利》（1949）、《农业的经济组织》（1953），后来舒尔茨的研究又转向人力资本研究。

相对短缺，且资金投入增长速度缓慢；农业财政支出结构不尽合理；农业财政支出资金使用分散，资金使用效果较差。针对以上问题，提出国家要对农业给予一定的财力支持，主要用于投资大型的农业生产基础设施的建设，利用经济税收等手段引导农户及其他社会资金流向农业、农村。此后，在不同的阶段人们对财政支农及其资金整合问题有不同侧重点的研究。

熊吉峰（2006）在《财政支农绩效的数量分析》一文中，运用实证分析方法，研究了近年来我国财政支农对农业产出与农民农业收入的影响作用，结果表明，财政支农效率呈下降趋势，并提出了提高财政支农绩效的一些政策建议。[1] 陈齐龙、张晋武（2008）在《河北省支农绩效的实证分析与政策选择》一文中，通过对河北省 1996～2005 年支农资金的规模、效益等指标实证分析与计量检验得出了农业科技三项费用过小、农村基建支出和救济费支出对农业生产总值的贡献，指出了提高财政支农支出中科技三项费用、农村基建支出和救济费支出的重要性，[2] 河北省的情况在我国具有一定的普遍意义。

李双元（2004）对中国财政农业投资与农业经济增长的关系进行了实证分析，并进一步探讨了财政农业投资中存在的问题，提出了促进农业经济增长的对策和措施。[3] 田玉宝、王瑾（2003）在《关于提高农业资金使用效益的思考》一文中，提出了要实现农业和农村经济的持续发展，必须加大农业投入的力度，调整财政支农资金的使用方向，改进政府农业投资管理体制，加强支农资金项目管理，整合财政支农投入。[4] 胡德仁、刘亮（2003）在《我国财政支农政策的绩效分析及政策选择》一文中，指出我国财政支农政策绩效不高，并从资金使用结构不合理，支农方式不合理，财政支农资金管理体制分散，有限的资金难以形成合力，财政支农政策的目标定位不合理等几方面对支农政策绩效不高的原因进行了分析，提出优化财政支农资金结构，完善财政支农方式，降低财政支农政策的执

---

① 熊吉峰：《财政支农绩效的数量分析》，载《统计与决策》，2006 年第 4 期。

② 陈齐龙、张晋武：《河北省支农绩效的实证分析与政策选择》，载《绿色财会》，2008 年第 8 期。

③ 李双元：《中国财政农业投资与农业经济增长》，《统筹城乡发展深化农村改革》，北京 2004．http：//www.cec.cun.edu.cn/。

④ 田玉宝、王瑾：《关于提高农业资金使用效益的思考》，载《中国农村研究网》，2003 年 11 月 6 日。

行成本，支持农村经济结构调整等新时期我国支农政策选择。①

随着财政支农资金整合试点工作的开展，近年来，关于财政支农资金整合问题的研究成为热点。比较有代表性的研究文献主要有：

刘文宇（2005）认为，财政支农资金整合是相对于财政支农资金分散使用、管理而言的，它是将财政用于支持农业、农村、农民各种支出资金整合使用、整合管理，以期以较少的资金投入获取最大的支持效果。实施财政支农资金的整合，规范农业支持和保护方式，提高农民的参与水平，对于提高财政支持效率是非常重要的。实施财政支农资金整合改革，对于解决人们所关注的"三农"问题，促进农业结构调整，农民增收是非常必要的。② 张维萍、张晓明（2006）根据相关调查发现，由于历史和体制的原因，使财政支农资金的使用和管理存在许多问题，有些支农资金经过层层剥皮后，最终到达农民手中时只有投资的1/5。这些问题的存在严重影响了支农资金的使用效益，提出财政支农资金亟待深度整合。

郭蕊（2007）认为，建设社会主义新农村，需要政府不断加大支农资金的投入。支农资金的投入状况、管理水平及使用效果，关系到国家支农政策的落实和农民的切身利益，更关系到新农村建设宏伟目标的实现。在全面建设社会主义新农村的关键时期，研究和探索支农资金整合的有效方式和途径，发挥支农资金整体合力，对于加快社会主义新农村建设具有特别重要的理论和现实意义。③

周志霞等（2008）通过研究黄石市整合支农资金，推进新农村建设的具体实践，总结近年来地方财政支持"三农"的主要措施及成效，分析了现阶段地方整合支农资金，推进新农村建设面临的主要困难和问题，并就如何更好地发挥"财政资金四两拨千斤"的作用，完善支农资金整合，支持新农村建设进行初步探讨。④

范存会（2008）认为，由于当前的财政支出结构不尽合理、管理体制

---

① 胡德仁、刘亮：《我国财政支农政策的绩效分析及政策选择》，载《云南财贸学院学报》（社会科学版），2003年第3期。

② 刘文宇：《试论财政支农资金的整合》，载《农村财政与财务》，2005年第7期。

③ 郭蕊：《整合财政支农资金建设社会主义新农村的路径选择》，载《理论探讨》，2007年第5期。

④ 周志霞等：《整合财政支农资金推进新农村建设的实践与探讨》，载《湖北师范学院学报》（哲学社会科学版），2008年第4期。

不够完善等原因,支农资金使用效率不高。对此采用经济学和博弈论的方法,就存在的问题进行分析,并提出相应的政策建议。① 彭克强(2008)认为,单纯整合财政支农资金以增强其支农能力未必可行,应在系统梳理财政支农存在问题的基础上,对整合财政支农资金的可行性进行深层剖析,并基于财政、金融支农比较优势整合观,提出政府应在深刻认知财政支农规律的基础上将财政支农与金融支农予以整合的政策建议。②

从我国学者对财政支农及其资金整合问题研究的成果来看:

(1)已经认识到财政支农对农业经济发展的重要性和可行性,并对我国传统支农方式中存在的诸多问题和市场经济条件下财政支农的必要性达成共识。

(2)在财政支农规模上的基本判断是财政支农支出总量不足,结构不合理,效率低下,提出在增加财政支农投入总量的基础上,通过对财政支农资金进行整合来提高财政支农资金使用效率。

(3)对财政支农资金整合问题从理论和试点实践两个方面都进行了一些零星、分散的研究,对于我国财政支农资金整合试点的成效研究较多,对于财政支农资金整合的理论依据研究不足,存在问题研究的较少。关于财政支农资金整合问题的系统研究更是少见,针对山东省最早进行财政支农资金整合试点的平阴县 2005~2007 年的试点情况进行专门、系统研究的成果尚属空白。

(4)对诸多问题的研究仍有争议。例如,对于财政支农资金整合原因和对策的分析就有:一是规模说,认为其主因是政府有财力但不愿投入农业,主张加大财政支农投入的力度;二是效率说,认为其主因是财政支农资金的使用效率低下,呼吁加强管理;三是效率说的升华,认为其主因是资金使用过于分散,无法形成合力且易滋生诸多弊病,并主张对其适当整合。对于财政支农资金整合的范围更是认识不一,有的主张在财政支农资金内部小范围整合,有的主张将几乎全部财政支农资金进行整合,也有的主张将财政支农资金与金融支农资金有机整合以提升二者的整体支农效能。③

---

① 范存会:《财政支农资金整合的经济学博弈分析——个人的理性决策与集体决策的非理性》,载《农村财政与财务》,2008 年第 8 期。

② 彭克强:《基于财政支农资金整合的理性反思》,载《调研世界》,2008 年第 2 期。

③ 彭克强、陈池波:《财政支农与金融支农整合论》,载《中州学刊》,2008 年第 1 期。

第四节　研究方法

本书综合运用财政学、经济学、管理学、统计学、财务学等学科的理论工具与研究方法，对财政支农资金整合进行系统研究。

一、规范分析与实证分析相结合

规范分析和实证分析相结合是经济学分析的一贯原则。规范分析是指研究的对象"应该是什么"，即确定若干准则，并据以判断研究对象目前所具有的状态是否符合这些准则，如果存在偏离，应当如何调整。实证分析是指对研究对象按其本来面目进行描述，说明研究对象"是什么"，它着重刻画经济现象的来龙去脉，概括出若干可以通过经验证明正确或不正确的基本结论。

首先，规范分析是全书研究的价值起点。财政支农资金整合是对以往财政支农方式方法的扬弃，这本身就是一种价值判断，进行试点的目的就是找到一种比现行支农方式方法更好的做法，因此，从支农资金整合相关概念的界定到支农整合取得的成功经验与存在的不足都是在进行价值判断，属于规范研究。

其次，实证分析是全书研究的基础方法之一。财政支农涉及国外经验的汲取、具体项目的实施等方面，这些都需要通过大量的实证研究，采用计量经济学的分析方法对实际问题进行建模检验，得出结论。本书在第八章就采用计量经济学的分析方法对平阴县财政支农资金最优规模进行了测定，对财政支农资金结构进行了分析。

二、宏观分析与微观分析相结合

财政支农资金整合的过程涉及政府部门（包括中央政府、省级政府、市级政府、县级政府和乡级政府在内的五级政府中的多个涉农部门，如财政部门、农业部门、林业部门、水利部门等）、涉农企业、非政府部门投资者、中介组织、涉农协会、农民等多个利益相关者。其中既涉及我国的宏观经济发展、又涉及部门、政府官员和农民的切身利益，而后者属于微观经济层面。因此，必须采用宏观和微观相结合的分析方法，任何将两者割裂开来的研究都不能客观地说明问题。

首先，从宏观层面上看，农业、农村和农民即"三农"问题是我国当

前宏观经济领域亟待解决的问题，是我国实现可持续发展需要解决的头等
大事。特别是近年来，世界粮食危机的产生使我们更加意识到发展农业的
重要性和紧迫性。由于农业属于弱质产业，具有典型的外部性，而农村基
础设施建设、社会保障、农村义务教育以及农村生态环境的保护属于公共
产品的范畴，必须通过政府的财政支持给农村、农业和农民的发展输血，
提高"三农"自我发展的造血功能，从而带动宏观经济的健康、有序发展。

　　其次，从微观层面上看，财政支农资金整合涉及多级政府、多个部
门、多个企业、广大的农民的切身利益以及整合的项目本身。财政支农资
金整合本身就是对原有利益分配关系的重新组合，期间会打破原有的利益
分配关系，对已经形成路径依赖的政府部门来说是职能的转变；对县级政
府部门来说增强其发展县域经济的责任感和决策权，增加其执政的风险；
对涉农企业来说是一次发展的契机，这些企业可以借着支农资金整合的东
风进行技术改造，发展真正有利于自身和当地"三农"发展的产业项目；
对广大的农民来说，通过支农资金整合享有了更多、更好公共产品的供
给，有利于农业生产的增长、农民素质的提高和新农村建设的发展；对整
合项目来说，项目成为资金整合的平台，通过项目将散乱的资金整合到一
起，发挥资金整合的规模经济效应，通过对项目进行成本效益（经济效
益和社会效益）分析，揭示支农资金整合的必要性和可行性以及可操作
性，为财政支农资金整合找到好的切入点，为"三农"问题的解决和社
会主义新农村的建设提供可行的途径。

三、文献分析、比较分析与案例分析相结合

　　首先，通过文献分析的方法，对诸多学者已有的研究成果进行总结、
归纳、比较，发现其中共识、差异和不足，前人的研究成果成为本书立论
的有力佐证。

　　其次，介绍美国、欧盟、日本、韩国、巴西等国家和地区财政支农的具
体做法，通过进行比较分析研究，在总结国外成功经验的基础上，为我国的
财政支农资金整合提供了借鉴的榜样，并为本书的研究进一步充实了论证。

　　再其次，由于财政支农资金整合的实效性较强，在进行研究时需要大
量的案例做支撑，因此，本书在进行研究时，充分运用了案例分析方法。
在进行具体问题分析时，选用了平阴县支农资金整合中，玫瑰产业发展中
的科技推广项目、圣母山农业综合开发和治理项目、农村饮水工程项目三
个成功案例，分析了平阴县财政支农资金整合试点工作中具体做法、取得

的成效以及存在的不足，为今后的财政支农资金整合提供了事实依据，为支农资金整合的创新奠定了实践基础。

第五节　逻辑框架与主要内容

一、逻辑框架

本书在研究过程中遵循一定的逻辑顺序，采用一定的技术方法展开具体的研究，其逻辑框架如图1-1所示：

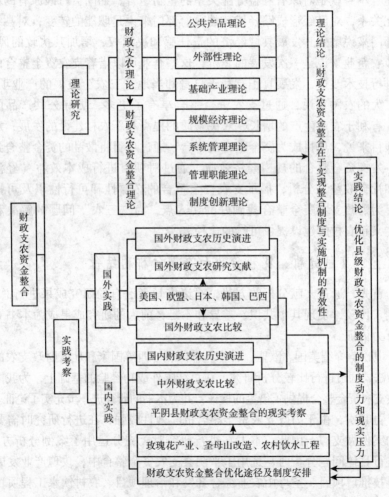

图1-1　本书的逻辑框架

二、章节结构和主要内容

在上述逻辑框架下，本书共分十一章，其章节结构和主要内容如下：

第一章：导论。陈述选题的背景与研究意义；对西方学者和我国学者的研究文献进行评述；介绍研究工具与研究方法；简述研究的技术路线和本书的章节结构；最后，指出本书的主要创新之处。

第二章：财政支农的理论依据。该章首先从公共产品理论入手解析了财政支农的必要性，指出了农村生产中的公共产品和农村公共产品的范围。其次，在对外部性理论解读的基础上推导出农村生产的正外部性特征；再其次，在分析农业是基础产业的基础上，从政治和经济两个维度引出政府介入农业的必要性。最后，从自然风险、市场风险和蛛网理论三个角度验证了农业是基础产业，进而对财政支农提出了要求。

第三章：国外典型国家财政支农的经验与启示。本章从财政支农实践较早的国家——美国入手，先后探析了美国、欧盟、日本、韩国及巴西等国财政支农的演进历程、具体做法及成功改革，在比较分析的基础上，从加大财政投入力度、明确财政支农目标、界定财政支农方向、重视农业教育与科技创新研究和推广、加大环保投资力度、发展生态农业以及符合本国国情等方面总结了这些国家成功的共性及对我国财政支农的启示。

第四章：我国财政支农的现状及其效应分析。本章首先以农业基本建设支出、农、林、水、气部门事业费、农业科技三项费为分析指标，从我国财政支农支出总量、支农支出结构两个维度分析了我国财政支农支出总量不足及其成因。其次，在对财政支农支出结构进行多层面分类的基础上，对本书的财政支农支出结构进行了界定，并对我国财政支农支出结构变迁历程进行了回顾。最后，利用数理方法，计量分析了财政支农支出的农业增产效应和农民增收效应，指出了农民增收的途径。

第五章：财政支农与社会主义新农村建设。本章从社会主义新农村建设的背景、内涵、意义入手，指出社会主义新农村建设对财政支农资金在规模、结构和管理方面的要求，引出整合财政支农资金是社会和经济发展的必然。然后结合新农村建设的若干模式，分析了财政支农促进新农村建设的经济效益、生态效益和社会效益。

第六章：财政支农资金整合的理论分析。本章首先在界定财政支农资金的基础上对财政支农资金整合进行了内涵、范围、目标、原则的界定，为以后的理论分析和实证研究奠定了研究基础。其次，从规模经济理论、系统管理、职能管理理论、制度创新理论四个方面依次分析了财政支农资金整合的理论依据。最后，从资源配置、政府职能转变、缓解支农资金瓶颈及资金投资主体多元化分析了财政支农资金整合的必要性。

第七章：平阴县财政支农资金整合前的状况分析。本章首先介绍了平阴县的社会经济状况和农业发展概况。其次，对财政支农资金整合前的财政支农的种类和资金使用具体情况进行了分析。再其次，通过对不同涉农部门职能的陈述引出了财政支农资金管理的混乱，然后对资金使用效果进行探析，指出了由于资金管理分散、管理机制和监督机制不健全导致资金使用效率不理想，为以后的整合分析提供了现实依据。

第八章：平阴县财政支农资金最优规模测定和支出结构分析。本章采用计量经济学的分析方法，选用平阴县 1998～2007 年数据，计量分析了平阴县农业增加值、乡村从业人数、农村固定资本和财政支出之间的依存度，从测定平阴县财政支农支出最优规模和支出结构考证平阴县财政支农的现状，通过估算平阴县财政支农支出的产出弹性，对平阴县财政支农支出的最优规模进行了研究。

第九章：平阴县财政支农资金整合的主要做法及其成效。本章首先回顾平阴县财政支农资金整合的历史演进过程，然后从平阴县财政支农资金整合范围、资金管理两个方面对财政支农资金整合模式进行现实考察，在此基础上分析和评价了平阴县进行财政支农资金整合试点工作后取得的成效。

第十章：平阴县财政支农资金整合案例分析。本章精选了平阴县玫瑰花产业发展中、圣母山农业综合开发项目中以及农村饮水工程中财政支农资金整合三个典型案例，通过对财政支农资金整合的个案分析，探究了平阴县在财政支农资金整合过程中的具体做法、取得的成功经验以及存在的不足。

第十一章：平阴县财政支农资金整合的经验与启示。本章首先简要叙述了平阴县财政支农资金整合的现状。而后，从整合平台创新和资金管理创新两个层面解析了平阴县在财政支农资金整合试点工作中取得的成功经验，并对其成效进行评价。接下来从资金管理体制等几个方面分析了财政支农资金整合工作中亟待解决的问题。最后，从观念转变、法律完善、打造整合平台、成立涉农投资小组、建立项目储备库、科学编制预案、改变单一支出模式以及上下联动等方面提出优化财政支农资金整合的途径及制度安排。

第六节 主要创新

1. 将财政支农资金整合放在建设社会主义新农村的大背景下进行研究，结合"生产发展"是社会主义新农村建设的首要任务，提出没有现代农业就不可能建设社会主义新农村。在现代农业建设中财政不仅责无旁贷，而且必须整合财政支农资金。

2. 整合就是要统筹规划，优化资源配置，有进有退、有取有舍，追求资源的整体结构最佳化和整体效益的最大化，以实现"整体大于部分之和"的目标。财政支农资金整合是相对于财政支农资金分散使用和管理而言的，它是将财政用于支持农业、农村、农民的各种支出资金按照"渠道不乱，用途不变，统筹使用，各记其功"的原则，整合使用、整合管理，避免重复与分散投资建设并存的现象，以期以较少的财政支农资金投入获取最大的社会经济效益。特别是在建设社会主义新农村过程中，通过财政支农资金的整合以充分发挥政府财政资金的使用效益，改善农业发展的外部环境，促进农村经济的发展是当务之急。

3. 通过运用计量经济模型进行回归分析表明，平阴县财政支农支出的产出弹性约为0.0676，即财政支农支出每增加1%，农业增加值平均增加0.0676%，表明财政支农支出对农业增加值的增加有明显的促进作用。进一步分析表明，自1998年以来，平阴县财政支农支出的边际产出均为大于1的正数，说明平阴县财政支农支出整体不足，继续增加财政支农支出在边际上是有效率的。通过对平阴县最优财政支农支出规模与现实规模的对比，总体来看，平阴县财政支农的缺口还比较大，1998年平阴县财政支农缺口为7 593万元，到2007年该缺口为5 856万元，要缩小甚至填补该缺口，还需要加大财政支农的规模。

4. 通过对山东省平阴县财政支农资金整合的调查研究，特别是精选了平阴县玫瑰花产业发展中、圣母山农业综合开发项目中以及农村饮水工程中财政支农资金整合的三个典型案例，通过个案分析，探究了平阴县在财政支农资金整合过程中的具体做法、总结了平阴县财政支农资金整合试点的成功经验，指出了存在的问题，提出了优化财政支农资金整合对策。本书认为财政支农资金的整合并不是将各种渠道的资金简单归并，财政支农资金整合应以科学发展观为统领，以农业农村发展规划为依据，以主导产业、优势区域和重点项目为平台，以县级为主与多级次资金整合相结合，以切实提高支农资金使用整体效益为目的，通过建立政府领导、部门配合的协调机制，整合各政府部门、各来源渠道安排的支农资金，逐步形成支农资金投资项目合理、运作流程规范、使用高效、运行安全的管理机制，使财政支农资金"打捆"使用，提高财政支农资金发挥的整体合力和使用效率。

5. 在财政支农资金整合过程中通过"规划—项目—资金"三位一体的整合管理模式，"项目跟着规划走，资金跟着项目行"，通过重点项目的实施，带动支农资金的整合和集中使用无疑是成功之举。建议推行项目综合储备制度，建立项目统一立项申报程序。具体做法是：统一建立政府项目目标储备库，把各行业（涵盖农、林、牧、副、渔、教科文等）主管部门掌握的项目全部囊括其中，并不断吐故纳新；建立政府领导下的财政部门和主管部门协同共管、权责分明的项目管理责任制，有条件的地方应该成立专门的项目管理部门，全面负责本地区项目的立项、审查、申报工作；建立由各类专家组成的项目咨询机构，具体承办项目的技术事项。主管部门负责项目的审批和具体管理，技术专家和经济专家负责可行性论证，财政部门负责资金管理和监控。从而实现整合项目的管理能够站在全局的高度权衡项目效益，科学安排项目的行业分布、地域分布和结构分布。

第二章 财政支农的理论依据

第一节 公共产品理论

公共产品（Public Goods）又称公共品，这一术语最早是由林达尔（Lindahl）于 1919 年在其博士论文中正式使用的，但有关公共产品的思想渊源最早可以追溯到 17 世纪英国资产阶级思想家托马斯·霍布斯（Hobbes）在《利维坦》一书中对于国家本质的论述。此后，1740 年休谟（Hume）指出所谓的"公地的悲剧"，经济学鼻祖亚当·斯密（Smith）在其 1776 年出版的《国富论》一书中对于政府职责的论述，都蕴涵着有关公共产品的思想，只是这种思想包含于对政府和国家职能的论述中。

公共产品的经典定义是 1954 年保罗·萨缪尔森在《公共支出的纯理论》一文中给出的。萨缪尔森认为，公共产品是指每个人对这种产品的消费，都不会导致其他人对该产品消费的减少。根据萨缪尔森的定义，公共产品的特性一般被认为有三个：（1）非排他性（Non-Excludability）。非排他性是指当公共产品被生产并提供后，就不能排斥该社会上的任何人消费该产品，任何一个消费者都可以免费消费公共产品。（2）非竞争性（Non-Rival）。非竞争性是指一个人对公共产品的消费不会减少其他人对该产品的消费，即在公共产品数量既定的情况下，公共产品一旦用既定的成本生产出来以后，增加消费者数量也不需要额外增加生产成本，即公共产品增加一个消费者所引起的边际成本为零，同时也不存在消费中的拥挤现象。（3）效用的不可分割性（Non-Divisibility）。效用的不可分割性是指公共产品向整个社会的成员提供的，公共产品本身的效用是为整个社会成员所共享，技术上不能被分割成若干个部分，分别归某个个人享用，或者说不能按照"谁付款、谁受益"的原则进行运作。它具有共同受益和联合消费的特点。

公共产品的特征决定了市场不愿提供或提供不足，主要靠政府提供。政府提供公共产品的方式主要有两种：第一，政府直接投资。公共产品的提供完全由政府来进行，这类公共产品通常是指纯公共产品，如国家安全、境内治安的维护、行政事务的管理、基础教育、全民健康以及传染病控制等卫生事业建设，等等。政府可以通过财政投资建立国有企业的方式直接向社会提供公共产品，也可以通过委托私人机构提供公共产品，同时财政解决全部生产资金。第二，政府以财政政策手段的方式鼓励私人提供公共产品。对于非纯公共产品，由于其在受益范围和程度上存在排他性和竞争性，因此这类公共产品的提供可以由政府和私人共同出资。例如桥梁、交通道路设施的建设、城市亮化工程，这些产品在一定范围内具有非排他性和非竞争性，但超过一定程度后，就具有消费的拥挤性特征，这些产品的生产可以为投资人带来一定的收益。非纯公共产品具有公共产品和私人品的双重特征，因此，它们的提供应该由私人和政府共同出资。财政通常的干预方式是：对提供非纯公共产品的私人公司在税收方面执行优惠政策，或运用财政补贴、财政贴息等支出手段加以鼓励。

一、农村公共产品

1. 农村公共产品的概念。所谓农村公共产品，是相对于城市公共产品而言，指具有一般公共产品的特征、用于满足农村经济发展和农村居民改善生活需要的公共产品。

2. 农村公共产品的特征。农村公共产品既有其作为公共产品的一般特征即消费的非竞争性、受益的非排他性和效用的不可分割性，又有其作为在农村这一特定空间内的公共产品的特性，主要表现在：第一，较强的外溢性。相对于城市公共产品而言，农村公共产品具有较强的正外溢性。提供诸如农村道路、农村电网等公共产品，既优化了乡村的投资环境，同时它所产生的收入效应、消费效应和就业效应，对启动农村消费，扩大内需和拉动经济增长具有明显的带动作用。第二，受益主体的分散性与需求的多样性。由于村庄布局的松散，农村人口密度不高且分布不均衡，导致农村公共产品供给的效率较低，公众受益范围较小。农村地域之间的经济差别决定了公共需求的多样性和复杂性。第三，农民对农村公共产品的依赖程度较高。我国农村以户为单位分散的生产经营组织结构对农村公共产品具有强烈地依赖性。且农村经济市场化程度越高，这种依赖性就越大，农业生产外部条件的好坏，直接影响到农业生产和农民收入。

3. 农村公共产品的分类。农村公共产品一般分为农村生产性公共产品和农村非生产性公共产品。农村生产性公共产品主要包括农田水利基础设施、农村道路和公共性运输工具、部分大中型农用机械设备、公共性农产品贮藏加工设备和用于生产其他产品的公共产品等。农村非生产性公共产品主要包括邮电通信设施、医疗卫生设施、学校设施、能源供给和自来水供应设施、福利设施、娱乐设施等。农村公共产品供给即满足农村公共产品需求的行为。农村公共产品供给最终形成固定资产或资产存量。农村生产性公共产品供给直接运用于生产，增加农业产出，增加农民收入，产生收入效应；农村非生产性公共产品供给直接运用于生活，改善农民消费环境，提高农民消费水平，产生消费效应。

4. 农村公共产品的功能。农村公共产品的供给对于促进传统农业转向现代农业、推进农村地区城镇化进程、提高农民生活水平和质量、实现城乡统筹发展及构建社会主义和谐社会都具有重要的现实意义。

（1）农村公共产品的供给能够降低成本，推动农村经济增长。由于农村私人产品的生产对农村公共产品有较强的依赖性，增加农村公共产品的有效供给会在很大程度上降低包括生产成本、运输成本、销售成本、风险成本和决策成本在内的农村私人活动的总成本，提高农村私人生产活动的效率，进而促进整个农村经济增长。

（2）农村公共产品的供给能够降低农业的自然风险和经济风险。如完善的水利设施可以提高农业抵抗洪灾和旱灾的能力；完善的病虫害防治和预测、预报系统可以减少病虫害造成的损失；完善的市场信息系统会降低农产品的市场风险，增加农产品生产和销售的稳定性。

（3）农村公共产品的供给能够促进农业生产的专业化、规模化和市场化发展，促进社会分工，进而有利于提高整个社会的劳动生产率。

（4）农村公共产品的供给能够改善农村生产生活条件，提升农村居民的生活质量，推进农村城镇化进程，缩小城乡差距。农村地区公共设施不足，不仅延缓了农村城镇化进程，也影响了农村居民生活质量的提高。政府适时地提供农村地区急需的公共产品，必将有效化解城乡之间发展的严重不平衡，并从根本上改变农村的贫穷落后面貌，实现城乡协调发展。

（5）农村公共产品的供给能够扩大内需，拉动经济增长。长期以来，国内消费需求不足，经济增长主要靠投资和出口贸易拉动，增加消费需求已成为促进我国经济持续增长的重要内容。增加消费需求，除了增加城市居民的消费需求外，需着重增加农村的消费需求。改革开放以来，由于社会保障不完善，农村居民的收入虽然在不断增长，但是有钱不敢花，手中的绝大部分现金并没有转化为现实支出，而是沉淀为储蓄，边际消费倾向很低。为了使农村居民的消费需求转化为现实的支出进而拉动经济增长，除采取积极的措施使农民减负和增收外，增加社会保障等农村公共产品的供给也是很重要的一方面。

二、农业生产中的公共产品属性

农业生产是有生命的物质的再生产。每种生物都有自己固定的遗传特点，对外界环境有一定的要求，如果条件不能满足，就会影响产量，严重的甚至颗粒无收。农业通常是露天生产，受天气条件的影响极大，生产周期又长，很难人为控制。这就决定了农业生产有比较严格的地区性、季节性和连续性的特点。农业生产的公共产品属性可以从产前、产中和产后环节来分析。

农业产前环节指农用生产资料的供应环节，主要包括机械、化肥、农药、种子、燃料、饲料等农用物质投入的供应，以及为农场生产提供维修与技术咨询等生产前的社会化服务。产前环节农村公共产品的稳定供应可保证农业生产的正常进行，倘若忽视农业产前环节公共产品的供给，农用物质投入就没有保障，从而直接影响到农业生产的正常进行。

农业产中环节指栽培农作物、植树造林、饲养畜禽与水产养殖等生产环节，主要从事谷物、棉花、油料等种植业，林业，家畜、家禽等畜牧业，以及鱼、虾、贝等水产品的初级产品的生产活动，成为创造农业物质财富的初始战场。为了提高农业初级产品的产出率，除了建设农用固定资产和流动资产等物质投入的公共产品外，还必须大力兴建农田基础设施建设，并采取必要的技术措施与管理措施有效的加以利用。

农业产后环节，就是农业初级产品从离开农场到消费者手里的农产品流通环节，主要包括农产品的采集、检验、分级、储存、加工、包装、运输、批发与零售等流通活动。农业产后环节，是发展农产商品生产与活跃农村商品经济最重要的环节。加强这个环节的基础设施建设，目的在于使农产品从生产者到消费者的时间最短、空间最小、中间部门最少、流转量最大、流通费用最低，以提高农产品流通的时效。农业产后环节的农村公共产品的有效供给，可提高农产商品的时效，保证其安全。农业产后环节的农村公共产品的供给，已成为当今世界农村公共产品供给的重点。

此外，提高经营农业的脑力劳动者和体力劳动者的人才素质，可促进农业的持续发展。现代社会人才的竞争，实际上是人才素质的竞争。人才的数量固然必不可少，然而人才的素质更加重要。谁拥有一支数量足和素质高的人才队伍，谁就能在竞争社会中立于不败之地。经营农业的脑力劳动者和体力劳动者的素质，主要包括文化水平、科学技术知识、生产劳动技能、思维能力与经营管理才干等素质。这些素质具备与否，对传统农业的进一步发展和现代农业的开拓，都是至关重要的。造就和培养适应这种素质要求的劳动者离不开农村公共产品的提供。

第二节　外部性理论

一、外部性理论的演进及治理

1. 外部性理论的演进。外部性的概念是剑桥学派的阿尔弗雷德·马歇尔（Marshall）最先提出的，他在 1890 年出版的《经济学原理》中写道："对于经济中出现的生产规模扩大，我们是否可以把它区分为两种类型，第一类，即生产的扩大依赖于产业的普遍发展；第二类，即生产的扩大来源于单个企业自身资源组织和管理的效率。我们把前一类称作'外部经济'，将后一类称作'内部经济'"。

1924 年，马歇尔的学生庇古（Pigou）在其名著《福利经济学》中进一步研究和完善了外部性问题。他提出了"内部不经济"和"外部不经济"的概念，并从社会资源最优配置的角度出发，应用边际分析方法，提出了边际社会净产值和边际私人净产值，最终形成了外部性理论。庇古认为，在经济活动中，如果某企业给其他企业或整个社会造成不需付出代价的损失，那就是外部不经济，这时，企业的边际私人成本小于边际社会成本。

1928 年，阿温·杨格（A. Young）在论文《收益递增与经济进步》中系统地阐述了动态的外部经济思想。所谓动态的外部性，是指产业增长促进劳动分工，出现了从事新活动的厂商，一部分厂商专门为其他厂商开发资本设备或提供其他服务。由于它与货币的外部经济相关，被称为金融外部性。杨格第一次论证了市场规模与劳动分工——迂回生产与产业分工的相互作用、自我繁殖的机制及其对经济增长的长期影响。他把生产的重新组合看作是一个新发明或科技进步的应用、把专业化分工和技术创新作为一个完全内生的、自我演进的因素，以递增的生产力推动经济增长。他提出"分工取决于分工"的观点，并把它和循环累积过程称之为"经济进步"。杨格的重大贡献在于他构建了一个动态发展的增长经济学的理论框架，开创一门"探讨收益递增的经济学"。

到了 20 世纪 50 年代后，经济学家对"外部性"概念的表述出现了宽泛化的趋势，有的学者甚至将"外部性"等同于市场失灵来看待。1952 年，英国经济学家鲍莫尔（Baumol）出版《福利经济及国家理论》一书，对外部性理论进行了综合性研究。科斯（Coase）试图通过市场方式解决外部性问题。他在批判庇古理论的基础上认为，解决外部性问题应该从社会总产值最大化或损害最小化的角度考虑，而不能局限于私人成本和社会成本的比较。交易费用为零时，在产权明确界定的情况下，自愿协商可以达到最优污染水平，实现和庇古税一样的效果，故庇古税根本没有必要。当交易费用不为零时，解决外部性问题需要通过各种政策手段的成本收益比较才能确定。道格拉斯·C·诺思（Douglas. C. North）认为，随着生产力提高、交易发展和市场完善，外部性可由市场"化解"；公共政策及部门的发展也限制了外部性危害。两者的联合作用不断地使一部分外部性问题得以由市场以"固有程序去解决"；另一部分纳入越来越精确的公共领域管理之中。这种"固有程序"和政府管理实质上就是一种制度安排。詹姆斯·E·米德（J. E. Meade）1972 年提出了外在性的存在等同于竞争性市场缺乏的观点。1969 年，阿罗（Arrow）在《经济活动的组织》中解释了通过创造附加市场使外部性内在化的观点。鲍默尔和奥茨（Oates）于 1988 年在对诸多"外部性"的论述考察之后，进行了概括："如果某个经济主体的福利（效用或利润）中包含的某些真实变量的值是由他人选定的，而这些人不会特别注意到其行为对于其他主体的福利产生的影响，此时就出现了外部性；对于某种商品，如果没有足够的激励形成一个潜在的市场，而这种市场的不存在会导致非帕雷托最优的均衡，此时就出现了外部性。"

2. 外部性的分类。从不同的角度来看，外部性有多种分类。从外部性的影响效果可分为正外部性和负外部性；从外部性的产生领域可分为生产的外部性和消费的外部性；从外部性产生的时空可分为代内外部性和代际外部性；从产生外部性的前提条件可分为竞争条件下的外部性与垄断条件下的外部性；从外部性的稳定性可分为稳定的外部性与不稳定的外部性；从外部性的方向性可分为单向的外部性和交互的外部性；从外部性的根源可分为制度外部性与科技外部性；从和帕累托的相关性可分为帕累托相关的外部性和帕累托不相关的外部性；从竞争性和排他性可分为公共外部性和私人外部性。在这种种分类中，影响最大、最重要的还是正外部性和负外部性的划分，正外部性是某个经济行为个体的活动使他人或社会受益，而受益者无须花费代价；负外部性是某个经济行为个体的活动使他人或社会受损，而造成外部不经济的人却没有为此承担成本。

3. 外部性的治理。当出现外部性时，依靠市场是不能解决这种损害的，即所谓市场失灵。从理论上看，外部性的治理主要有以下几个途径：

（1）经济规制。庇古提出了著名的修正税（Corrective Taxes），即对产生负外部性活动的经济主体课征正的税收，同样，对于产生正外部性活动的经济主体课征负的税收——实行价格补贴，就会消除私人边际成本（或收益）与社会边际成本（或收益）之间的差异，使资源配置重新回到帕累托最优状态。

（2）行政管制。管制是由行政机构制定并执行的直接干预市场配置机制或间接改变企业和消费者的供需决策的一般规则或特殊行为。管制手段是政府运用行政权力直接处理外部性问题的方式，它是世界各国政府解决外部性问题最基本、最常用的方式。如果经济主体所产生的负外部性极大，其为社会提供的财富所带来的社会总体福利增加，远不及他所造成的对社会总体福利的减少，政府就需要制定一系列的"一般规则"或采取一系列的"特殊行为"来限制或制止该行为的发生。

（3）产权交易。产权交易是科斯首先提出来的，在科斯看来，可以通过交易成本的选择和私人谈判、产权的适当界定和实施来实现外部性内部化。若谈判或交易是无成本的，那么由外部性产生的社会成本将被纳入交易当事人的成本函数，政府只需适当地界定产权，而无须对生产进行干涉，私人交易完全可以克服外部性造成的效率损失。科斯也意识到，出于现实世界中交易成本的无所不在，即无论是市场还是政府，其解决外部性的行为都是有成本的。但是在没有对政府寻找最优外部性所耗费的成本和当事人通过市场谈判来寻求最优外部性的成本之间进行比较之前，既没有理由认为市场和企业不能很好地解决外部性问题，也不能够认定政府规制不会导致经济效益的提高。

（4）社会准则。即对人们进行社会准则的教育以解决外部性问题。斯蒂格利茨认为：社会准则的内容就是"黄金律"。他认为，用经济学的语言来解释黄金律就是"要产生外部经济性，不要产生外部不经济性"。

由于人们的行为是相互影响的，所以人们要时时刻刻用社会准则来要求自己。这种黄金律在家庭中一般来说成功地避免了外部性，但就社会化过程来说却没有成功地解决现代社会产生的各种外部性问题。

可见，以上治理外部性的途径与政府是密不可分的。政府在外部性的治理过程中发挥着重要的作用，这种作用的发挥需要财政的支持。

二、外部性在农业生产中的表现

1. 农业生产中正外部性的表现。

（1）促进经济发展。作为一个特殊的行业，农业本身具有很明显的"收益外部化"。农业的发展在整个国民经济发展中起着基础和决定性的作用，但这种好处却难以计量，也就无法提出相应的补偿，于是，收益就发生了"外溢"。在我国，这种收益"外溢"现象突出表现在工农产品价格"剪刀差"上。也就是说，农业被迫成了收益外部化的供体。

（2）保护生态环境。草原、林地、森林、绿洲、湖泊、耕地等景观的无偿提供就是农业外部经济的典型例子，它们对净化空气、保护植被、防止水土流失等都起到了积极作用，社会公众也因此而无偿获益。比如，生态农业建设促进了农业资源持续高效利用，改善了生态环境，还推动了无公害农产品、绿色食品的发展，对提高农产品的质量安全发挥了积极作用。

（3）对其他行业成本外部化的接受。和工业、交通运输业等其他非农产业相比，农业更容易成为成本外部化的受体。工业、交通、能源、通讯、商业中的尾气污染、噪声污染、"白色污染"、电磁污染等，都会影响农业生态环境。为了克服这些不良影响，农业生产经营者不得不付出额外的成本。

2. 农业生产中负外部性的表现。

（1）地力的损耗。农业生产对地力的损耗取决于市场对农产品需求的数量、结构及生产的集中程度。一般来说，水产品的大量养殖对地力的损耗较小，而农作物的过度种植对地力的损耗较大，畜产品的较多放养对地力构成间接影响。再者，如果农业生产的集中程度较高，则对地力的损耗较大。反之，则较小。

（2）生态的破坏。市场对农产品的需求数量随着人口的增加而不断增加，而生产农产品所需要的关键要素——土地资源的数量却保持不变。当一个国家人口数量较多时，人地矛盾就会十分明显地暴露出来。虽然世界范围内的自由贸易能解决这一问题，但对于一个拥有十几亿人口的中国来说，农产品中的主要作物——粮食的安全问题不能建立在别国的经济基础之上。因此，我国的农业生产对土地的压力必然会越来越大，对生态环境造成一定的破坏也是不可避免的。

（3）食品的污染。在农产品生产过程中，由于化肥、农药的使用，不可避免地存在着有毒物质的残留，这对消费者的身体健康会造成较大的危害。

第三节 基础产业理论

一、基础产业的概念界定

基础产业是指在国民经济产业链中处于上游地位，为其他产业部门的生产、运营提供必须的投入和服务的、生产基本生产资料的产业部门。它在国民经济发展中起着基础和决定性的作用，其产出量的增加构成了整个国民经济增长的先决条件。基础产业按提供有形产品和无形产品的不同，分为狭义基础产业和广义基础产业。狭义基础产业是生产实物性产品的基础部门，即农业、能源、原材料工业等。广义基础产业除了生产实物性产品的基础部门以外，还包括生产无形产品的基础部门，如金融、科教卫生等部门。基础产业是一个社会赖以生存和发展的基本保证，是一个国家综合实力和现代化程度的重要标志。

二、政府介入基础产业的必要性

从本质上说，政府管制的理论依据是市场失效。政府管制经济的理由，也就是市场失效的原因。经济学把市场失效定义为市场均衡状态偏离帕累托状态，主要表现在公共产品、外部性、信息不对称、不完全竞争、不确定性等方面。政府干预理论设想通过政府的干预能够实现帕累托改进或者在存在约束条件的情况下达到一种次优的资源配置效果。对于基础部门而言，市场失效最明显的表现是公共性、外部性以及自然垄断性的存在。政府管制具有弥补市场失灵的功能，但决定基础产业实行政府管制的必要性还在于基础产业自身的特性，如地位的基础性、产品的短缺性和消费的准公共产品性。

1. 基础产业的基础性特点在于基础产业在产业链中处于前导位置，

其产品价格构成后续相关产业的产品成本，因而其价格的高低直接影响到后续产业产品的价格，并且价格的传导机制效应会扩大这种影响。

2. 产品的短缺性。短缺是基础产业的普遍现象，由于短缺意味着部分需求不能满足，因此在市场供求规律的作用下，价格会攀升以限制一部分人不能消费而维持这种非正常的供求平衡，这就很容易引起"资源滞存"，囤货居奇，腐败等现象，最终影响资源的利用效率。因此，政府必须采取一定的措施来消除这种短缺带来的不利影响，而管制以其见效快、成本低而成为政府的首选措施。

3. 消费的准公共产品性表明基础产业的产品价格不能完全依据市场供求来制定，而应以实现社会经济效益最优为依据，表现在定价中受一定的非经济因素影响。市场机制不会考虑这种影响，只有通过政府管制才能保证这种性质的实现。

从上述矛盾出发，政府在具有自然垄断性的基础部门实行进入和价格管制就是为了实现配置效率和生产效率的统一。

首先，政府需要对进入实施管制，只允许一家企业从事生产以保证实现社会成本最优和生产效率。特别地，政府实行进入管制能实现防止毁灭性竞争和避免重复建设的目的。因为，在基础部门拥有网络供应系统的产业，由于固定成本在总成本中所占的比重较大并且具有很强的沉淀性，如果允许多个企业进行竞争，从长期看，竞争的最终结果是只有一个企业能够生存，这就意味着因过度进入和重复建设而形成的破坏性竞争和严重的资源浪费。

其次，政府还需要对价格进行管制，以防止垄断企业利用其垄断地位谋取高额利润并损害消费者的利益，确保垄断企业的产出达到社会最优水平，从而实现配置效率，同时使消费者能得到由规模经济性和范围经济性带来的低成本的好处。从另一个角度看，实施价格管制也是为了避免垄断企业因边际成本定价而亏损，使其价格水平确定在需求曲线与平均成本曲线相交之处，既可保证厂商实现以最低的价格提供最大可能产量，又能补偿其成本，并将超额利润控制为零。这就是说，政府实行价格管制的目的就是在垄断厂商与社会公众利益间寻求一个平衡点，使垄断厂商的利润保持在合理而不是过高的水平上。

在某些情况下，由于受到自然资源的制约，政府也不得不限制企业数目而实行进入管制。如在民航部门，虽然有广阔的天空，但航路建设较为紧张，空中资源较为短缺；同时由于机场建设受空间制约也会造成机场较少和机场规模相对较小，无法容纳更多的竞争者进入。再如，在电信等部门，信息的传输有时需要占有电波和频道等稀缺资源。这种情况下，政府必须对航线经营和频道占有实行进入管制，对航线和频道资源进行分配，以防止形成机场和空中交通拥堵。

三、农业基础产业地位的理论分析

农业在社会经济结构中处于基础地位这一普遍真理是马克思首先发现并科学论述的。马克思指出："超越于劳动者个人需要的农业劳动生产率，是一切社会的基础"；"社会用来生产小麦和牲畜等等所需的时间愈少，用来进行其他生产——物质和精神的生产的时间就愈多"。① 他还指出，从事工业等等而完全脱离农业的劳动者人数，取决于农业劳动者超出他们自身的消费以外所生产的农产品的数量。

农业产业基础理论可细分为要素贡献论、产业制衡论和自然属性论三个层次。要素贡献论来自诺贝尔经济学奖获得者西蒙·库兹涅茨在《经济增长与农业的贡献》一书中的"经典分析"。库兹涅茨认为，农业于国民经济发展有四大贡献，即产品贡献、要素贡献、市场贡献和外汇贡献。② 产业制衡论主要关注工业与农业之间存在的相互依存关系。在第一次产业分工之前，"只有农业劳动生产率提高到了一定的水平，能够经常提供剩余产品时，工业以及其他部门才能相继脱离农业而独立"；在工业化推进期间，"如果农业不能继续提供有保障的食物，以及部分原料、市场和要素贡献，工业化将急刹车或停滞"；在工业化基本完成之后，则要"以工业反哺农业"，进一步推动农业的发展。自然属性论认为农业的基础地位"是由农产品的自然属性和农业的特点所决定"的，这也就是马克思所说的"人们为了能够创造历史，必须能够生活，但为了能够生活，首先要求衣、食、住、行及其他东西'和'在任何时候任何发展阶段，最文明的民族也同最不发达的、未开化的民族一样，必须先保证自己的食物，然后才能去照顾其他事情"。

总结现有的产业基础理论，农业在国民经济中的基础地位表现在以下几个方面：第一，农业是粮食等基本生活必需品的来源；第二，农业是发展工业和其他事业所需劳动力的主要来源；第三，农业是工业特别是轻工

---

① 马克思：《资本论》（第3卷），人民出版社2002年版，第1025页。
② 库兹涅茨：《现代经济增长》，商务印书馆1961年版。

业所需原料的来源；第四，农业是工业的重要市场；第五，农业是国家资金积累的重要来源；第六，农业是出口物资的重要来源；第七，农业人口占全国总人口的绝大多数。

四、农业基础产业地位的现实解读

农业是经济再生产的过程，也是自然再生产的过程，自然资源对农业的发展起着重要的作用。长期以来，在我国工业化、城镇化的进程中，农业、农村和农民作出了巨大贡献，有力地支持了我国经济社会发展和现代化建设。农业、农村和农民是共和国的基石。在国家工业化的初期，农业是工业化发展原始资本的供给者。国家通过工农产品价格剪刀差的方式，将农业创造的利润大量地转移到工业部门，以促进工业的快速发展。国家在工业化过程中，一方面，农业是其他产业发展的劳动力的供给者。在非工业化社会，农业作为劳动密集型产业，是劳动力的主要就业场所和储蓄器，随着工业化和其他产业的不断发展，对劳动力的需求持续增加，要求农业释放和提供更多的劳动力。另一方面，农业是工业的原材料供给者，同时也是某些工业产品的消费者。在国家工业化的进程中，农业为纺织、酿造、食品等轻工业提供了丰富的原材料，国家为了实现工业化目标，必须通过财政支持农业，来保障这些工业发展所需的原材料稳定供应；农业作为工业产品的消费者，不仅体现为农业对化肥、农药等化工产品和农业机械、电力等工业品的直接消费，来拉动这些工业部门的上游产业的发展。尤其在一个城市化水平较低国家，农村是工业品的最大消费市场，保持农村市场的旺盛需求是保证工业持续快速发展的重要条件，而保持农村市场旺盛需求的前提是农民收入的稳定增长（倪斋晖，1999）。根据财政支出的"乘数效应"原理，国家往往通过财政支持农业发展，使农民获得较稳定的收入，从而拉动农村消费，促进工业和其他产业的持续稳定发展。

从实际情况来看，我国目前处在从计划经济向市场经济、从传统农业向现代农业转变的转轨阶段，虽然从总体上进入了"工业反哺农业、城市支持农村"的发展阶段，但农业的基础地位依然很弱，工业化和城市化对农村发展的带动作用依然有限。随着工业化程度的提高，城市化进程不断加快，城镇人口（非农业人口）不断膨胀，对农产品的商品性需求不断增长，尤其是随着全社会人均收入水平的不断提高，在人们对农产品的数量需求满足的前提下，逐步转向对优质、卫生安全的追求。国家通过财政，在继续支持农业生产力水平提高的同时，还会加大对农业生态环境整治和改造的支持力度，促进农业生态环境的改善，提高优质安全农产品的生产能力，以保障国民对农产品的需求。虽然农业科技进步可以从一定程度上缓解资源对农业发展的制约，但在短期内，各种资源对农业的制约作用却是很难改变的。在这样的环境下，我国未来的国民经济能否持续、快速、健康地发展，在很大程度上受到现代农业建设状况的影响。为了有效地推进社会主义新农村的建设，国家必须加大对农业的财政投资力度，改善农业发展的外部环境。

1. 从政治角度看，农业是国家自立的基础。我国的自立能力在相当程度上取决于农业的发展。如果农副产品不能保持自给，过多依赖进口，必将受制于人。一旦国际政局变化，势必陷入被动，甚至危及国家安全。因此，农业的基础地位是否牢固，关系到人民的切身利益、社会的安定和整个国民经济的发展，也是关系到我国在国际竞争中能否坚持独立自主地位的大问题。

2. 从经济角度看，经过30年的改革开放，我国已进入工业化中期阶段和城镇化快速发展时期，农业也已进入一个新的发展阶段。虽然农业在国内生产总值中所占的比重越来越低，农民收入增长来源由过去主要依靠农业转向越来越依靠非农产业，但农业的基础作用非但没有减弱，反而更加突出。这表现在以下几个方面：

（1）农业仍然是国民经济最重要的基础产业。随着工业化水平的提高，国民经济的主体逐渐转向工业，农业已不再是国民经济的唯一基础，原料工业、能源、交通及通信等也属于基础产业。但不同基础产业的地位是不同的，其中农业处于最基础的地位。这不仅是由于农业活动提供了剩余农产品，为其他经济活动提供了劳动力，而且由于第二、第三产业中有相当部分的行业必须由农业提供原料，农业以及以农产品生产为直接基础的各行业在国内生产总值中仍然占有相当大的份额。所以，农业是国民经济中最为基础的母体产业，是其他产业发展的基础。如果农业基础脆弱，就无法支撑经济的持续发展。

（2）农业仍然是不可替代的产业。社会文明的发展要求越来越多的人脱离农业生产甚至脱离物质生产，但农业的特殊地位始终是无法替代的。没有发达的农业，人们就没有生存保障，整个社会就没有发展根基。今后，即便会有更多的非农原料替代农产品原料，但经济发展对农业原料需求的绝对量不可能减少，食品以及大部分轻工业原料仍然只能由农业生产来提供，农业的基本功能始终是不可或缺的。

（3）农村仍然是扩大内需的瓶颈制约。目前，我国对外贸易依存度较高，这与国内工业品需求不足有密切关系。国内需求不足的一个重要原因就是农民收入增长缓慢、购买力低。从发展的观点看，我国最大的市场在农村，7亿多农村人口消费结构升级对经济增长的带动将是持久的和不可估量的。

（4）农业对物价稳定仍然具有举足轻重的影响。我国消费品物价指数（CPI）中食品构成权重一直较高，食品价格上涨对 CPI 的高低有很大影响，农产品价格几乎是整个物价的"晴雨表"。1988 年我国发生了严重的通货膨胀，物价上涨幅度达到 18.6%，其中食品价格上涨占 56%。在1994 年发生的严重通货膨胀中，物价上涨幅度达到 21.7%，其中 60% 的因素来源于食品价格上涨。2006 年下半年以来物价上涨幅度较大，其中食品价格上涨占 80% 以上。

农业的多功能性日益凸显。经济发展水平越高、社会越进步，农业功能的多样化趋势越明显。今天，农业不仅提供农产品和大量的就业岗位，而且拓展出生态保护、观光休闲和文化传承等功能。所以，必须改变对农业的传统看法，充分认识到农业需要承担比以往任何时候都更为重大和持久的责任，农业有着广阔的发展空间和不可替代的重大作用。

第四节　弱质产业理论

农业是一个需要政府扶持的弱质产业。在发达国家，一些经济学家在给政府的政策建议书内，经常把农业是一个弱势产业作为第一理由，促使政府增加对农业及农业科研的投入。按照非均衡理论，国民经济的发展是不平衡的，出现越早的产业，比较利益就越低，而产生较晚的产业，其比较利益就越高。农业作为一个母亲产业，是人类最早的产业之一，这就造成了其比较利益的低下。农业是自然风险与市场风险相互交织的弱质、低效产业。农业对自然条件有着很强的依赖性，而农业的自然条件又是经常变化的，由此造成了农业生产有很强的自然风险，总是处于频繁的波动之中。不仅如此，在市场经济下，农业的自然特点还直接导致了市场风险的产生。因为农产品市场有两个特点：一是从开始生产到生产出产品需要一段较长的时间，而且在这段时间内生产规模无法改变；二是本期产量决定本期的产品价格，本期的产品价格决定下期的产量。由此决定农业对市场信息的反应往往具有滞后性，生产者依据现时市场信号做出的生产决策待产品产出后，情况可能已经发生了很大变化，从而形成必须主要由生产者独立承担的市场风险。伴随农业弱质性的是农业的低效性。农业生产客观上存在着经营风险大、回收周期长、投资效益低等产业特点，各种生产要素投于农业往往得不到社会平均利润。由于土地资源的稀缺与不可替代，以及目前农业的技术进步大大滞后于工业，农业的比较利益日益降低。一个社会效益高而自身经济效益低的产业，如果单纯靠市场机制的作用，在吸纳和争夺生产要素的市场竞争中往往处于不利地位。现实表明，在比较利益的诱导下，农业不但不具备吸引外部资金和人力资源投入的能力，而且在农业内部也难以阻止资金和人力资源大规模地转向易于短期见效的非农产业或城市部门。

农业的弱质性特征主要表现在以下三个方面。

一、自然风险

农业产业与其他产业的主要区别在于农业生产以有生命的动植物为主要劳动对象，以具有肥力为特征的土地为基本生活资料。这种经济再生产与自然再生产的交织决定了农业生产周期较长，受自然环境因素的影响较大，气温、降雨、风力等因素的异常变化都会给农业生产带来极大危害。而人为控制自然环境因素的能力较弱，自然环境变化不以人的意志为转移，加之，农业生产自然要素的季节性和有限性以及土地要素的非流动性，使得农业生产要素的市场配置受到极大限制。因此，一旦发生自然灾害，农业产量就会大幅度下降。这就是农业产业较其他产业额外面临的自然风险。分散的农户无力采取防御自然风险的措施，因此，需要政府通过公共投入来帮助私人生产者降低自然灾害风险。同时，还需要政府运用财政补贴手段对自然灾害给私人生产者带来的损失进行救助。

二、市场风险

农业提供的是生物体产品，具有生产周期长、季节性强、产品易变质、需求弹性超越临界点后迅速收敛等特点使农业生产和经营有着较大的市场风险。众所周知与工业品相比，绝大多数农产品的需求弹性比较低，这就决定了当农产品的需求量发生变化时，农产品的价格必然会出现较大幅度跌涨的现象。此外，由于农业生产周期长，农产品的供给在市场自行调节下难以及时追随市场价格的变化，由此导致农产品稀缺和过剩的效应放大，促使价格出现更大地波动，由此，农业生产者和经营者较难建立起稳定的价格预期，农业承担市场风险的能力明显低于其他产业。

新中国成立 50 多年来，我国的农业生产条件得到了很大的改善，但是农业基础设施薄弱、生态环境差的状况并未从根本上改变。一是农田水利设施的建造和修缮跟不上，抗御自然灾害的能力低：1990 ~ 1999 年，平均每年受灾面积 49 551 千公顷，成灾面积 25 173 千公顷，成灾率为50.80%。2000 ~ 2002 年，年均受灾面积 51 321 千公顷，成灾面积31 145 千公顷，成灾率为 60.69%，呈现出恶化的趋势。① 同时由气象灾害引发或衍生的其他灾害，如山洪灾害、地质灾害、海洋灾害、生物灾害、森林火灾等，都对国家经济建设、人民生命财产安全构成极大威胁。二是农业生态环境脆弱，制约着农业的可持续发展。水利部"全国第二次水土流失遥感调查"结果表明，全国现有水土流失面积 356 万平方公里，为国土面积的 37%；水环境污染相当严重，2000 年，七大水系干流中，只有 7% 的断面达到或优于国家地表水环境质量标准Ⅲ类，各大淡水湖泊和城市湖泊均受到不同程度的污染，一些湖泊呈富营养化状态，沿海河口地区和城市附近海域污染严重，赤潮发生频次增加，面积不断扩大；② 并且在农业生产过程中，大量使用化肥、农药、农膜造成严重的内源污染以及工业废弃物、生活废弃物对农田环境造成严重的外源污染。因此，农业经济的发展，大型农业基础设施建设、农业生态环境治理不能指望农业经营主体去实施，尤其是在我国目前以小农为主体的农业经营体制下，只能由政府主导实施。

1. 农业市场风险的表现。

（1）市场价格不确定性风险。在市场机制下，农产品价格的变化随着供求关系的变化而变化，由于农产品受气候、自然灾害、种植结构及规模等诸多因素的影响，造成农产品市场供求波动，导致价格的不确定性，带来农业生产经营的风险。

（2）市场需求多样、多变性风险。随着生活水平的提高，对农产品的需求已逐渐由数量型向质量型转变，开始更注重健康、绿色的食品，不同行业不同层次的消费群体对农产品的品种、规格、品质等要求都有所不

---

① 张强：《我国气象灾害及其对社会经济的影响》，广东省气象局。
② 中国水网：《我国环境形势仍十分严峻——〈国家环境保护"十五"计划〉》，专题信息之六。http://www.envin.gov.cn/2002 年 1 月 11 日。

同，倘若农民不能依市场需求去组织生产，那么即使农业有较大幅度的增产，农民的收入仍然不可能有很大的提高。

（3）市场预测偏差性风险。农民对市场的判断、预测经常出现失误、偏差而造成无法挽回的损失，这是因为市场上价格、需求的难预测性，而农民由于自身思想意识和知识水平有限，对市场反馈回来的经济信号反映不灵敏或分析不正确，而且农户多居住在乡村和边远地区，交通不便、信息不灵，又缺乏传导信息的各种组织，从而容易做出错误的预测和判断。

（4）农业宏观政策变动风险。政府所做出的各种农业经济政策及其稳定性，都会给农业带来不少风险。如农用生产资料价格失控及收购资金不能及时到位等现象，都对农业的生产经营造成很大影响。

2. 农业市场风险的特点。

（1）农业市场风险的长期性。市场风险是市场经济体制下的衍生物。建立社会主义市场经济体制是我国经济体制改革的目标，因而决定了农业市场风险将伴随着市场经济体制的存在而长期存在，所不同的是在不同的时期，市场风险所影响的农产品种类不同，受影响的程度不同。

（2）农业市场风险的连锁性。农业的自然风险如水灾、旱灾、虫害等对农户来说并不陌生，其一直伴随着农业生产，从某种角度来说，农业市场风险并不亚于自然灾害的风险。自然灾害一般开始发生在特定区域、特定时间内，其影响往往是局部的，而农业市场风险一旦发生便是全局性的，影响的是整个农业市场。市场风险的发生会导致农产品卖难等问题从而影响农民收入，降低农民生产积极性，进而导致农民不愿投入新的生产要素和生产资料进行再生产，更不愿扩大生产，甚至将土地闲置起来，由此引起一系列的连锁反应。

改革开放以来，我国农业科技水平快速提高，农业科技在农业和农村经济发展中的作用也越来越大，但是，我国的农业科技水平总体不高，与发达国家还存在很大的差距。科技是第一生产力，农业科技是推动农业和农村经济发展的基本动力。人多地少是我国的基本国情之一，农业发展受到土地资源、水资源短缺的严重制约，要保持我国农业持续稳定发展必须依靠农业科技进步。在我国目前以小农经营为主体，农业企业发育严重滞后的农业经营体制的前提下，决定了多数农业科技成果难以通过商业化开发取得经济回报，绝大多数农业科技成果只能作为公共产品，只能以社会效益为主，因此决定了政府必须是农业科研经费的最主要供给者。因此，一方面要强化农业科研，加快农业科技创新的步伐，促进高质量农业科技成果的产出；另一方面要强化农业科技推广服务和提高农民科技文化素质，加快农业科技成果推广应用的速度，提高科技成果的利用率。

三、蛛网模型理论

1. 蛛网发散模型的原型。蛛网理论认为农产品这类生产周期较长的产品的价格与产量存在周期性的波动。蛛网模型的基本假定是：农产品本期的产量决定本期的价格，以 P_t 和 Q_t 分别代表本期的价格与产量，则这两者之间的关系用函数式来表示为：$P_t = f(Q_t)$；本期价格决定下期的产量，以 Q_{t+1} 代表下期产量，则这两者之间的关系为：$Q_{t+1} = f(P_t)$ 蛛网模型包括三种形式：封闭式蛛网、收敛式蛛网、发散式蛛网。该模型认为发散式蛛网模型对农产品价格和产量的波动具有较大的解释力。在发散式蛛网模型中，供给的价格弹性大于需求的价格弹性，即供给曲线比需求曲线平缓。在这种场合，价格变动引起的供给量的变动大于价格变动引起的需求量的变动。这样，当出现供过于求时，为使市场出清已有的供给量，要求价格按需求曲线下降，从而导致下一年的供给量减少（因供给弹性较大）而出现供应短缺。供应短缺又导致该年成交价格上升，进一步导致再下一年的供应量更大幅度增加和该年价格更大幅度的下降。因此，在供给价格弹性大于需求价格弹性的情况下，一旦出现失衡状态，竞争机制不仅不能使其恢复均衡，而且会使价格和产销量的变动在时间序列中呈发散型，越来越偏离均衡，这种情况称为动态不稳定均衡，发散型蛛网见图 2-1。

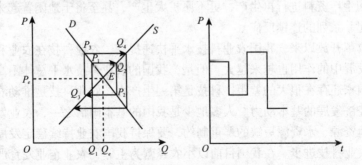

图 2-1 发散型蛛网

2. 蛛网发散模型的缺陷——农民的非理性预期假设。蛛网发散模型认为农产品如粮食等是生活必需品，所以需求价格弹性较小；相对来说，农产品生产者的供给价格弹性较大。由此，才能画出上述与蛛网形状相似的图形，即价格和产量均呈发散状态的图形。但蛛网模型要以生产者对经济未来变动缺乏理性预期为条件。如果某一年产品价格偏高（高于均衡价格）时，生产者能及时估计下一年产量会扩大并引起价格下跌，因而他们不愿意按偏高的价格扩大产量的话，则下一年产量就不会扩大，从而价格和产量就难以发生蛛网状波动。

农业生产者在短期内会缺乏理性，盲目跟着上一期价格，即由上一期价格决定本期产量，但在长期内农民一定会对增产不增收的状况进行反思，并总结经验、摸索规律。我们假定农产品的生产周期为一年，农产品生产者在漫长的农耕岁月中会经历无数个一年。当个别农民发生理性预期，他会挣到远多于其他农民的收入；当农民集体发生理性预期，则蛛网发散形状不会成立。西方经济学家也早已认识到这个模型的缺陷，并发现了与蛛网模型分析情况不同的反例，如经济学家阿西玛咖普罗斯（Asima-kopulos）经历过这样一个故事：在爱德华岛屿，当农场主们都因土豆价格下降而缩减土豆的种植面积时，唯有一个农场主不这样做。因为这个农场主根据长期的经营经验，相信土豆价格将上升，而眼下正是自己增加土豆生产的时候。可见，农场主是懂得预期的。

参考文献

1. 埃利诺·奥斯特罗姆：《公共事务的治理之道》，毛寿龙等译，上海三联书店 2000 年版。

2. 欧·E·文休斯：《公共管理导论》，中国人民大学出版社 2001 年版。

3. 丹尼斯·缪勒：《公共选择理论》，杨春学译，中国社会科学出版社 1999 年版。

4. 刘汉屏：《公共经济学》，中国财政经济出版社 2002 年版。

5. 农业部课题组：《建设社会主义新农村问题研究》，中国农业出版社 2005 年版。

6. 张馨：《公共财政论》，经济科学出版社 1999 年版。

7. 张馨、杨志勇、袁东等：《当代财政与财政学主流》，东北财经大学出版社 2000 年版。

8. 安东尼·B·阿特金森、约瑟夫·E·斯蒂格里茨：《公共经济学》，上海三联书店、上海人民出版社 1994 年版。

9. 保罗·萨缪尔森、威廉·诺德豪斯：《经济学》，华夏出版社 1999 年版。

10. 王晓洁：《中国公共卫生支出理论与实证分析》，2006 年优秀博士论文。

11. 高鸿业：《西方经济学》，中国人民大学出版社 2000 年版。

12. 国家统计局农村社会经济调查司：《中国农村统计年鉴》，中国统计出版社 1996~2006。

13. 陈锡文、韩俊、赵阳：《中国农村公共财政制度：理论、政策、实证研究》，中国发展出版社 2005 年版。

14. 丛树海：《公共支出分析》，上海财经大学出版社 1999 年版。

15. 武文：《强化基础地位　建立农业支持保护体系的理论框架》，载《中国经济时报》，2005 年 1 月 5 日。

16. 韩俊：《对新阶段加强农业基础地位的再认识》，载《人民日报》，2008 年 2 月 15 日。

第三章　国外典型国家财政支农的经验与启示

在世界农业的发展进程中，无论是发达国家还是发展中国家，为了实现对农业的支持和保护，在进行大量的公共投入性支出的同时，还采取了各种财政支持性政策。不同国家在本国农业发展的不同阶段，为了实现不同的农业发展目标，采用了不同的农业支持政策。考察西方发达国家对农业的高额财政投入、多种财政支农政策工具协调使用和对农业科技进步高度重视等多方面的支农经验，对我国改进支农的政策和措施有很大的借鉴意义。

第一节　美国的财政支农政策

作为世界上农业最为发达的国家之一的美国，有着"以农立国"的传统，历来注重农业科技的应用，农业一直是其重要经济支柱。美国根据本国农业发展特点，在不同的历史时期，制定不同的财政支农政策，对农业实行有力支持和保护。美国财政支农主要有两个方面，一方面通过投向农业科技进步、资源开发、农业基础设施建设、农村教育等用于农业发展；另一方面通过采取价格支持、限制生产、鼓励出口等政策措施用于保护农业的补偿性支出。

一、美国财政支农政策的阶段式发展

美国的财政支农政策主要有三个阶段：

第一阶段：20 世纪 30～80 年代，美国 20 世纪 30 年代经济危机导致大量农民破产，国会通过以保障农民收入为目标的《1933 年农业调整法》，以控制生产和价格支持为主要措施开始全面干预农业。主要措施是设立专门机构，从农业资金、粮食储备、农产品销售等方面实行支持和保

护本国农民利益的政策，政府每年都根据本年度内农产品的产量、消化量和期末库存量，对下一年的市场需求及气候进行预测，在此基础上制定下一年度的"农产品计划"，并确定主要农产品的生产；政府与农场主签订合同，通过"无追索权贷款"具体执行农产品价格和收入支持政策。《1933 年农业调整法》奠定了美国现代农业支持政策的基础，为全面干预农业、控制农业生产起到了积极的作用。

第二阶段：20 世纪 90 年代，主要反映在《1990 年农业法》和《1996 年农业法》，逐步降低对农业的价格支持、出口补贴和关税，转而实行对农民的直接收入支持。国家对保护农业生态及资源环境、乡村基础设施建设、农业科技、农村教育及卫生、农产品市场信息、农业低息贷款、农产品低税等支农政策基本不变。《1990 年农业法》在改革农业生产市场化和提高农业生产的灵活性方面做了重要的尝试，这样既减少了政府的农业补贴，又增加了生产者的利润和收入，为后来改革做了铺垫。《1996 年农业法》提出了用 7 年时间使美国农业过渡到完全的市场经济，计划在 2002 年后完全取消政府为农场主提供的价格和收入补贴，把农场主推向市场，使政府彻底摆脱越来越重的农业补贴负担。由于近年来国际农产品价格下降，美国农民收入减少，1998 年其政府推出两项保护农民收入的政策，此后，每年都增加农业补贴。如果说《1990 年农业法》只是向农业自由生产体制迈出一小步，那么《1996 年农业法》可谓是美国政府农业政策改革的一个里程碑。

第三阶段：2002～2008 年，2002 年国会通过《农业安全与农村发展法案》即《2002 年农业法》，在基本维持《1996 年农业法》框架基础上，扩大了农业的支持范围，并建立了一种对收入的自动反应机制。

二、美国财政支农政策的主要内容

1. 支持价格和无追索权贷款。为了保护农民的利益，由政府设置一个最低价格，即使在农产品供过于求的情况下，也要使市场价格至少保持在最低价格水平上。支持价格政策由联邦政府的农产品信贷公司通过无追索权贷款实施。无追索权贷款是由农产品信贷公司向参加农产品计划的农场主提供的为期 10 个月的短期贷款。在贷款到期前，如果市场价格高于贷款率，农场主可以在市场上出售农产品，然后以现金归还贷款本息。如果市场价格低于贷款率，农场主可以不偿还贷款，而将农产品交给信贷公司，并且不用负担任何费用或罚款。这里的贷款率是单位农产品应得的贷款额，实际上就是政府确定的最低价格。

2. 目标价格和差额补贴。目标价格是政府为保证农场主收入而规定的补贴门槛价格，或者说是理论上合理的农产品价格。当市场价格低于目标价格时，参加生产限制计划的农场主就可以获得差额补贴。补贴率为目标价格与市场价格或支持价格之差，政府取市场价格和支持价格中的较高者计算。

3. 储备补贴。为了稳定和提高农产品价格，政府鼓励农场主把谷物储存起来，退出市场供应。农场主与农产品信贷公司签订合同，农场主可以获得高于无追索权贷款率的贷款，以及约等于平均储备费用的补贴。谷物被储藏后，农场主不得随意出售。只有当市场价格达到释放价格时，农场主才可以出售自储农产品。如果农民选择不出售，政府将取消利息补贴和储藏费用补贴。当市场价格达到收回贷款价格时，农民必须归还贷款。

4. 休耕补贴。短期休耕的目的是为了控制播种面积和农产品产量，长期休耕则是为了保持水土。农民如果把侵蚀性土地和环境敏感性土地休耕10～15年，政府将每年给农民一定的补偿。农民必须在休耕的土地上种植草皮或树木。

5. 农作物保险补贴。农作物保险的作用是弥补各种气候因素导致的减产所造成的损失。政府对投保的农场主提供补贴，补贴比例为农场主所交保险费的50%，农场主只需交纳少量保费就可以得到全额保险。

6. 灾害补贴。对于因干旱、洪涝等自然灾害而不能播种或严重减产的饲料谷物、大米、小麦和陆地棉等作物的生产者，联邦政府给予补贴。当牲畜和家畜生产者由于灾害而得不到适当的饲料供应时，政府向他们提供相当于饲料购买成本50%的补贴。

7. 支持农村基础设施建设。联邦政府向农业地区提供或资助发展交通运输、供电和通信事业，兴建和维修水利设施。美国的大型灌溉设施都由联邦政府和州政府投资建设，中小型灌溉设施由农场主投资，农业部给予一定资助。

8. 支持农业科研、教育和技术推广。政府提供资金在贫困地区兴办中小学，在农村中学开办农业课程。赠地兴办农学院，在农学院开办成人教育和各种培训班。各州的研究中心和实验站也举办以农业生产者为对象的培训班，免费为农民提供技术咨询服务。

三、美国财政支农政策的改革

1.《1996 年联邦农业完善与改革法案》（The Fdeeral Agriuclurte Im-Provement and Reofmr Act of 1996）。该法案的主要目标有两个：第一，取消价格支持措施，将农场主的收入水平交给市场决定；第二，将收入支持与实际生产脱钩，减少对农业经营者的收入支持强度，进而减轻政府的财政负担。1996 年农业法是市场化特征最为明显的一部农业法，虽然对国内支持政策进行了重要调整，但仍然保持了很强的连续性。（1）取消目标价格和差价补贴，实行多种收入支持措施。从 1996 年起，取消长期实行的农产品目标价格和差价补贴，2002 年后停止向农场主提供农产品价格方面的补贴，使美国农业完全过渡到市场经济。政府将引导农场主参加期货交易和农业合作组织，并推行农作物收入保险计划。通过社会环节化解和分担农民的市场风险，保证农民收入的稳定。（2）设立过渡性的生产灵活性合同补贴，以直接固定的收入支持代替价格补贴。在1996～2002 年为期 7 年的过渡期内设立生产灵活性合同补贴，只要农场主自愿执行环境资源保护计划和沼泽地保护条款等法规，就可以得到补贴。补贴的金额取决于支付面积、支付单产和农产品的支付率。支付面积是 1991～1995 年农作物平均面积的 8%，支付单产是 1995 年的水平。采用这种补贴方法之后，生产者无论生产多少，其享受的补贴数额都不受影响，因此享有充分的生产决策权。（3）取消储备补贴。由于存粮于民的储备体系造成了很大的财政负担，美国政府决定仅保留用于国际人道主义援助的 400 万吨粮食储备，取消了对农场主的储备补贴。（4）降低无追索权贷款的贷款率。1996 年农业法确定了最低保护价的上限，标准低于 1990 年农业法案的水平，政府的用意是不想承担大量的农产品库存。

2.《2002 年农场安全与农村投资法案》（The Securiy and Rura Invest-ment Act of 2002）。该法案又称'新农业法'带有明显的贸易保护主义色彩，核心内容是在 1996 年农业法的基础上，增加对农业的投入和补贴，尤其是产品补贴和价格补贴。根据美国农业部门的估算，按照 1996 年农业法的规定，2002～2007 年的各项农业补贴约为 666 亿美元。新农业法增加农业补贴 519 亿美元，6 年间的农业补贴总计达到 1 185 亿美元。（1）商品计划。一是以固定的直接支付取代生产灵活性合同补贴。将支付面积由 1991～1995 年的平均面积调高到 1998～2001 年的平均值，适当降低了原有产品的支付率，并将大豆、花生和其他油料纳入固定支付的范围。二是设立反周期补贴。单位产品的反周期补贴由目标价格和有效价格的差额决定，这种支付基于历史产量，与当前产量无关，可以提供一张改进的反周期收入安全网，以替代1998~2001年出台的多项临时性的市场生产援助支付。三是扩大营销贷款范围，变更差额贷款支付价格。营销贷款范围扩大到花生、羊毛、马海毛、蜂蜜以及各种干豆，提高了大部分产品的贷款率。（2）保护计划。2002年农业法几乎增加了每一项农业环境计划的资金支持额度，支持范围不同程度地扩张。继续实施并扩大休耕环境敏感性土地的计划，重视耕地保护计划和家畜保护行动计划，增加了草地储备计划。（3）研究及相关事宜。以按需支出型农业研究、州立农业实验站研究、推广教育和其他特定计划的竞争性补助等款项代替固定金额拨款。扩大研究示范区，增设研究计划。加强病虫害行政控制，补贴有机农产品的生产营销。

第二节 欧盟的财政支农政策

欧盟是由过去的欧洲共同市场、欧洲共同体逐步演变而来的。农业是欧盟建立共同政策的第一个领域。欧盟共同农业财政政策是欧盟共同农业政策的核心，欧盟确立的农业政策目标是：通过推动技术进步，保证农业生产合理发展及农业生产要素的最佳使用，提高农业生产率；通过增加农民收入等手段，保证农民有良好的生活水平；稳定农产品市场；保证农产品供给及保证消费者以合理的价格购买农产品。为此建立了农业指导与保证基金，专门用于农业支持和农业结构改革。

一、欧盟财政支农政策的演变

1962年，欧盟实施共同农业政策，旨在解决粮食短缺问题，维护内部价格和稳定农场主收入。为此对大多数农产品确定了相当高的价格，以达到促进农业生产，提高农民收入的目的。由于对农产品的价格支持和出口补贴，大大刺激了欧共体成员国的农业生产，农业生产率大幅度提高，农民收入逐年增加，到20世纪70年代实现了许多农产品自给有余。80年代共同政策开始转为控制生产，即当农业预算大幅度增长时，采取谨慎的价格政策。当价格下降引起收入增加的压力过大，同时不得不放松对农业限制的财政政策，提高了支持价格。1984年开始对比较突出的奶产品实行了限产措施,采取了牛奶定额制度,对其他大部分农产品特别是粮食实行长期紧缩的价格政策。政策调整之后,部分减少了生产过剩。1992年把生产全部纳入了控制,削减了对谷物和牛肉的价格支持,对农场主实行直接支付的补偿方式。1999年进一步减少了对谷物和牛肉的价格支持,后来又扩大到奶业。最终结果,近3/4的农业预算由价格支持转为直接支付。经过改革,价格支持体系的重要性已大大减弱,对农业的支持更注重于直接向农民提供收入补贴而非价格支持。欧盟积极采用"绿箱"、"黄箱"、"蓝箱"等贸易政策保护农业,其国内支持总额是所有WTO成员中最大的并且是目前唯一优化使用蓝箱政策的贸易体,此外,共同农业政策的改革重点逐渐转向结构改善、农村发展和环境保护,农业补贴向改善农业环境、增强农业竞争力方向调整。

二、欧盟共同农业政策

农业是欧盟建立共同政策的第一个领域。由于6个创始成员国均有不同的农业支持政策,所以为避免政策的不一致性,欧盟期望通过一项共同政策来保证农产品自由流通。共同农业政策的目标包括五个方面:一是通过推进技术进步,以及保证农业生产的合理发展和农业生产要素特别是劳动力的最佳使用,来提高农业劳动生产率;二是通过增加农业人口的个人收入手段,确保农业社区有一个公平的生活水准;三是稳定农产品市场;四是确保农产品的充足供应;五是确保消费者能够以一个合理的价格购买产品。

欧盟制定共同农业政策的三大原则是:(1)统一大市场。在欧盟内部,农产品可以自由流动。整个欧盟在大市场范围内使用着同样的农产品调控手段和机制。(2)共同体优先。与进口农产品相比,欧盟对内部农产品实行优先权和价格优惠政策;对内部市场给予保护,以防止来自欧盟外的国家以低价销售农产品以及国际市场价格的大幅波动所带来的冲击。(3)财政(来源)一致。共同农业政策的实施费用和开销全部由欧盟的财政预算来承担,每年的农业支出占欧盟预算总额的47%以上,所需资金来自欧洲农业指导和保证基金。

三、欧盟财政支农政策的主要内容

1. 价格支持。从1962年到20世纪90年代初,实行高于世界市场价格的内部市场价格一直是欧共体共同农业政策的核心。价格支持政策的主要工具是门槛价格、目标价格和干预价格。门槛价格是其他国家农产品进入欧盟港口时的最低进口价。如果到岸价格低于门槛价格，就要征收差价税。目标价格作为最高限价，是依据某种农产品在欧盟内部最稀缺的地区或供不应求的地区所形成的市场价格确定的。干预价格是农民出售农产品时可以得到的最低价格。当市场价格低于干预价格时，生产者可以领取两者之间的差价补贴，或者以干预价格将农产品卖给干预中心。这样，干预价格和目标价格就构成了一个价格区间，共同市场上的农产品价格只能在这个区间内波动，由此可以达到支持农业生产者收入和稳定农产品市场的目的。

2. 直接收入补贴。从 1992 年开始，欧盟逐渐将价格支持转变为直接收入补贴。对因为干预价格降低所引起的农民收入损失，欧盟以历史情况为基础，分行业予以补偿。种植业实行与面积挂钩的直接收入补贴，面积补贴分为作物面积支付和休耕面积补贴。部分或全部种植谷物、油料、蛋白作物和纤维作物的农地可以享受作物面积支付，某种作物每公顷支付金额等于每吨补贴额乘以生产区平均单产。休耕面积补贴根据符合条件的休耕面积发放，每公顷补贴额与当地的谷物面积支付额相当。畜牧业实行与饲料面积挂钩的直接收入补贴，具体种类有粗放化经营补贴、公牛补贴、母牛补贴、牛的屠宰补贴、补充款项补贴和母羊补贴等。

3. 农村发展支持。对农村发展支持有三个主要目标：一是从"对农场主的生产进行必要的补助"，目的不是使他们更具竞争力，而是不至于使其从生产领域退出；二是帮助农场主生产一定数量的公共产品，如优美健康的自然环境以及完善的农村配套设施；三是当农业生产因技术进步和生产效率提高而出现就业下降时，能够维持一个有活力的农村社会。

欧盟对"农村发展"的支持，试图同时满足这三个目标。对于第一个目标，欧盟采取了对农业家庭进行投资以增强其竞争力；对农场主进行培训，特别是培育年轻的农场主；实行提前退休制度；改进加工和营销水平。对于第二个目标，采取对山区和处于不利地位的地区提供支持；支持农业环境项目；支持林业发展。对于第三个目标，主要是通过调整农地的适宜性和进行农地开发来完成，具体包括：为农村社区提供基本服务；革新农村发展；改善基础设施；鼓励从事手工工艺和旅游活动。在以上这些措施中，只有环境项目是强制性的，而对其他措施，成员国可自由决定他们是否利用欧盟的项目资金。

4. 结构调整补贴。运用补贴手段鼓励青年农民从事农业生产，鼓励老年农民提前退休以更新农业劳动力队伍。向在恶劣条件下从事生产的农民提供补贴，扶持山区和条件差的地区发展农业。规定获得直接补贴的农民必须参加减少 15% 种植面积的生产结构调整计划。

5. 环保补贴。欧盟对由于采取环境保护措施而受到经济损失的农民给予补贴。这些农民包括自愿在种植业中减少化肥、杀虫剂、灭草剂的使用，减少牛和羊的存栏，对农业利用价值不大的土地进行粗放经营耕作、退耕还林或不采用排水、灌溉、开垦荒地等有损环境的生产方式，对农用土地进行绿化等。

6. 基础设施建设补贴。为农业基础设施建设提供资金，凡是购置大型农业机械、土地改良和兴修水利等，欧盟提供 2% 的资金支持。

四、欧盟财政支农政策的改革

1. "2000 年议程"。议程的主要目标是在 1992 年的基础上，通过进一步开放市场和增强结构调整措施，提高欧盟农业在国际市场上的竞争力，推动农业和农村社区的全面发展。这次改革突出强调了农业的多功能性和可持续性，对农民的直接收入补贴由生产控制型转向服务型。降低谷物、牛肉和奶制品的干预价格，并通过直接支付方式对价格下调给农民造成的损失给予适当补偿。对油料、蛋白和纤维作物不再保留干预价格，向世界市场价格看齐。如果农场主想要全额享受作物面积补贴和牲畜头数补贴，必须采取适当的环境措施。

2. 2002 年改革。此次改革的方向是彻底改变对农业的支持方式，使得农业政策更加市场化。改革的重点是把原来与生产挂钩的"蓝箱"支持转变为和生产脱钩的"绿箱"支持。具体做法是用"单一的农场补贴"代替上述补贴，补贴数额根据 2000~2002 年基期的情况确定，与当年种植的种类和面积多少无关，从而实现由"蓝箱"措施到"绿箱"措施的转变。

第三节　日本的财政支农政策

一、日本第二次世界大战后农业政策的变迁

日本是一个农业耕地资源十分有限、农产品高度依赖进口的国家。1984 年开始成为世界最大的食品进口国，国民消费的食品 60% 依赖进口，

食品自给率较低。这一国情使第二次世界大战后的日本成为世界各国对本国农业保护程度最深、保护时间最长的国家之一。其过程大致可分为1955~1994年和1995~2000年这两个阶段。

第一阶段:1955~1994年。自1955年加入 GATT 至1994年,日本政府直接管制农产品的内外贸易,对本国农业与农产品贸易流通实施了一系列强有力的支持保护政策。日本政府对本国农业和农产品市场的主要保护措施包括以下两个方面:

一是对粮食的国内流通和价格管理经历了从高度集中统一到逐步放宽并引入竞争的过程。以日本的大米流通为例,第二次世界大战前后日本实行政府"直接管制";20世纪50~60年代进入"全量管理、直接统治"时期,政府负责大米等粮食的统收统购,由政府直接控制粮食国内流通和进口;70~80年代进入"部分管理;间接统制"过渡期。在1969年引入"自主流通米制度",1972年将全量收购改为预约限量收购,1981年正式取消粮食的配给制度。二是对以大米为重点的国内主要农产品生产给予巨额财政补贴。这是第二次世界大战后日本保护农业最直接、最主要的手段,财政补贴主要集中用于农业生产的预算补助与农产品的价格补贴。1971年,政府仅对大米的价格补贴就达13.3亿美元。80年代以来,政府的农业补贴始终保持在114.8亿美元左右,1985年农业预算占政府的一般会计预算支出的5.1%,占当年农业产值的22.8%,平均每公顷耕地农业预算额3 720美元,在主要发达国家中日本的人均农业预算仅次于法国,属农业补贴最高国家之一。

第二阶段:1995~2000年。1995年 WTO 成员国开始实施"WTO 农业协议",标志着日本开始实施为期6年的新一轮农业保护政策。为适应WTO 农业协议对各成员国的共同要求,日本与欧美其他发达国家一样,从这一年开始,在 WTO 农业协议框架内,实施了战后以来调整力度最大的新农业支持保护政策:逐年降低对农产品的高关税壁垒与价格补贴,将过去以流通、生产环节为主的农业保护政策转变为以提高农民收入、促进农业结构调整为主的 WTO 农业规则允许的政策。其中最主要的有:一是逐步取消对粮食及其他主要农副产品进口的非关税壁垒,并使之关税化。二是调整对农业的财政投入重点,在 WTO 规则允许的"绿箱"政策范围内支持本国农业的发展。三是最大限度地利用 WTO 规则要求逐年消减的"黄箱"政策,继续干预农副产品的价格形成机制,实施新的价格支持政策。

二、日本财政支农政策的主要内容

1. 价格支持。（1）最低价格保证。政府规定小麦、大麦以及加工用土豆、甘薯、甜菜、甘蔗等的价格下限，当市场价格下跌到价格下限以下时，产品全部由政府按下限价格买入。（2）价格稳定带。对于肉类和奶类产品，政府在自由贸易的前提下，通过买进和卖出的方式，使产品的市场价格稳定在一定范围内。（3）差额补贴。政府对大豆、油菜子和加工用牛奶等产品规定一个基准价格，当市场价格下降到基准价格以下时，农民可以获得基准价格与市场价格之间的差额补贴。蔬菜、小肉牛、仔猪、蛋类以及加工用水果等产品也采用类似的补贴方法，只不过价格差额由政府、农协和生产者三方出资建立的价格平准基金支付。

2. 收入支持。（1）稻作安定经营对策。政府和农户共同出资建立稻作安定经营基金，对自由流通后的米价下跌对农户造成的损失进行弥补。补贴办法是根据前三年的自主流通米价格的平均数算出基准价格，补贴数额是基准价格与当年价格差额的8%。（2）农户直接支付制度。政府对山区、半山区的农户进行直接收入补贴，目的是缩小这些地区和平原地区之间的生产成本差异。（3）灾害补贴。为了保证农民的收入和生活水平不会因为自然灾害而受到过分的影响，日本政府对在灾害中受损的农地和农业设施给予补偿。（4）农业保险补贴。政府直接参与保险计划，凡是生产数量超过规定数额的农民和农场都必须参加保险，政府对农作物保险的保费补贴为50%~80%。

3. 生产资料购置补贴。凡是按照一定标准联合起来集体进行耕地平整、田块区划或养猪、养鸡、用温室生产蔬菜的农民，购置农业机械和建造农用设施方面的费用，中央财政补贴50%，都道府县财政补贴25%，其余25%可以从接受国家补贴的金融机构得到贷款。

4. 制度贷款。制度贷款属于长期低息贷款，主要用于政府农业政策鼓励的生产事业。制度贷款按政策干预的方式分为三种：吸收各银行的资金投入农业，政府给予债务担保；利用农协的资金，政府给予利息补贴、损失补贴和债务担保；政府通过国家金融机构直接发放财政资金贷款。

5. 支持农业基础设施建设。设立农田水利建设补贴，20%用于大型公共水利设施建设，80%直接投入农田基本改造。对于一般的农田改造项目，费用的50%由中央财政从农业预算中支付，都道府县和市町村分别补贴25%和15%。

三、日本"造村运动"及其财政支持政策

1. 日本"造村运动"开展的背景。(1) 破解"地域过疏"难题的需要。日本在第二次世界大战之后，经济遭受沉重打击，故致力于重建城市，把主要的资本集中在东京、大阪、神户等大都市上，因而导致巨大的城乡差距。随着农村因为青壮年人口大量外流到城市，农村就业人口中，老年人和妇女的比例越来越大，这种在全国范围内出现的大城市及其周围人口过密，而农村人口过疏的现象，使得农业生产力大幅下降，农村面临瓦解的危机。因此，以重新振兴农村为目标的造村运动，便在乡村自发性地展开。(2) 实现可持续发展的需要。20 世纪 70 年代的石油危机所引发的世界性经济衰退，也给日本造成了沉痛的打击，大量消耗石油的巨型技术、企业、项目难以启动，甚至曾经利用廉价石油的交通运费也越来越昂贵，国家和个人都不堪重负，兴建城市的模式也备受质疑，特别是对资源严重匮乏的日本来说，只能先考虑进口石油的数量，然后才制订相应的经济增长目标。在能源问题成为经济发展瓶颈的情况下，如何实现经济社会的可持续发展成为政府必须考虑的问题，因此不用消耗大量石油的中小产业项目格外受欢迎。另外，在当时的日本，无论是中央还是地方，财政的作用越来越弱，单纯依靠财政上的投资和信贷来改变地区差异也越来越难，而"自下而上"的造村运动却可以在不消耗大量能源和财政资金的前提下实现乡村的自我完善和发展。(3) 增加农民收入的需要。在日本经济高速发展的同时，农业生产却陷入了困境，以分散的个体农户为主的经营，不仅不能充分发挥农业现代化的效能，反而降低了农业生产率，造成了严重的农业机械浪费现象，加之农业生产费用的不断提高和农民生活费用的日益上涨，单纯依靠农业生产难以维持生活，不少农民流入城市寻找生活出路，因此，如何提高农业的生产率和寻找农业之外的致富途径，成为村民积极参与造村运动的主要原因。

2. 日本"造村运动"的主要做法。(1) 因地制宜，积极培育各具优势的产业基地。以开发农特产品为目标，重点抓住产地建设和培育名牌两大环节。政府通过财政转移支付补贴农业，建立农产品价格风险基金，加大农村基础设施投入，提高农业资本的收益率等办法支持产业基地建设。进而，日本形成了如以朝地町、九重町、玖珠町、钱津江村、之光村等为代表的丰后牛产业基地；以大田村、国见町、野津原町、潼町等为代表的香菇产业基地；以佐伯市、庄内町、挟间町为代表的草莓产业基地；以姬

岛村、鹤见町、蒲江町等为代表的水产品产业基地。（2）以突破"1.5 次产业"为重点，增加产品的附加值。地方产业振兴的重点在 1.5 次产业。与第一产业相比，"1.5 次产业"具有生产专业化、高效增值性、直接满足最终消费需求的优势。产业的升级离不开科技的智力支持，大分县设立许多相关的研究指导中心，如农水产加工综合指导中心、菇类研究指导中心、海洋水产研究中心等，在栽种、采收和捕捞等方面给予技术指导和协助。目前，日本在全国建有农业科研体系、农业改良推广体系以及农协负责的推广服务体系。（3）不断完善农业服务和保障体系。组建各级农协组织，促进农产品的市场流通，提供融资渠道，日本农协的信用系统以比商业银行优惠的利率向农民提供存贷款，解决资金困难问题。与此同时，加强人才培养，设立各种补习班，无偿培养各类所需的人才。

3. 日本"造村运动"中的财政支持政策。日本在"造村运动"中的财政政策主要包括：（1）在资金上大力支持。据统计，日本财政资金投入于农村生活基础设施项目，至 2002 年已经达到 30%。另有资料显示，日本政府通过各种渠道用于农业的投资高达农业总产值的 15 倍之多。政府筹集的这些资金主要是用于如土地改良、水利建设等农业基础设施建设，另外还用于科研推广、动植物防疫、农业灾害赔偿、农业劳动者补助和农业金融补贴等方面的投入。（2）提供税收优惠，建立较为完善的针对农民的融资制度。这主要是通过对农协的支持来间接完成的。如农协各种税收均比其他法人纳税税率低 10% 左右。为支持农协向农民开展信用事业，政府部门还给予农协以贴息贷款或无息贷款等以确保其资金来源。而农协信用系统则以略高于普通银行利率的优惠利率吸引大量农村闲散资金，并以优惠条件向农户发放低息贷款。据统计，农协贷款余额中，对社员发放的农业和生活贷款占 80% 以上。另外，政府发放的政策性贷款和向农业部门投入的贷款资金和利息补贴资金，也通过各级农协的窗口发放给农户。（3）重视其他各种软公共产品的提供。一方面建立多元化教育体系，加强对农民的素质教育与职业技术培训。为了提高农民的技术能力、就业能力和创业能力，培养各类农村职业技术人才，改善农民的综合素质，使农民不会因贫困而在后续的竞争中继续处于劣势地位，政府应该动员社会各界力量，支持对农民的培训。培训的内容要避免宏观性的理论空谈，应注重微观性、实用性，重点解决农民在实际操作中的技能问题。另一方面，建立健全相关法律法规与制度，创造良好的法制与制度环境。农业是天然的弱质产业，面临着自然和市场的双重风险。因此，不论是发达国家还是发展中国家，都很重视对它的保护。日本在"造村运动"中将这种保护没有停留在普通的政策层面，而是以法律法规及制度等形式表现出来，从而极大地增加了保障的严肃性与力度。

第四节　韩国的财政支农政策

韩国自 20 世纪 60 年代初实行第一个五年计划以来，经济快速发展，在较短的时间内实现了经济的工业化和人口的城市化，跃入了新型工业化经济行列。在这一过程中，农业的发展任务和环境不断变化，农业政策的目标和措施也在不断调整。总体上看，韩国农业政策的基本目标大致以 20 世纪 80 年代中期为界，前后有较大差异：前期主要致力于提高农产品产量和增加农户收入，实现粮食自给；后期重点在于调整结构，提高产业素质，实现农业现代化。

一、韩国财政支农政策的主要内容

1. 价格支持。大米价格政策是韩国农产品价格政策的核心内容。政府委托农业协同中央会按照政府收购价格收购大米，政府支付市场价格与收购价格之间的价格差及其他成本。实行这一政策后，米、麦等主要粮食的收购价格每年提高幅度约为 15%，个别年份高达 30%，大米总产量从 1965 年的 350.1 万吨增加到 1988 年的 605.3 万吨，每年的自给率基本保持在 95% 以上。高米价政策加上其他对农户的扶持措施，使得农户收入提高了，在某些年份甚至超过了城市居民。对于畜产品，特别是牛肉，政府也通过干预销售的手段，使国内牛肉价格高于国际市场价格。

2. 直接支付制度。（1）亲环境农业直接支付。补贴对象是不用农药，或者是生产获得绿色认证的农产品的农民，相当于对不用化肥、农药等化学物导致减产的补偿。（2）提前退休农民的直接支付计划。目的是鼓励老农提前退休，稳定年迈农民的收入，扩大农地的经营规模。（3）稻田直接支付计划。只对水稻转产进行支付，主要目标是减少水稻种植面积，发挥稻田的多功能性。支付的依据是转产的耕地面积，同时还要达到一定的环保要求。

3. 信贷支持。农协是韩国唯一提供农业政策性贷款的金融机构。政府通过农协向农民发放低息贷款，与市场利息的差额由政府提供补贴。例如，政府对购买拖拉机、插秧机、喷雾机、联合收割机、谷物烘干机等农具的农民提供补贴和低息贷款以提高国内的农业机械化水平。

4. 支持农业科研、培训和技术推广。政府拨款给农业科研机构和大学，从事农业技术的开发与研究，为农民提供技术支持和市场咨询等服务。农林部按照成本价将技术转让给农民使用，农民可以免费参加技术培训。农业技术推广机构向农业生产者普及科研成果和市场信息，政府给予50%的费用补贴。

二、韩国"新农村运动"及其财政支持政策

1. 韩国"新农村运动"的背景。（1）提高国民生活伦理水平的需要。韩国1945年光复后，科技水平日益提高，然而同一时期国民的生活伦理水平却严重滞后于经济、科技的发展速度。朝鲜战争加上长年的政治动乱，以及循环往复的通货膨胀严重破坏了韩国国民勤俭节约、相互信任的良好社会风尚和民风民俗。这就要求根据韩国国情和农村实情，通过有效的措施使国民的生活伦理水平与国民经济和科技发展水平相辅相成、比翼双飞，以全面发展农村经济、推进社会进步。（2）发展农业，缩小工农业和城乡差距的需要。韩国政府光复初期制定的政策是重点扶持产业发展和扩大出口，这导致工业发展速度较快，农业发展速度过慢，进而导致城市居民和农民年平均收入差距的拉大，伴随着这种差距继续扩大的趋势，导致农村人口大量迁移，带来了诸多的城市问题和社会难题。（3）改善农民生活的需要。多年的战争使得韩国成为一片焦土，到处都是战争废墟和贫民窟，城市、农村居民生活非常艰难，人们挣扎在死亡线上。在农村打架、酗酒、偷盗、欺诈、赌博等现象随处可见，农民饥寒交迫、流离失所。在这种情况下，发展农业、增加农民收入、改善农民生活与居住条件成为农民生存的第一需要。

2. 韩国"新农村运动"的主要做法。"新农村运动"的第一阶段主要是农村基础设施建设，国家提出包括草屋顶改造、道路硬化、改造卫生间、供水设施建设如集中建水池或给水井加盖、架桥、盖村活动室等20种工程项目，由村民民主讨论、自主选择。政府免费分给每个村335袋水泥，平均每户约4袋，每袋50斤。第一年下来，50%的村干得不错，政府加拨500袋水泥、1吨钢筋。干得不好的村如果第二年干得好，还可在第三年追加给1 000袋水泥。政府把全国的村按好中差分为自立村、自助村、基础村三等，在村口立上牌子，以激发大家的积极性。

1967～1976 年，"新农村运动"进入以增加收入为主的全面发展阶段。政府推出增加农、渔民收入计划，支持农村调整农业结构，推广良种和先进技术。普及高产水稻新品种"统一稻"，1974 年达到大米自给，1975～1978 年实现自给有余。畜牧业、渔业、林业也都有了较快发展。

1977～1979 年为"新农村运动"的第三阶段，主要是发展以农产品加工为主要内容的农村工业。1977 年为韩国第四个五年计划的第一年，政府推出了"建设新村运动增加收入综合开发事业"规划。1978 年韩国农村企业达到 384 个，1980 年增加到 790 个。

经过"新农村运动"，到 1977 年，作为农村贫穷标志的草房顶全部更换为彩钢或瓦顶。1978 年，全国 98% 的农户用上了电。1971～1975年，全国共架设桥梁 65 000 座，每村都修了 3.5 米宽、长 2～4 公里的进村公路。新建自来水管 4 440 公里，新建会馆 36 000 座。此外，农民收入迅速增加。1967～1976 年，农民家庭收入增长约 8 倍，城市工人收入增长约 5 倍。在 20 世纪 70 年代中期农民人均收入超过城市居民。

3. 韩国"新农村运动"中的财政支持政策。在"新农村运动"中，从 1970～1980 年间，韩国政府财政累计向"新农村运动"投入 2.8 万亿韩元，相当于财政支出的 1%。参加新农村运动人数累计达 11 亿人次。而政府财政用于农业的支出占财政总支出的比重也比较大，1966 年占总支出的 17%，1974 年增至 28%。在"新农村运动"中，财政振兴农业发展政策包括：（1）实行农产品价格保护政策。如对大米实行了价格双轨制，即政府从农民手中高价收购大米，然后再低价供应给城市居民。（2）采取农业资本投入的补贴政策。例如，由农协购买化肥、农药、农具，然后以较低的价格售于农民，管理费用由政府负担；政策性贷款，其利率低于商业性贷款利率，这一利率差实际上也是对农户的补贴。此外，韩国政府还利用外资借款用于农业开发等。

第五节　巴西的财政支农政策

一、巴西的财政支农政策的主要内容

1. 价格支持。（1）产品售空计划。政府制定农产品的参考价格，通过向加工企业或批发商支付市场价格与参考价格之间的差价支持农产品价格，其实相当于提供产地与消费地之间的运费补贴。当中西部的农民把产品提供给南部的加工企业或批发商时，政府将两地之间的价差（主要是运费）补贴给后者，从而鼓励他们到内陆地区去收购农产品，从而为内陆地区农民提供价格支持。由于该计划的补贴额度有限，只有产量的5%~6%，政府通过拍卖的方式来分配额度，额度内提供补贴，额度外不提供补贴。实际运作中有三种作物从中获益：棉花、玉米和小麦。（2）期权合约补贴。相当于价格保证制度的一种。制定一个一定时期（如半年）以后的期权价格，但是先要买这个保险，如果到期时的农业国内支持政策对农民收入的影响研究表明市场价格高于期权价格时，农民可以自己出售农产品。如果到期时的市场价格低于期权价格，政府把两者之间的差额补贴给农民，农产品仍由农民自己销售。这样起到两个作用：一是一定程度上稳定了农民收入；二是可以减少政府直接以保证价格收购形成的储备。不过，由于市场价格往往比期权价格高，实际中采用这种办法的人并不多。

2. 农业保险政策。限于国家财力和地区之间的发展不平衡，农业保险主要在较发达地区实行。巴西的农业保险具有以下特色：由联邦中央银行独家负责农业保险，其他银行只作为代理。分备耕、种植、管理和销售等四个阶段进行保险。保险范围以生产成本为上限，政府和农民各负担50%的保险金，促进农民通过参加农业保险的方式来降低农业生产风险。这一间接的辅助手段，目前尚未得到完全推广，原因是农民仍然认为当前12%的保险费率太高。

3. 信贷支持。银行向小规模农户提供低息贷款，如果到期不能按时归还，农户可以向农业部门申请延长还贷时间。如果农民采取分期付款的贷款方式，则可以免除30%的本金。与此同时，巴西政府自1995年以来，一直采取一些措施米解决农民的债务危机问题。其中一项重要措施是通过立法的形式允许到期（1995年6月）不能还债的农民可以继续与放款者协商而延期还贷。

4. 支持基础设施建设。巴西大面积后备耕地资源开发的最大制约条件是基础设施问题。因此，巴西政府把改善基础设施条件作为促进农村发展的重要手段。对满足农村公共需要的道路、电信、电力设施的建设提供资助，联邦、州和市三级政府共同出资，农民不需要负担费用。农场内部的道路建设也可以获得一定的政府支持。

二、巴西财政支农政策的改革

从 1995 年开始，巴西政府出于财政压力和 WTO 的要求，对财政支农政策进行了重大调整。产品售空计划和期权合约补贴代替旧的价格支持措施成为新的政策工具，新政策的主要目标是保持农业的国际竞争力和确保农民收入不低于城市居民的收入水平。

第六节　国外财政支农政策对我国的启示

纵观世界各国财政支农政策的发展历史，无论是发达国家，还是发展中国家，都不遗余力地对农业实施支持和保护。发达国家的国内支持注重农民收入和环境保护目标，而发展中国家更加偏重于农产品产量目标，但同时也不得不对农民收入和环境保护给予关注。与发展中国家相比，发达国家国内支持的力度更大，手段也更多。发达国家和发展中国家都一直在对国内支持政策进行调整和改革，并且在改革趋势上体现出共同的特点，即坚持市场化的改革方向，支持目标由单纯注重农产品产量转向农民收入、粮食安全和环境保护并重；支持方式由价格支持转向收入支持，由间接支持转向直接支持；更加重视政府一般服务以增强农业的竞争能力。具体来说，国外财政支农政策有以下几点值得我们借鉴。

一、高度重视农业，加大财政投入力度

农业是国民经济基础，农业和其他产业相比较是一个具有弱质性的产业，如果没有政府的支持和保护，尤其是财政资金的支持，就难以保持健康的发展。借鉴各国的财政支农政策，加大对农业的财政投入，对农业大发展有着十分重要的意义。借鉴美国和巴西等国，投入大量财政资金进行农业的道路交通、水利灌溉、农业教育、科研和推广等农业生产方面建设，逐步改变和改善现有的价格支持方式，充分利用 WTO 农业协议，将价格支持转变为收入支持，通过价格补贴支持农产品价格，保证农民收入。根据 WTO 的要求，适应国际环境，财政大力支持农业新技术研究、引进和推广，支持农业产业化，重点扶持农产品生产和加工的龙头企业，支持农业服务体系、市场体系、保护体系等建设促进农业产业结构调整，实现农业基础设施现代化和农业经营规模化，提高本国农业产业的国际竞争力。加大对农业的财政投入，需要注意的是财政支农的规模并非越大越

好，过高的支出比例，会产生一些负面效应，如增加财政负担，影响国家对其他发展领域的支持力度，制约财政资源的优化配置。

二、明确财政支农基本目标

财政支农基本目标是各国财政支农支出工作的指导方向，也是我国财政支农实践中首先要明确的内容。虽然各国财政支农的实际情况不同，但其基本目标是一致的。可概括为以下几个方面：

1. 生产目标。各国财政支农的主要目标是促进农业增产。在第二次世界大战前，发达国家中的许多国家农产品都不足，例如，欧洲的法国、德国，亚洲的日本等，政府都非常重视农业的增产和农产品的自我平衡。例如，日本至今仍把农业增产作为主要的政策目标，以满足国内农产品的需求。

2. 收入目标。稳定提高农业生产者的收入水平，缩小农业人口与非农业人口的收入差距，保证其收入水平的基本平衡也一直是各国政府的基本目标。工业化国家的经济虽然从总体上看非常发达，但作为受自然条件限制，发展相对缓慢的农业部门而言，农民的收入仍相对较低，而且较不稳定，存在市场风险，特别是对那些经营规模小，技术和管理水平低，自然条件较差地区的农民，如何增加其收入一直是政府亟待解决的问题。

3. 效率目标。效率目标可以分为两层含义。一是农产品的价格要合理，在国内能为消费者所接受，在国际市场上具有竞争能力；二是要实现农业生产资源的合理配置，保护农业的生态环境。在以前农产品生产不足的时期，各国都很注意生产目标，随着农业生产力的发展，农产品剩余的出现，以及自由贸易的发展，各国政府不仅注意农产品的产量，更注重产品的质量和成本，更注意农业的持续、稳定发展。

各国在不同的历史阶段，其财政支农的目标和重点各不相同，但收入目标一直都是财政支农的重要目标。我国的"三农"问题更为突出，农业农村发展缓慢，农民生活水平非常低，更应该在财政支农实践中将收入目标放在举足轻重的地位，并以此为目标调整财政支农结构。

三、界定财政支农方向

在明确财政支农基本目标后，我国还应该针对不同的发展阶段，界定更加具体的财政支农方向。美国的财政支农方向就随着其发展历史有过重大的调整。以 20 世纪 20～30 年代经济危机为界，在此之前，美国农业尚不发达，财政政策重点支持农业生产环节，包括与农业发展密切相关的交通、水利、教育科研和科技推广等方面，相关措施有力地促进了农业综合生产能力的迅猛提高，但是也导致了农产品的大量过剩。20 世纪 20～30年代以后，农产品大量过剩迫使政府把财政政策的支持重点由生产领域转移到流通领域。在流通领域，美国政府对农业干预方式在市场经济国家中是具有代表性的，政府对农产品的价格保护和市场购销、调剂运作是值得我们学习的。

优化财政支农补贴的方向。就我国目前的情况来看，财政支农补贴总量上仍显不足，我国应加大财政支出向农村的转移，但从长远考虑，也必须吸取欧盟因过多农业补贴带来的农产品过剩、农业竞争力下降、财政压力过大的教训。我国实行农业补贴政策，其一应当保障农民的利益，提高农民的收益水平，以调动农民生产积极性，促进农业稳定发展。其二是稳定农产品，特别是粮食等特殊农产品市场供需平衡，保障粮食安全。其三是保护农业环境，改善农产品质量，促进农业可持续发展。我国财政对农业的补贴长期存在着补贴政策目标短期化、补贴方式模糊、补贴对象和补贴数额随意性大等问题，影响了补贴效果的发挥。有必要建立完整的农业补贴法规，使财政对农业的补贴制度化、法制化。

另外，从欧盟的改革实践来看，要保障财政农业补贴目标有效率的实现，不仅需要有合理的补贴数额，而且要改善补贴方式，突出补贴重点，提高补贴效果。第一，改暗补为明补。减少对间接的、中间环节的"硬件"补贴，将"硬件"补贴和"软件"补贴并重。长期以来，财政对农业的补贴以补贴物资，如农业机械、化肥、农药、农膜、柴油等"硬件"为主，对农业科技、社会化服务体系这些"软件"的补贴不够，财政增加对农业"软件"的补贴，有利于促进农业持续、稳定发展，提高我国农业的经营管理水平。第二，逐步将价格补贴改革为对农民收入的直接支付。对农民的直接收入支付政策措施，到目前为止仅仅是发达国家的"专利"，发展中国家尚无实力、也不具备条件去实践直接收入支付制度。就我国而言，普遍实施农民收入直接支付制度的条件尚未具备、时机尚未成熟。但加入 WTO 后，财政支农要确保符合 WTO关于"绿箱"和"黄箱"政策的有关规定，这就迫切要求我国抓紧调整优化国内支付政策，改革现有的价格支付方式，增加农民的直接收入支付。

四、重视农业教育与科技创新研究和推广

农业科技进步是推动农业发展的主要动力，农业科技的每次突破都会带动农业的长足发展，并为人类提供了巨大的生存与发展空间。实现农业现代化，增加农民收入，必须依靠科技和教育。美国的农业资源丰富，科技水平先进，市场体系发育健全，其以各州立大学为主体的"农业教育、科研和推广体系"闻名世界，自 1958 年以来美国农业科研经费大约以 8% 的速度逐年增加。我国严重的人口负荷、农业资源匮乏与利用率低下以及生态恶化等问题，已成为制约农业可持续发展的主要障碍，因此，无论是现阶段还是将来，农业发展的着力点始终是农业科技进步，财政支农资金重视发展农业教育，农业科技创新和推广应用。我国可以借鉴美国和欧盟重视农业新技术的经验，在农业科学研究方面政府给予优先财力支持，根据不同区域的特点依托农业科研院所、农业大学等单位建立生物技术研究中心，以农业科研院所、农业大学等单位为主，借助网络的作用，教育农民科学种田，提高农业生产水平，建立完备的农业政策、科技、信贷以及价格保障农业服务体系，保证农民利益。

我国目前农业科技总体水平同发达国家相比落后许多，甚至不如一些发展中国家，农业科技贡献率只有 42%，而发达国家一般为 60% ~ 80%，这在很大程度上限制了农业资源利用效率和农业生产率的提高，制约了农业生产持续稳定增长。农业科技研究、引进和推广具有典型外溢性特征，属于公共财政支农范围。在我国财政农业投入结构中，对农业科技的投入明显不足。《农业法》规定对农业科技投资增长率要高于经常性财政收入增长，但实际上，从《农业法》颁布实施至今，国家财政对农业科技投入一直维持在很低的水平，由于基数很低，即使财政对农业科技投入增长幅度高出经常性财政收入较多，其总额也很少。因此，根据我国现有农业科技水平、农业发展状况及财政经济实力，结合其他国家财政支农的经验，国家财政对农业科技的投入首先应在总额上有大幅度增加。在此基础上，再根据财政收入增长幅度和财政用于农业支出增长幅度确定财政对农业科技投入的增长幅度。

五、加大农业的环保投入，发展生态农业

随着人们的环保意识的增强，生态农业不断涌现。我国生态环境破坏比较严重，突出表现为荒漠化、沙漠化面积扩大，水土流失严重。大部分

草地开始退化或已经退化，其中中等退化程度以上，包括沙碱化的草地达
1.7亿公顷。全国共有沙土地168.9万平方公里，占国土面积的17.6%。
同时，我国的化肥和农药的使用量大，大量使用化肥和农药，产生严重的
环境问题。而我国的化肥的使用效率低、流失严重，这又给农村的河流、
水源、土壤等带来了灾难性的后果，据不完全调查，目前全国受污染的耕
地约有1.5亿亩，污水灌溉污染耕地3 250万亩。据估算，全国每年被重
金属污染的粮食达1 200万吨，造成的直接经济损失超过200亿元。土壤
污染造成有害物质在农作物中积累，并通过食物链进入人体，引发各种疾
病，最终危害人体健康。借鉴新西兰等国的经验，通过制定农业生态环境
保护方面的法律法规，出台一系列控制农药、化肥、除草剂、有机肥的使
用量及方法的政策措施，财政投入资金鼓励农户发展生态农业，对以生态
农业的方法生产的粮食、油料、土豆等农作物给予适当的补贴，设立专门
机构对从事生态农业活动的农民和机构给予技术上的指导和支持，并对从
事的生态农业活动进行监督。财政投入资金大力加强生态建设，加强天然
林、草原和野生动植物资源的保护，加大对退化草地治理恢复的力度，加
快防护林体系建设，增强水土保持和水源涵养功能，以遏止水土流失、草
原退化和沙漠化扩大的势头，为发展生态农业创造良好的条件。

六、财政支农政策要符合本国的具体国情

每个国家的农业发展有着自己的历史背景和自身的特点，借鉴国外财
政支农政策的经验，要符合本国的具体国情。欧盟国家财政支农的主要方
式是提供财政补贴，且数额庞大。我国由于财政支农资金有限，且农业发
展的盘子大，基础落后，财政支农资金使用分散，项目繁多，在现有财政
支农资金不足的前提下，采用巨额补贴方式来支持农业显然不适合我国国
情，需根据我国农业发展的实际情况提供补贴，国家财政除必不可少的补
贴项目外，可采用贴息、以奖代补等多种形式结合的支出使支农项目选择
恰当，重点突出。我国已经加入世界贸易组织，这给我国带来了机遇，也
提出了挑战，借鉴别国的财政支农政策，尊重世贸规则，维护农产品自由
贸易，公平竞争，利用世贸组织农业协定的某些条款支持和保护我国农业
发展，坚持对农业及农产品加工业的某些政策优惠。同时，在我国，农业
资源的地域差距明显，不同地区的经济社会发展不平衡，需要因地制宜、
分类指导，从各个不同的区域农业发展项目中确定财政支持的重点项目，
侧重对公共用品建设的投入，使得那些农户无法单独承担或不愿承担而又

必不可少的建设项目，由政府部门负责组织实施。

参考文献

1. 财政部农业司：《国外农业与农业财政政策》，经济科学出版社 1998 年版。

2. 陈东升：《发达国家农业政策体系及其运作》，载《农业财经问题》，1998 年第 3 期，第 59～63 页。

3. 陈孟平：《发达国家政府财政支农方式比较研究》，载《经济研究参考》，2000 年第 17 期，第 41～46 页。

4. 高峰、王学真、羊文辉：《农业支持和补贴政策的国际比较》，载《经济纵横》，2004 年第 6 期，第 48～52 页。

5. 何振国：《财政支农规模与结构问题研究》，中国财政经济出版社 2005 年版。

6. 侯石安：《中国财政农业投入政策研究》，华中农业大学博士学位论文，2004 年。

7. 解安：《韩国新农村运动经验及其借鉴》，载《中国社会科学院研究生院学报》，2007 年第 4 期，第 11～16 页。

8. 李平：《美国农业补贴政策及其支持力度》，载《中国农村经济》，2002 年第 6 期，第 75～80 页。

9. 李应春：《日本农业政策调整及其原因分析》，载《农业财经问题》，2006 年第 8 期，第 72～75 页。

10. 刘江：《农业发展战略研究》，中国农业出版社 2000 年版。

11. 林善浪、张国：《中国农业发展问题报告》，中国发展出版社 2003 年版。

12. 马红霞：《论 90 年代欧盟共同农业政策的改革及其理论基础》，载《经济评论》，1998 年第 2 期，第 81～85 页。

13. 秦富：《国外农业支持政策》，中国农业出版社 2003 年版。

14. 杨舟、张冬平：《WTO 框架下农业财政支出政策研究》，经济科学出版社 2002 年版。

15. 张领先：《国外农业支持政策对我国的启示》，载《科技管理研究》，2006 年第 2 期，第 14～16 页。

16. 邹萍：《论市场经济体制下中国政府农业经济职能》，福建师范大学博士学位论文，2001 年。

第四章 我国财政支农的现状及其效应分析

财政支农支出是国家保护和支持农业发展的重要手段，支农支出规模的大小不仅反映了一个时期一个国家对农业发展的支持力度，而且对农业发展也将产生不同的影响。通过对我国财政支农支出规模、结构及效应进行实证分析，不但可以科学评价和分析财政支农支出政策对农业经济的作用，同时也能有效判断我国财政支农支出规模和结构是否合理。因此，研究财政支农资金整合离不开对我国财政支农现状及其效应的分析，否则支农资金整合就会成为无源之水。

第一节 我国财政支农支出的规模分析

通常来讲，学术研究中主要采用两类指标来描述和衡量财政支农支出规模。一是绝对指标，即财政支农支出总量。二是相对指标，包括财政支农支出占财政总支出的比例，财政支农支出占农业增加值的比例等，我们将这些相对指标代表财政支农支出的力度。

一、我国财政支农支出的总量变动

对于财政支农支出总量的研究，首先需要界定财政支农支出的范围。从财政部门的实际工作看，我国财政支农支出有大、中、小三个口径。其中小口径的财政支农只计算支援农村生产支出和农林水利气象等部门的事业费，即通常所说的"两类资金"；在小口径的基础上加上农业基本建设支出、农业科技三项费用以及农村救济费，就构成了按中口径计算的财政支农；在中口径的基础上加上财政通过其他间接渠道对农业实施的种种支援与补助，如提高农副产品收购价格、采用财政补贴办法优惠供应农用生产资料和大型农业机械、减免农业税、对种粮农民进行补贴等，就构成了按大口径计算的财政支农。口径不同反映的财政支农支出水平有很大的不同。基于本书的目标主要是针对农业的专门领域进行研究，本书选择以中口径范围界定支农支出并将其分为农业基本建设支出、农林水气部门事业费、农业科技三项费及农村救济费。下面具体分析一下我国财政支农支出的总量及增长情况。

1. 国家财政支农支出总量趋势分析。首先，从财政支农支出总量趋势来看，如表 4 - 1 和图 4 - 1 所示，从改革开放以来，除了个别年份财政支农支出规模比上一年有所下降外，大多年份的支出规模均比上一年度有所增加，我国用于农业方面的支出总体上呈上升趋势。1978年，我国用于农业方面的支出为 150.66 亿元，2005 年支出达到2 450.31 亿元，28 年间增长了 15.26 倍。出现减少的年份分别是 1980年、1981 年和 1999 年。其中 1980 年和 1981 年支出总额分别比上一年减少 24.38 亿元和 39.74 亿元。分析其原因是改革开放以来我国实行农村家庭联产承包责任制和大幅度提高农产品收购价格，极大地激发了农民的生产积极性，促进了农业生产的发展，农业投资主体也由国家和集体两级转变成以国家、集体和农户三级投资的多元化主体，而政府希望通过生产关系变革的政策效应鼓励农民增加对农业生产的投入；另外一个主要原因是我国在 1980 年开始实行利税分流改革试点，导致财政收入出现负增长。1980 年财政收入比上一年减少 52.96 亿元，1981 年比1980 年又减少了 90.42 亿元，财政收入的减少也导致了对农业支出的减少。1999 年财政用于农业方面的支出比 1998 年也出现了负增长，但是减少规模并不大，仅减少 69 亿元。主要是因为 1998 年我国开始实行积极的财政政策，加上该年又发生了新中国成立以来最大的洪灾，给农业发展和农村生产和生活造成很大损失，为了尽快恢复受灾农民的生产和生活，财政拿出大量资金加强农业基础设施建设和灾后重建工作，因此 1998 年财政用于农业方面的支出大幅增加，比 1997 年增加了 388.37亿元，其中仅财政用于农业基础设施支出就比上一年增加了 300.92 亿元，增长了 288%，农村救济费支出也比上一年增长了 18.54 亿元，增长幅度达到 46%。由于 1998 年财政农业支出增长过快，因此 1999 年的支出规模呈现出略有下降的情况。

表4-1			我国财政支农支出规模及增长速度		单位：亿元
年份	支出总额	环比增速	年份	支出总额	环比增速
1978	150.66	—	1992	376.02	8.1
1979	174.33	15.71	1993	440.45	17.13
1980	149.95	-13.99	1994	532.98	21.0
1981	110.21	-26.50	1995	574.93	7.87
1982	120.49	9.33	1996	700.43	21.8
1983	132.87	10.27	1997	766.39	9.42
1984	141.29	6.34	1998	1 154.76	50.6
1985	153.62	8.73	1999	1 085.76	-5.98
1986	184.20	19.91	2000	1 231.54	13.4
1987	195.72	6.25	2001	1 456.73	18.29
1988	214.07	9.38	2002	1 580.76	8.5
1989	265.94	24.23	2003	1 754.45	10.99
1990	307.84	15.76	2004	2 337.63	33.2
1991	347.57	12.91	2005	2 450.31	4.82

资料来源：《中国统计年鉴》（2006）。

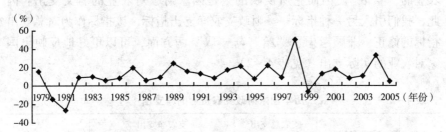

图4-1　财政支农支出规模增长趋势

资料来源：《中国统计年鉴》（2006）。

其次，从整体财政支农支出历程看，"六五"期间（1981～1985年）财政农业支出累计为658.48亿元，"七五"期间（1986～1990年）累计支出额为1 167.77亿元，比"六五"增加了509.29亿元，增长了77%，"八五"期间（1991～1995年）累计支出额为2 271.9亿元，比"七五"期间增加了1 104.18，增长了95%，几乎增长了1倍，"九五"期间

(1996~2000 年）累计支出额为 4 938.88 亿元，比"八五"期间增加了 2 666.93 亿元，增长了 1.17 倍。"十五"期间（2001~2005 年）累计支出额为 9 579.88 亿元，比"九五"期间增加了 4 641 亿元，增长了 94%。

再其次，从支出增长速度来看，如表 4-1 和图 4-1 所示，从 1978~2005 年，有三年出现负增长，分别是 1980 年、1981 年和 1999 年，分别比上一年下降了 13.39%、26.5% 和 5.98%。其余年份均是正增长，但是增长幅度很不规则，时高时低。其中增长幅度最大的年份出现在 1998 年，比上一年增长了 50.68%，增幅最小的年份是 2005 年，增长幅度仅为 4.82%。从"五年计划"的各个时期看，"九五"期间累计支出额增长幅度最大，"七五"期间增幅最小。

2. 国家财政支农净支出分析。国家财政支农支出总量趋势分析只考虑了支出，未考虑从农业得到的收入，因而不能准确反映国家对农业的实际支持程度。《农业法》虽然用法律形式将财政支农支出增长固定下来，并且强调了支出要快于财政经常性收入的增长，但这种指标仍然存在着不可比的因素。第一，农业投入的总体水平并不能真正反映出国家对农业的实际支持程度；第二，财政性农业收入增长有可能大大超过经常性财政收入的增长，如果出现这种情况，农业支出增长就可能低于农业经常性收入增长。第三，它仅考虑了财政对农业的"给予"，而没有同时考虑财政对农业的"索取"，因而它所反映的只是国家财政对农业的名义支出。因此，我们引入另一种指标——财政支农净支出指标，该指标作为对总支出指标的修正，兼顾考虑了"给"与"取"两方面，可以更好地反映出国家对农业的实际支出（见表 4-2）。

表 4-2　　　　　　　　　历年国家财政支农资金的净支出　　　　　单位：亿元、%

年份	农业各税	支农总支出		支农净支出		净支出比重
		总额	总额	环比增速	
1990	87.86	307.84	219.98	21.53	71.46
1991	90.65	347.57	256.92	16.79	73.92
1992	119.17	376.57	256.85	-0.03	68.31
1993	125.74	440.45	314.71	22.53	71.45
1994	231.49	532.98	301.49	-4.2	56.57
1995	278.09	574.93	296.84	-1.54	51.63

续表

| 年份 | 农业各税 | 支农总支出 | 支农净支出 | | 净支出比重 |
		总额	总额	环比增速	
1996	369.46	700.43	330.97	11.49	47.25
1997	397.48	766.39	368.91	11.46	48.14
1998	398.80	1 154.76	755.96	104.92	65.46
1999	423.50	1 085.76	662.26	12.39	61.00
2000	465.31	1 231.54	766.23	15.70	62.22
2001	481.70	1 456.73	975.03	27.25	66.93
2002	717.85	1 580.76	862.91	-11.50	54.59
2003	871.77	1 754.45	882.68	2.29	50.31
2004	232.34	2 337.63	2 105.29	138.51	90.06
2005	15.21	2 450.31	2 435.10	15.67	99.38

资料来源:《中国统计年鉴》(2006),《中国财政年鉴》(2006)。

通过计算 1990~2005 年各年的国家财政支农净支出额以后（如表 4-2 所示），可以很明显地看出国家财政实际上每年对于农业的净支出远小于总支出，而且净支出在总支出中所占比重逐渐减小。1990 年时，净支出所占比重为 71.46%，1996 年达到最低，净支出所占比重仅有 47.25%，此后该比重虽有回升，但到 2003 年又下降到了 50.31%，净支出几乎只有总支出的一半。对表 4-2 数据进一步分析，不难发现造成净支出比重下降的原因——农业各税的快速增长。只是到了 2004 年和 2005 年，国家逐步取消农业税，国家财政支农净支出占财政支农总支出的比重才迅速回升并趋近于 1。

3. 财政支农支出规模增速与财政经常性收入规模增速比较。表 4-3 和图 4-2 显示了从 1978 年以来我国财政用于支农方面支出的增长速度和国家经常性财政收入增长速度的比较，通过比较发现，除了个别年份政府用于农业方面支出的增长速度大于经常性财政收入外，大多数年份都低于经常性财政收入的增长速度。从 1978~2005 年，只有 12 年财政用于农业方面支出的增长幅度高于经常性财政收入的增长幅度，其余 15 年都低于经常性财政收入的增长幅度，而且从 1995~2005 年，仅有 3 年财政用于农业方面支出的增长幅度大于经常性财政收入的增长幅度。

表4-3　　　　　　财政支农支出增速与财政经常性收入增速比较　　　　　单位：%

年份	支农支出环比增速(1)	财政收入环比增速(2)	增速比 (1)/(2)	年份	支农支出环比增速(1)	财政收入环比增速(2)	增速比 (1)/(2)
1978	—	—	—	1992	8.19	10.60	0.77
1979	15.71	1.25	12.57	1993	17.13	24.85	0.69
1980	-13.99	1.18	-11.86	1994	21.01	19.98	1.05
1981	-26.50	1.37	-19.34	1995	7.87	19.63	0.40
1982	9.33	3.11	3.00	1996	21.83	18.68	1.17
1983	10.27	12.75	0.81	1997	9.42	16.78	0.56
1984	6.34	20.18	0.31	1998	50.68	14.16	3.58
1985	8.73	22.03	0.39	1999	-5.98	15.88	-0.38
1986	19.91	5.85	3.40	2000	13.43	17.05	0.79
1987	6.25	3.64	1.72	2001	18.29	22.33	0.82
1988	9.38	7.18	1.31	2002	8.51	15.36	0.55
1989	24.23	13.05	1.86	2003	10.99	14.87	0.74
1990	15.76	10.21	1.54	2004	33.24	21.56	1.60
1991	12.91	7.23	1.79	2005	4.82	19.90	0.24

资料来源：《中国统计年鉴》(2006)、《中国财政年鉴》(2006)。

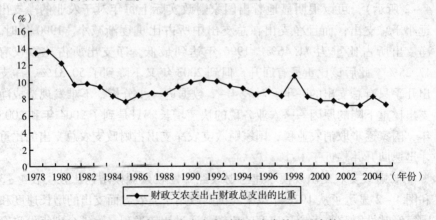

图4-2　财政支农支出占财政总支出的比重走势

资料来源：《中国统计年鉴》(2006)。

二、我国财政支农支出的力度分析

财政对农业投入的力度可用三个指标来衡量：一是财政支农支出占国家财政总支出的比重，反映出对农业投入政策在国家财政投入政策中的地位，即政府对农业投入的重视程度。二是财政对农业投入规模占农业增加值的比率，反映出政府对农业的投入深度，即政府对农业投入的支持程度。三是不同时期财政对农业的边际投入，反映财政对农业的追加投入程度。

1. 财政支农支出占财政总支出的比重分析。如表 4 – 4 所示，从 1978年以来，虽然财政用于支农方面的支出从总量上有所提高，但是其占全部财政支出的比重总体上呈下降趋势，除 1978 年、1979 年、1980 年、1991年、1992 年和 1998 年 6 年财政用于农业方面支出占全部财政支出比重超过10% 外，其他年份都低于 10%，尤其是 2000 ~ 2003 年连续 4 年财政用于农业支出的比重仅在 7% 左右。28 年中农业支出总额占财政支出总额的比重平均为 9.15%。从图 4 – 2 可以看出，财政支农支出占财政总支出比重的变化具有明显的波动性和阶段性，1978 ~ 1985 年，财政支农支出比重呈逐年下降趋势，1986 ~ 1991 年则呈现上升态势，1992 ~ 1997 年又出现下降趋势，此后呈现逐年波动性下降态势，1998 年农业支出总额比重达到 10.69%，是1981 年以来的最高点，随后的几年，一直稳定在 7% 左右的低水平状态。

表 4 – 4　　　　　　　　支农支出占财政总支出的比重　　　　　单位：亿元、%

年份	支农支出(1)	财政总支出(2)	$\frac{(1)}{(2)}$	年份	支农支出(1)	财政总支出(2)	$\frac{(1)}{(2)}$
1978	150.66	1 122.09	13.43	1992	376.02	3 742.20	10.05
1979	174.33	1 281.79	13.60	1993	440.45	4 642.30	9.49
1980	149.95	1 228.83	12.20	1994	532.98	5 792.62	9.20
1981	110.21	1 138.41	9.68	1995	574.93	6 823.72	8.43
1982	120.49	1 229.98	9.80	1996	700.43	7 973.55	8.82
1983	132.87	1 409.52	9.43	1997	766.39	9 233.56	8.30
1984	141.29	1 701.02	8.31	1998	1 154.76	10 798.18	10.69
1985	153.62	2 004.25	7.66	1999	1 085.76	13 187.67	8.23
1986	184.20	2 204.91	8.35	2000	1 231.54	15 886.50	7.75
1987	195.72	2 262.18	8.65	2001	1 456.73	18 902.58	7.71
1988	214.07	2 491.21	8.59	2002	1 580.76	22 053.15	7.17
1989	265.94	2 823.78	9.42	2003	1 754.45	24 649.95	7.12
1990	307.84	3 083.59	9.98	2004	2 337.63	28 486.89	8.21
1991	347.57	3 386.62	10.26	2005	2 450.31	33 930.28	7.22

资料来源：《中国统计年鉴》（2006）。

2. 财政支农支出占农业增加值的比重。如表 4-5 所示，改革开放以来，我国财政农业支出占农业增加值的比重呈现先高后低，再逐渐上升的趋势。1978~1980 年农业支出占农业增加值的比重是最高的，连续三年超过 10%，然后开始下降，从 1981~1994 年，一直保持在 6% 左右的水平，1995 年达到最低的 4.78%，随后开始逐年增加，从 2003~2005 年，再次出现连续三年所占比重超过 10% 的情况。从图 4-3 可以看出，财政农业支出占农业增加值比重趋势大致分四个阶段，1978~1985 年，财政农业支出占农业增加值比重呈现下降趋势，而且下降幅度较大。1986~1992 年，基本上保持稳定状态。1993~1996 年再次出现下降趋势，但下降幅度不大。1997~2004 年开始出现上升趋势。

表 4-5　　　　　　　　财政支农支出占农业增加值的比重　　　　　单位：亿元、%

年份	支农支出总额（1）	农业增加值（2）	$\frac{(1)}{(2)}$	年份	支农支出总额（1）	农业增加值（2）	$\frac{(1)}{(2)}$
1978	150.66	1 018.4	14.79	1992	376.02	5 800.0	6.48
1979	174.33	1 258.9	13.85	1993	440.45	6 887.3	6.40
1980	149.95	1 359.4	11.03	1994	532.98	9 471.4	5.63
1981	110.21	1 545.6	7.13	1995	574.93	12 020.0	4.78
1982	120.49	1 761.6	6.84	1996	700.43	13 885.8	5.04
1983	132.87	1 960.8	6.78	1997	766.39	14 264.6	5.37
1984	141.29	2 295.5	6.16	1998	1 154.76	14 618.0	7.90
1985	153.62	2 541.6	6.04	1999	1 085.76	14 548.1	7.46
1986	184.20	2 763.9	6.66	2000	1 231.54	14 716.2	8.37
1987	195.72	3 204.3	6.11	2001	1 456.73	15 516.2	9.39
1988	214.07	3 831.0	5.59	2002	1 580.76	16 238.6	9.73
1989	265.94	4 228.0	6.29	2003	1 754.45	17 068.3	10.28
1990	307.84	5 017.0	6.14	2004	2 337.63	20 955.8	11.16
1991	347.57	5 288.6	6.57	2005	2 450.31	23 070.4	10.62

数据来源：《中国统计年鉴》（2006）。

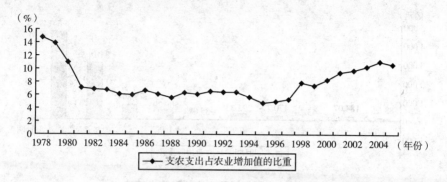

图 4 - 3　支农支出占农业增加值的比重走势

资料来源:《中国统计年鉴》(2006)。

3. 不同时期国家财政对农业的边际支出。国家财政对农业追加投入对推动农业的发展具有重要作用。要保证经济的发展就需要有较高的积累率和资本利润率,而农业在积累率和资本利润率上又很低,因此依靠农业自身的追加投入是难以保证其稳定发展的,需要外部的积累对农业投入。外部追加投入量的大小对农业的发展起到关键作用,舒尔茨认为改造传统农业的出路在于引进新的生产要素,"这些生产要素的供给者掌握了农业增长的关键",较少的农业投入起不到推动农业发展的作用,在一定程度上可以说是没有投入。事实也证明了这些理论。在我国财政支农支出理论中,对财政支农支出总量规模,占财政总支出比例的变化研究较多,而对边际投入的分析研究很少。在财政支农支出实践中,尽管有《农业法》规定每年财政支农支出的增长比例,但实际执行并不理想,缺乏约束监督机制,对边际支出的缺乏给农业所造成的影响没有引起足够的重视。总的看来,"六五"时期前,国家财政支农边际支出是不多的,有两个时期边际投入是负数,从图 4 - 4 中可看出不同时期国家财政农业边际投入情况。

不同时期国家的财政支农边际支出直接反映了国家的农业发展政策和国民经济的发展状况。"三五"时期和"六五"时期国家财政支农边际支出分别为 - 53.2 亿元和 - 35.07 亿元,这两个时期农业成为支撑国民经济的重要产业,农业的要素贡献达到最大,农业国民收入的净流出量年均达到 155 亿元。国家的产业政策向工业倾斜,农业呈现萎缩趋势,农业发展长期徘徊不前,农业劳动生产率低下问题难以有效解决。这种重工轻农的

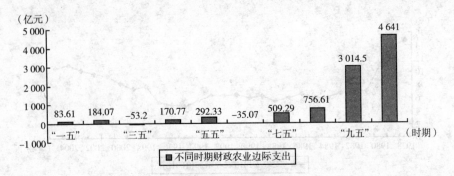

图 4-4   国家财政支农边际支出趋势

资料来源:《中国统计年鉴》(2006)。

政策导致国民经济与社会发展的停滞, 食品短缺问题成为最主要的制约因素。"七五"开始, 随着改革开放和农村家庭联产承包责任制的推行, 农业开始成为国民经济与社会发展的推进器, 国家财政对农业的投入大幅增加, 边际支农支出达到 509.29 亿元。"九五"时期国民经济发生根本转变, 对农业的边际支出大幅增加, 达到 3 014.5 亿元, 边际支出比"八五"时期增加近 3 倍。"十五"时期国家开始加大对农业基础设施建设的投入, 对农业的边际支出达到 4 641 亿元, 边际支出比"八五"时期增加5.14 倍。特别是自 1990 年来, 国家财政支农边际支出呈现出稳定增加态势 (见表 4-6)。

表 4-6   财政支农边际支出   单位: 亿元、%

年份	财政支农支出总额	财政支农边际支出	财政支农边际支出率
1990	307.84	41.90	15.76
1991	347.57	39.73	12.91
1992	376.02	28.45	8.19
1993	440.45	64.43	17.14
1994	532.98	92.53	21.01
1995	574.93	41.95	7.87
1996	700.43	125.50	21.83
1997	766.39	65.96	9.42
1998	1 154.76	388.37	50.68

续表

年份	财政支农支出总额	财政支农边际支出	财政支农边际支出率
1999	1 085.76	-69.00	-5.89
2000	1 231.54	145.78	13.43
2001	1 456.73	225.19	18.29
2002	1 580.76	124.03	8.51
2003	1 754.45	173.69	10.99
2004	2 337.63	583.18	33.24
2005	2 450.31	112.68	4.82

资料来源:《中国统计年鉴》(2006)。

　　从表 4 - 6 中可看出,国家财政支农边际支出呈现间歇式增长态势,边际支出率 4 年超过 20%,尤其是 1998 年国家利用国债资金增加对农业支出,使财政对农业的边际支出达到 388.37 亿元,边际支出率高达 50.68%,但 1999 年开始出现负增长,边际支出为 - 69 亿元,边际支出率为 - 5.98%,这主要是由于 1998 年的集中支出所致。2000 年开始边际支出有所增加,2001 年达到 18.29%,2004 年更是达到 33.24%。无论如何,持续的边际支出对农业的发展非常重要。

三、对我国财政支农支出规模的总体判断

　　从以上分析我们可以得出如下判断:我国财政支农资金总量不足,财政支农资金稳定增长的内在机制尚待有效建立。主要表现在以下几个方面:

　　1. 虽然财政支农支出的总体规模不断扩张,但财政支农支出占财政总支出的比例却不断下降。尽管财政支农支出从 1978 年的 150.66 亿元增加到 2005 年的 2 450.31 亿元,增加了 15 倍,但是财政支农支出占财政总支出的比重却呈现明显的下降状态,并且下降幅度较大,由 1978 年的 13.43% 下降到 2005 年的 7.22%,下降了 6.21 个百分点,即财政支农支出占财政总支出的比重下降了近乎一半的水平。

　　2. 财政支农支出占国家财政总支出的比重,低于农业增加值占全国 GDP 的比重;财政支农支出占财政总支出比重的下降速度低于农业增加值占全国 GDP 比例的下降速度(见表 4 - 7 和图 4 - 5)。

表 4-7　　　　　　　　　　农业增加值与全国 GDP 比重　　　　单位: 亿元、%

年份	农业增加值 (1)	全国 GDP (2)	$\frac{(1)}{(2)}$	年份	农业增加值 (1)	全国 GDP (2)	$\frac{(1)}{(2)}$
1978	1 018.4	3 645.2	27.94	1992	5 800.0	26 923.5	21.54
1979	1 258.9	4 062.6	30.99	1993	6 887.3	35 333.9	19.50
1980	1 359.4	4 545.6	29.91	1994	9 471.4	48 197.9	19.65
1981	1 545.6	4 891.6	31.60	1995	12 020.0	60 793.7	19.77
1982	1 761.6	5 323.4	33.09	1996	13 885.8	71 176.6	19.51
1983	1 960.8	5 962.7	32.88	1997	14 264.6	78 973.0	18.06
1984	2 295.5	7 208.1	31.85	1998	14 618.0	84 402.3	17.32
1985	2 541.6	9 016.0	28.19	1999	14 548.1	89 677.1	16.22
1986	2 763.9	10 275.2	26.90	2000	14 716.2	99 214.6	14.83
1987	3 204.3	12 058.6	26.57	2001	15 516.2	109 655.2	14.15
1988	3 831.0	15 042.8	25.47	2002	16 238.6	120 332.7	13.50
1989	4 228.0	16 992.3	24.88	2003	17 068.3	135 822.8	12.57
1990	5 017.0	18 667.8	27.88	2004	20 955.8	159 878.3	13.11
1991	5 288.6	21 781.5	24.28	2005	23 070.4	183 084.8	12.60

资料来源:《中国统计年鉴》(2006)。

图 4-5　农业增加值占全国 GDP 与支农支出占财政总支出的比较
资料来源:《中国统计年鉴》(2006)。

随着我国经济的发展, 我国农业增加值占全国总 GDP 的比重也呈现逐步下降的趋势, 这是世界各国经济发展的规律, 也是必然的趋势。而农业增加值的下降并不意味着农业基础地位和重要作用的失去, 国家财政对农业的支持不应随之减弱。从图 4-5 中可以看到, 我国农业财政支出占财政总支出的比重远远低于农业增加值占全国 GDP 的比重，最大年份相差近 20 个百分点。近几年两者呈现出逼近的状态，但支农支出占总财政支出的比重依然低于农业增加值占全国 GDP 的比重，2005 年，两者相差 5.4 个百分点。

3. 国家财政对农业支出的增长速度，大多数年份里都低于国家财政经常性收入的正常速度，不能实现《农业法》规定的增长要求。表 4－8 和图 4－6 显示了从 1978 年以来我国财政用于支农支出的增长速度和国家经常性财政收入增长速度的比较，通过比较发现，除了个别年份政府用于支农支出的增长速度大于经常性财政收入外，大多数年份都低于经常性财政收入的增长速度。从 1978～2005 年，只有 12 年财政用于支农支出的增长幅度高于经常性财政收入的增长幅度，其余 16 年都低于经常性财政收入的增长幅度，而且从 1995～2005 年，仅仅有 3 年财政用于农业方面支出的增长幅度大于经常性财政收入的增长幅度。

表 4－8　　　　　财政支农支出增速与财政经常性收入增速之比　　　　单位：%

年份	农业支出环比增速	财政收入环比增速	速度比	年份	农业支出环比增速	财政收入环比增速	速度比
1978	—	—	—	1992	8.19	10.60	0.77
1979	15.71	1.25	12.57	1993	17.13	24.85	0.69
1980	－13.99	1.18	－11.86	1994	21.01	19.98	1.05
1981	－26.50	1.37	－19.34	1995	7.87	19.63	0.40
1982	9.33	3.11	3.00	1996	21.83	18.68	1.17
1983	10.27	12.75	0.81	1997	9.42	16.78	0.56
1984	6.34	20.18	0.31	1998	50.68	14.16	3.58
1985	8.73	22.03	0.39	1999	－5.98	15.88	－0.38
1986	19.91	5.85	3.40	2000	13.43	17.05	0.79
1987	6.25	3.64	1.72	2001	18.29	22.33	0.82
1988	9.38	7.18	1.31	2002	8.51	15.36	0.55
1989	24.23	13.05	1.86	2003	10.99	14.87	0.74
1990	15.76	10.21	1.54	2004	33.24	21.56	1.60
1991	12.91	7.23	1.79	2005	4.82	19.90	0.24

数据来源：《中国统计年鉴》（2006）。

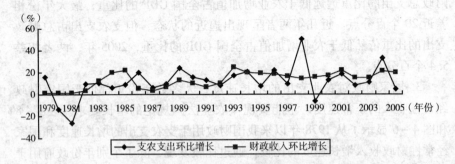

图 4 - 6　农业支出环比增速与财政经常性收入环比增速比较

资料来源:《中国统计年鉴》(2006)。

　　总的来说,尽管近几年我国财政支农支出增长较快,但总体水平仍然较低,我国财政支农资金总量不足的问题,并没有得到根本的改变;支农资金长期增长的内在机制,尚没有根本建立起来。2005 年,我国财政用于农业的各项支出(不包括农村教育、文化、卫生支出)约 2 450.31 亿元,折合美元约 300 亿美元左右,而 10 年前即 1995 年美国农业补贴就达 609 亿美元、日本 696 亿美元、欧盟 1 270 亿美元。从相对量来看,2005 年全国财政用于农业的支出占财政总支出的 7.22%,是当年农业增加值的 10.62%,这与发达国家甚至是一些发展中国家相比也处于比较低的水平。近年来,我国财政支农支出的一定增长,在很大程度尚得益于国债投入的增加,而国债规模的增长至少长期内是不可持续的。当前和近乎一个时期我国农业面临着艰巨的结构调整任务和严峻的国际竞争环境,政府支农的总量不足和低水平状况与当前农业发展面临的形势和任务很不相称,亟须改变。

四、财政支农支出总量不足的成因分析

　　1. 长期以来重工轻农的政策思维没有发生根本性改变。这种思想突出地表现在城乡、工农的二元政策上,即对城市和乡村、工业和农业采取不同的政策,大力推动城市和工业经济的高速发展,忽视和淡漠农村建设和农业自身的进步。农村土地制度、严格区分的城乡户籍制度、城乡公共品投入的差别、城乡二元税收制度等,无不是这一思维的集中体现,并直接导致了城乡割裂的二元状态的产生和长期存在。2000 年以来,随着"三农"问题对重工经济社会全面发展制约作用的日益显

现，政府逐渐将"三农"问题提上议事日程，开始重视和规划农业、农民和农村问题的解决，并在2004年提出了"三农"工作是所有工作的重中之重的要求。但是，由于长期以来二元政策的思维惯性，以及农业并不能带来即时效益，并非所有的政策制定者和执行者都从思想深处接受了这一论断、并不能切实贯彻中央的要求。每当农业部门与其他部门发生冲突时，优先次序的选择往往不是农业。因此，要切实加大对农业的投入，必须从思想上，从根本上认识到农业的重要作用以及"三农"问题已经并将继续制约我国经济社会的全面发展，切实把"三农"工作作为所有工作的重中之重来抓。这是农业发展、农民增收、农村进步的首要和先决条件。

2. 支农资金部门分割，难以发挥合力。从宏观层次看，我国现行的农业管理体制是在产品经济条件下形成的，仍然带有强烈的计划经济色彩，基本上是农业投资、农业生产、农业科技、农产品流通、农产品消费由不同的部分分管。这种部门分割的管理体制，造成了生产与市场脱节、生产与科研脱节、偶然分散重复等弊端，严重影响了政府对农业的宏观调控和财政支农资金的规模效益。从机构设置和职能布局看，目前涉农部门的设置可以分为三个层次。综合职能部门，包括国家发改委、财政部、科技部等，除财政部负责农业财政资金预算安排、分配、管理外，发改委、科技部等综合部门不仅拥有规划制定、项目确定等职能，同样拥有支农资金分配职能。涉农主管部门，包括农业部、国家林业局、水利部、商务部、国务院扶贫办等，主要是行业发展指导、同时履行农业财政资金使用、分配和管理等职能。直属事业单位，隶属于各涉农部门，承担相应的行政管理职能和事业发展职能。这种机构设置，产生了相当严重的不良后果。一是部门职能交叉，一项政策措施的落实和执行往往牵涉很多部门，环节多、时间长。二是导致农业支持和保护力量分散，缺乏整体规划。以农业财政资金为例，按照现行管理体制和部门职能，管理农业财政资金的中央部门主要有财政部、发改委、科技部、农业部、国家林业局、水利部、国家防办、气象局、国务院扶贫办等十几个部门，由于各部门职能不同，资金使用原则和管理方式不同，因此，来自不同渠道的农业财政资金，很难做到统筹安排，形成整体合力。同时，由于投入分工不明确，也存在一部分资金在使用上的交叉重复。如农业基础设施建设资金既有来自发改委系统，也有来自财政部门系统和主管部门系统；农业科技进步资金既有来自发改委系统、科技部门系统，也有财政部门系统和主管部门系统。致使农业财政政策和农业财政资金不能发挥整体效益，甚至相互抵消。三是农业支持和保护中间损耗大。单一的政治制度下，中央政府机构设置和支农不合理的状况多会向下级政府传递，直至最基层，其结果是政府机构及其附属的办事机构级次多、单位多，财政供养的人员多，一方面人浮于事，推诿扯皮的现象严重；另一方面占用了相当比重农业财政支出。支农资金部门分割情况的存在，严重制约了财政支农资金整体效益的发挥。

3. 政策目标不明确和机制设计不合理，导致有限的财政资源出现效率损失。现行财政支农政策的制定和出台基本上属于政府包办，相当部分支持和保护措施并非农民所愿。囿于现行的管理体制，中央政府和省级政府出台的支持和保护措施主要通过各级政府即所属事业单位逐级传递并组织落实，经过众多的各级政府和所属事业单位的运转，除了大量的中间消耗外，还有一个突出的问题就是政策执行走样，往往导致政府想办的事情并不是农民想要的。一方面，在现行的管理体制下，农业事业单位不可能成为真正服务农业农民的组织，政策操作主要依靠行政手段，政策执行的随意性难以避免；另一方面，适应市场经济需要的农民专业合作组织发育缓慢，由政府及其所属机构直接面对 2.3 亿多个农户，由于缺乏中介，以致国家扶助政策难以反映农民的意愿。政策目标不明确和机制设计不合理典型的例子就是粮食购销政策和粮食购销体制。长期以来，我国的粮食购销政策和体制一直在保护农民利益和保证国家粮食安全两个目标之间艰难选择，特别是在粮食生产过剩的情况下，为了使两个目标兼得，逐步积累，以致形成"政府信赖企业，企业信赖政府"的怪圈，不仅使最大的农产品无法实现市场化，而且使国家干预的效率很低，财政包袱沉重，改革步履维艰。同时，大量财政支农资金消耗在流通环节，保护农民利益的目标大打折扣。再如国家实施退耕还林工程，本来这是一项生态工程，但由于将目标定为以粮食换生态，即，既要加快生态建设，又要解决粮食库存问题，致使机制设计上出现偏差，导致财政多拿了钱，粮食库存并没有减少，财政补贴的好处农民并未全部享受到的结果。同时，不少地方偏离了农业生态环境改善的目标，将此项工程作为增加农民收入、摆脱农村贫困的"救济工程"，这不仅影响了生态环境建设的效果，而且使农民产生了依赖政府补助增加收入的思想。

第二节 我国财政支农支出的结构分析

一、我国财政支农支出结构的划分

简单来说，财政支农支出结构是指各项财政支农支出占总支农支出的比重，也称财政农业支出构成。财政支农支出结构表明在现有财政支农支出规模的前提下财政支农资源的分布。一般来讲，我国财政支农支出可以按以下标准进行分类。

1. 按照预算收支分类科目划分。按财政部的预算收支分类科目划分，我国财政支农分预算内支出（也就是一般预算支出）和预算外支出两大类。预算内农业支出主要包括四个部分：一是财政支援农村生产支出、农业综合开发支出和农林气象部分事业费支出（2003 年已调整为农业支出、林业支出、水利和气象支出）；二是农业基本建设支出；三是农业科技三项费用支出；四是财政支援不发达地区支出。预算外支农主要包括地方水利建设基金、农业发展基金、造地改田资金、移民扶持资金，等等。这种分类方法从财政支农支出全局的角度，反映了各种用于不同目的的财政支农支出的预算情况，从中可以看出各种支农支出的关系。

2. 按支出方式划分。按财政支农资金的支出方式划分，可以将财政支农资金划分为三类。一是财政直接投入。如对于大型水利设施等受益范围大的公共产品生产所投入的资金。二是财政补助。如投资补助、财政贴息、以奖代补、配套投入等；对小型水利设施、乡村道路等受益范围小、受益对象明确的准公共产品生产所投入的资金；对龙头企业的技术改造、优势农产品基地建设等能产生经济效益又具有外部效益的项目的财政贴息、财政补助；向金融机构提供的农业项目贷款的财政担保等。三是财政直接补贴。如灾害补贴、贫困农民生活补贴、种粮大户补贴、良种补贴、大型农机具购置补贴等财政支农支出。这种分类方法可以清楚地表明财政支农支出的具体方式，为财政支农支出方式的选择提供了依据。

3. 按财政支农支出的用途划分。按财政支农支出的用途划分，大致可以将财政支农支出分为七大部分：一是农业产业化资金；二是农业基础设施建设资金；三是农业科技进步资金；四是农业社会化服务资金；五是农业生态环境建设资金；六是农民直接补贴资金；七是财政扶贫资金。这种分类方法使财政支农支出的用途和作用方向一目了然，但是随着形势的发展，一些财政支农支出并不能单纯地归于某一类，有可能违背"完整性"原则。

4. 按财政支农支出产生的效益性质划分。按财政支农支出产生的效益性质分，可以将财政支农支出分为经济效益型项目资金、社会效益型项目资金和生态效益型项目资金三大基本类型。从每个财政支农支出的效益涉及的复杂性考虑，也就是说，每项财政支农支出可能包括两种或两种以上的效益，且各种效益存在相对强弱，因此，还可以进一步分为经济—社会效益型、社会—经济效益型、经济—生态效益型、生态—经济效益型、社会—生态效益型、生态—社会效益型、经济—社会—生态效益型等类型。这种分类方法虽然可以充分反映财政支农支出的效益类型，但由于其分类的标准比较模糊、笼统，有些财政支农项目很难归入某一类，有可能违背"确定性"原则。

5. 按照 WTO 的规则划分。按照 WTO 的农业协定，政府对农业的财政支出主要分"绿箱"政策、"黄箱"政策和"蓝箱"政策三类。"绿箱"政策是指对农业生产、价格和贸易不会产生或仅有微小扭曲影响因而不需要减免的政策，主要有十二大部分，一是政府一般服务，如农业科研、病虫害控制、农业科技人员和生产操作培训、技术推广和咨询服务、检验服务、市场促销服务、农业基础设施建设等；二是用于粮食安全目的的公共储备补贴；三是国内粮食援助补贴；四是对生产者的直接支付；五是与生产不挂钩的收入补贴；六是收入保险计划补贴；七是自然灾害救济补贴；八是通过生产者退休计划提供的结构调整补贴；九是通过农业资源停用计划提供的结构调整补贴；十是通过投资援助提供的结构调整补贴；十一是农业环境补贴；十二是地区援助补贴。

"黄箱"政策是指那些容易引起农产品贸易扭曲的因而需要限制的政策，主要包括支付对价格的支持；种子、肥料、灌溉等农业投入品的补贴；农产品营销贷款的补贴等。

"蓝箱"政策是指根据农产品限产计划，按固定面积和产量为生产者给予的直接补贴，不需要限制。

这种分类方法符合国际惯例，易于与国际接轨，但从我国目前的情况来看，这种分类还不是很适合，特别是对于历史上的财政支农支出进行研究，该分类方法无法使用。

6. 本书的划分。如前文所示，从财政部门的实际工作看，我国财政支农支出有大、中、小三个口径。小口径仅限于财政用于纯农业方面的支出，具体包括支援农业生产支出、农业综合开放支出和农口部门事业费支出，这也是各级财政落实农业法的口径。这个口径支农范围比较小，视野比较狭窄。中口径也就是 WTO 口径。从 2000 年起，我国为加入 WTO，需要全面反映政府对农业的支持，因此，财政支持农业的范围比以前大大增加，包括了农村的基础设施建设、扶贫、农村灾害救济等支出。大口径即当前的农业、农村、农民的支出范围，包括了农村教育卫生支出、农村基层政权的转移支付等。口径不同反映了财政支农支出水平有很大的不同。基于本书的主要目标是对支农资金整合的研究，我们选择以中口径范围将财政支农支出分为以下十类。

（1）支援农村生产支出。支援农村生产支出反映国家财政支援农村集体的各项生产支出。包括：小型农田水利和水土保持补助费、支援农村合作生产组织资金、农村农技推广和植保补助费、农村草场和畜禽保护补助费、农村造林和林木保护费、农村水产补助费和粮食自给工程资金等。

（2）农林水气等部门事业费支出。农林水气等部门事业费支出是由财政部门投入的用于支持农林水气事业发展的各部门人员机构经费和各项事业专项经费。

（3）农业基本建设支出。农业基本建设指农业部门中固定资产的新建、扩建、改建和恢复工程，以及为农业生产创造良好条件的长远建设。农业基本建设支出包括中央和地方农业系统企业和事业单位的基建支出。主要包括：一是用于增加农业深处内部的固定资产投资，用于扩大深处单位内部的机械设备、水利工程、治理江河、开垦荒地、平整土地、改良土壤、草原、海港，开放利用各种农业资源，建设防护林等。二是农林牧渔等事业单位的基本建设拨款。三是用于与农业有关的农村基础设施建设投资。

（4）农业科技三项费用。它是指国家为支持农业科技事业发展而设立的新产品试制费、中间试验费和重大科研项目补助费。农业科技三项费用的开支范围包括：设备购置费、材料费、试验外协费、资料费、印刷费、租赁费、差旅费、鉴定验收费、管理费、其他费用等。

（5）农村救济费。用于救助农村受灾人口和贫困人口的生产、生活。包括抚恤事业费，离休、退休、退职费，社会救济和福利事业费以及自然灾害救济事业费。

（6）农业综合开发支出。农业综合开发支出是以农业主产区特别是粮食主产区为重点，综合运用工程、生物和科技等措施，进行山水田林路等综合治理，加强农业基础设施和生态环境建设，提高农业综合开发能力，保证国家粮食安全；积极支持优势农产品发展，推进农业产业化经营，促进农业和农村经济结构战略性调整，提高农业综合效益，增加农民收入的支出。是运用现代科学技术和经济的、行政的、法律的手段，充分利用、发掘农业生产潜力的财政支出，包括土地治理、产业化经营、科技示范、贷款贴息及其他支出。

（7）农业科学事业费。农业科学事业费是用于农业科学事业的经费。包括农业科学事业单位机构经费和专项经费。农业科学事业单位机构经费是指为维持农业科学事业单位正常运转而支出的费用。农业科学事业专项经费是指为支持农业科学事业发展而安排的具有专门用途的经费。

（8）支援不发达地区支出。支援不发达地区支出指以经济社会发展落后的地区或农村为对象的财政支出，包括财政扶贫资金、边境建设事业补助费和民族工作经费。

（9）水利建设基金。水利建设基金是指经国务院批准筹建的专门用于水利建设的政府性基金。中央水利建设基金使用包括两部分：一是大江大河大湖治理工程支出；二是防洪工程支出（包括应急度汛支出）。地方水利建设基金包括：一是水利工程基本建设支出；二是其他水利建设支出。

（10）农产品政策性补贴。包括国家粮油棉糖等农产品差价补贴、储备差价补贴、储备利息费用补贴、财务挂账利息补贴、地方粮油价外补贴、棉花发展补贴款、平抑市价价差补贴、各类风险基金和农业生产资料价差补贴等。

二、我国财政支农支出结构的现状及其演变

我们从表4-9中可以看出，支援农村生产支出和农林水利气象部门事业费这两项是财政支农支出的主要支出项目，占支农支出的绝大部分；其次是农业基本建设支出和农村救济费，两项合计在30%左右；农业科技三项费用所占的比重微乎其微，基本只有1%的水平。我国财政农业支出结构随着经济发展阶段的变化和政策的调整，支出项目呈现有增有减的变化。从我国财政农业支出项目总额变动情况来看。改革开放以来，由于国家不断增加对农业的支出，农业支出总额呈现不断增长的态势，财政用于农业各项支出也总体上呈现不断增长的趋势。其中支援农业生产支出、农林水气等部门事业费支出，从1990年以来始终处于不断增长的态势。其他各项支出总的趋势也是增长的，只是在不同年份出现一定的波动。

表 4-9　　　　　　　　　　　财政支农支出分项　　　　　　单位：亿元、%

年份	支农支出总额	支援农村生产和农林水利气象部门事业费		农业基本建设支出		农业科技三项费用		农村救济费	
		总额	份额	总额	份额	总额	份额	总额	份额
1978	150.66	76.94	51.08	51.14	33.94	1.06	0.70	6.88	4.57
1979	174.33	90.11	51.69	62.41	35.80	1.52	0.87	9.80	5.62
1980	149.95	82.12	54.76	48.59	32.40	1.31	0.87	7.26	4 084
1981	110.21	73.68	66.85	24.15	21.91	1.18	1.07	9.08	8.24
1982	120.49	79.88	66.30	28.81	23.91	1.13	0.94	8.60	7.14
1983	132.87	86.66	65.22	34.25	25.78	1.81	1.36	9.38	7.06
1984	141.29	95.93	67.90	33.63	23.80	2.18	1.54	9.55	6.76
1985	153.62	101.04	65.77	37.73	24.56	1.95	1.27	12.90	8.40
1986	184.20	124.30	67.48	43.87	23.82	2.70	1.47	13.33	7.24
1987	195.72	134.16	68.55	46.81	23.92	2.28	1.16	12.47	6.37
1988	214.07	158.74	74.15	39.67	18.53	2.39	1.12	13.27	6.20
1989	265.94	197.12	74.12	50.64	19.04	2.48	0.93	15.70	5.90
1990	307.84	221.76	72.04	66.71	21.67	3.11	1.01	16.26	5.28
1991	347.57	243.55	70.07	75.49	21.72	2.93	0.84	25.60	7.37
1992	376.02	269.04	71.55	85.00	22.61	3.00	0.80	18.98	5.05
1993	440.45	323.42	73.43	95.00	21.57	3.00	0.68	19.03	4.32
1994	532.98	399.70	74.99	107.00	20.08	3.00	0.56	23.28	4.37
1995	574.93	430.22	74.83	110.00	19.13	3.00	0.52	31.71	5.52
1996	700.43	510.07	72.82	141.51	20.20	4.94	0.71	43.91	6.27
1997	766.39	560.77	73.17	159.78	20.85	5.48	0.72	40.36	5.27
1998	1 154.76	626.02	54.21	460.70	39.90	9.14	0.79	58.90	5.10
1999	1 085.76	677.46	62.40	357.00	32.88	9.13	0.84	42.17	3.88
2000	1 231.54	766.89	62.27	414.46	33.65	9.78	0.79	40.41	3.28
2001	1 456.73	917.96	63.02	480.81	33.01	10.28	0.71	47.68	3.27
2002	1 580.76	1 102.70	69.76	423.80	26.81	9.88	0.63	44.38	2.81
2003	1 754.45	1 134.86	64.68	527.36	30.06	12.43	0.71	79.60	4.55
2004	2 337.63	1 693.79	72.46	542.36	23.20	15.61	0.67	85.87	3.67
2005	2 450.31	1 792.40	73.15	512.63	20.92	19.90	0.81	125.4	5.12

注：从 1998 年起，农业基本建设支出项包括增发国债安排的支出。

资料来源：《中国统计年鉴》（2006），中国经济信息网数据库。

1. 支援农村生产支出和农林水利气象部门事业支出。这两项支出是我国财政支农支出的主体，始终保持着较高的份额。从 1978～2006 年，只有 4 年没有达到 60% 的水平，份额占 70% 以上的有 12 年，平均值为 67.13%。在农业发展初期，由于农业自身积累能力较差，缺乏充足的资金，支援农村生产支出作为对市场机制的补充，主要通过转移支付补贴农户，降低其生产成本，调动农民的生产积极性，直接促进了农业发展。各部门事业费是非生产性支出，支撑农业事业单位的运转，国家通过这些事业单位为农业和农民提供各项服务，如：提供新技术、引进新品种、对动植物病虫害及新出疫病进行监测防治、提供农业信息等，涉及农业科技进步、农业环境保护、农业发展的制度保障等各个方面。

2. 农业基本建设支出。农业基础设施是提高农业综合生产能力和实现农业可持续发展所必需的外部条件，由于其具有很强的外部效应，应由政府承担主要的投入责任。我国农业基本建设支出份额在 1978 年以后总体上呈波动中下降趋势，从 1978 年的 33.94% 下降到 1997 年的 20.85%；1998 年国家实施积极财政政策以后，农业基本建设支出中包括了增发国债安排的支出，使其比重有所提高。1998 年，财政农业基本建设支出总额比上年增长了 300.92 亿元，份额也由 1997 年的 20.85% 上升到 39.90%；1999～2003 年，这一比重基本保持在 30% 左右；2003 年以后又出现下降趋势，2005 年下降至 20.92%。

3. 农业科技三项费用。农业科技三项费用是政府支持农业科研的主要资金投入渠道，其支持程度的高低直接影响到我国农业科技进步的水平，从而影响到我国农产品的国际竞争力。从表 4－9 中可以看出，我国农业科技三项费用所占的份额极低，自 1978 年以来，比重最高的 1984 年也只占 1.54%，最低的 1995 年仅为 0.52%；尽管投入总额呈不断攀升趋势，尤其是近 4 年来增长速度较快，2005 年比 2002 年增长了 10.02 亿元，但比重仅增加了 0.18 个百分点。

4. 农村救济费。由于农业的弱质性和城乡二元结构的特点，当农业遇到自然风险时，需要这部分资金来保障广大农民的生产和生活；在农村社会保障体系尚未建成之前，需要它为农村的困难人群提供基本的生存保障。从表 4－6 中可以看出，自 1978 年以来，我国农村救济费总额由 6.88 亿元上升到 2005 年的 125.38 亿元，但其所占份额并没有上升。2006 年的份额为 5.74%，刚超过各年平均水平（5.49%），1997～2005 年均没有达到平均值。

第三节 我国财政支农支出的效应分析

一、财政农业支出的效应机理及评价的意义

1. 财政农业支出的效应机理。所谓"效应"，是指某一事物的量或质的变化对其他与之相联系事物的量或质的结构状态产生的影响。财政农业支出的效应是指财政农业支出政策对农业发展所产生的影响。财政农业支出政策是国家支持和保护农业的首要和有效手段，财政农业支出的效应主要体现在以下几个方面：

（1）推进农业增产。农业增加值和粮食产量是衡量一个国家农业经济增长水平的重要指标。财政对农业支出主要是为农业发展提供充足的公共物品，从而弥补市场调节的不足，解决农业领域的"市场失灵"问题，改善农业生产环境和农民生活条件。一般而言，农村公共物品按照用途可以划分为生产性和非生产性两大类，其中生产性公共物品主要包括农村水利基础设施、水土流失及土地沙化治理、农村道路和公共性运输工具、部分大中型农用机械设备、病虫害防治、农业技术推广、农业信息平台建设等；农村非生产性公共物品包括基础教育、文化娱乐设施、电网、自来水设施、卫星接收设施、邮电通信设施、医疗卫生设施、社会福利、行政服务、治安等。公共产品是一种中间投入品和生产要素，农村生产性公共物品供给可直接作用于农业生产，改善农业生产条件，提高粮食产量，拉动农业增加值的不断增长。

（2）增加农民的收入。受农业自然因素及其生产条件的影响，农业本身的比较效益低，从事农业生产的农村人口在初次分配时得到的收益低于城市从事第二、第三产业人员的收益水平。在发达国家也需要通过政府的各种补贴和支持政策提高其收益水平。使其收益接近于社会平均报酬率。在发展中国家，由于农业生产率普遍偏低下，农业人口普遍偏多，农业本身的比较效益更低。在这些国家里、农业和农民参与市场竞争的能力更弱。在这种情况下，农业人口想要仅仅依靠市场力量增加收益水平，赶上或接近城市收入，是不可能的，因此，需要政府行使职能，发挥作用，积极缩小城乡收入差距，保障社会的公平分配。从 2004 年开始，中央和国务院决定，取消除烟叶以外的农业特产税，并逐步减免农业税。2006 年，全部免征农业税。这一政策对于推动农业生产和农村发展，提高农民收入

具有深远的意义，而且农业税全免之后，这一政策的实际影响会长期延续，农民可以从中长期受益。

（3）促进农村发展。农村经济发展的根本途径是提高农业生产率。农业生产率受到很多因素的制约，其中尤其主要的因素是农业基础设施和农业科研，这也是制约我国农村发展的瓶颈。农业基础设施直接作用于农业生产，与生产过程紧密相连，是农业经济发展的基本条件，也是农业现代化的基本物质技术前提，农业基础设施有利于改善农业生产条件，降低农业生产成本，能够有效地提高农业生产率。另外，提高农业生产率要不断引进新的生产要素，新的生产要素主要依靠农业科学研究。农业科研和技术服务的增强能够提高劳动力的技能和各种物质生产要素的生产率。

2. 财政农业支出效应评价的意义。财政农业支出是国家一项重要的经济政策，对经济政策的效应进行评价是一项经济政策完整过程的重要组成部分，一个完整的政策过程除了科学合理的规划和有效的执行外，还需要对政策执行后的效果进行判断，以确定政策的效果。

（1）对财政农业支出效应进行评价是检验农业支出政策效果、效益和效率的基本途径。一项政策正确优劣与否，只能以实践作为唯一的检验标准。对财政农业支出政策评价就是在大量收集政策执行效果和效益信息基础上，运用科学方法分析判断财政农业支出政策所产生的效果如何。政策效果是衡量和检查农业支出政策目标与政策工具正确与否的依据，它既是制定政策目标和手段必须考虑的预期性因素，也是这些政策工具的运用及其政策目标实现程度的最终反映和具体体现。财政农业支出政策投入运行后究竟有什么效果，政策的实际效益和效率如何，往往并不是一目了然，只有通过对政策进行评价才能刻画出来。

（2）对财政农业支出效应进行评价是对农业支出政策进行监督检查，决定政策调整、继续或终止的重要依据。财政农业支出政策的实施过程涉及政策的制定、组织、实施、监督检查、反馈等几个步骤。其中政策的监督检查及反馈就必须以政策效应的评价为依据，政策的选择也是建立在对政策有效性或政策效应的评价上。由于社会经济状况的极端复杂性，农业支出政策的制定往往是决策者依据有限信息，凭借有关技术和方法对未来情况做出判断，政策要想做到完全合理是不可能的。加上政策在具体执行过程中会遇到许多意想不到的问题，一项政策要想完全达到预定目标也是不可能的。因此，政策是成还是败、效果是优还是劣，一般都通过政策效应评价予以确定。只有依据评价的结论，才能决定政策的去留、调整以及制定新的政策，修正还是终结。总之，无论是完善、调整还是制定新的政策，都要求我们必须对原有政策的实际效果进行全面、系统的分析和研究，做出科学、合理的评价，以确定其价值，这种评价同时也为制定新政策提供了必要的前提。

（3）对财政农业支出效应进行评价是有效配置资源的基础。在实际过程中，无论是政策的制定还是执行，都会消耗各种资源，但是资源都是有限的，如何将有限的资源进行合理的配置，以获取最大的效益。财政农业支出是财政实现资源配置职能的重要手段，通过对财政农业支出效应评价能够有效的检测该支出政策的效率或效益，并决定财政农业各项支出的优先顺序和比例，以寻求最佳的支出效果，为合理配置资源奠定基础。

二、财政支农支出对农业增产的效应

1. 财政支农对农业增产的总量效应。根据 1978～2005 年的统计资料测算，财政支农支出与农业增加值的相关系数达到 0.89，两者存在高度相关关系。利用表 4－5 中的有关数据，可以建立财政支农支出总额（用 AE 表示）与农业增加值（用 $AGDP$ 表示）的回归模型，结果如表 4－10 所示：

表 4－10　　　　　财政支农支出与农业增加值的一元回归参数

Variable	Coefficient	Std. Error	t-Statistic	Prob.
AE	9.321111	0.629330	14.81117	0.0000
C	2 113.485	604.0103	3.499088	0.0017
R-squared	0.894038	Mean dependent var		8 469.118
Adjusted R-squared	0.889962	S. D. dependent var		6 780.759
S. E. of regression	2 249.308	Akaike info criterion		18.34338
Sum squared resid	1.32E+08	Schwarz criterion		18.43854
Log likelihood	－254.8073	F-statistic		219.3707
Durbin-Watson stat	0.212274	Prob（F-statistic）		0.000000

由于 DW 检验值远小于 2，故有可能存在自相关，根据残差图 4－7 可知其存在着显著的自相关。通过使用科克伦—奥克特的两步法解决自相关得到表 4－11。据此，可以得出农业 GDP 与财政支农支出间的线性回归方程 4－1：

$$AGDP = 2\,113.485 + 8.401164AE$$
$$(3.499) \qquad (10.416) \qquad\qquad (4-1)$$

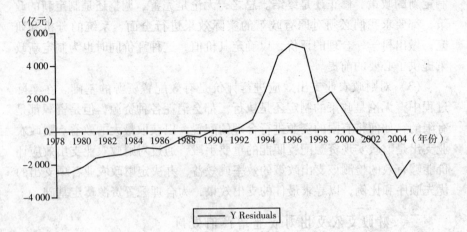

图4-7 财政支农支出与农业增加值线性回归残差

表4-11 消除自相关后的系数

Variable	Coefficient	Std. Error	t-Statistic	Prob.
X - 0. 880367 * X (-1)	8. 401164	0. 806540	10. 41630	0. 0000
R-squared	0. 811031	Mean dependent var		1 765. 231
Adjusted R-squared	0. 811031	S. D. dependent var		1 454. 546
S. E. of regression	1 017. 111	Akaike info criterion		16. 72365
Sum squared resid	26 897 366	Schwarz criterion		16. 77165
Log likelihood	- 224. 7693	Durbin-Watson stat		1. 107105

该结果表明，财政支农支出每增加1个单位，可使农业增加值增加8.40个单位。

再利用以上数据，可建立财政支农支出对农业增加值的弹性模型结果如表4-12所示。根据残差图4-7可知其存在着显著的自相关。通过使用科克伦—奥克特的两步法解决自相关得到表4-13。据此，可以得出农业增加值与财政支农支出间的线性回归方程4-2：

$$\ln Y = 2.965045 + 2.363894 \ln X$$

$$(8.41) \qquad (31.94) \qquad\qquad (4-2)$$

表4－12　　　　　　　财政支农支出与农业增加值自然对数一元回归参数

Variable	Coefficient	Std. Error	t-Statistic	Prob.
lnX	0. 939042	0. 057562	16. 31347	0. 0000
C	2. 965045	0. 352540	8. 410514	0. 0000
R-squared	0. 910998	Mean dependent var		8. 641533
Adjusted R-squared	0. 907575	S. D. dependent var		0. 985568
S. E. of regression	0. 299627	Akaike info criterion		0. 496191
Sum squared resid	2. 334182	Schwarz criterion		0. 591348
Log likelihood	－ 4. 946674	F-statistic		266. 1294
Durbin-Watson stat	0. 214103	Prob （F-statistic）		0. 000000

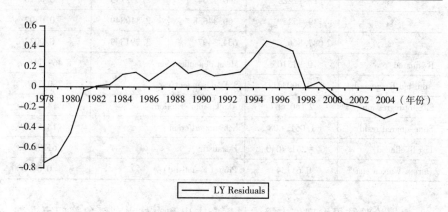

图4－8　财政支农支出与农业增加值自然对数回归残差

表4－13　　　　　　　　　　消除自相关后系数

Variable	Coefficient	Std. Error	t-Statistic	Prob.
LX － 0. 880367 ∗ LX （ － 1）	2. 363894	0. 074008	31. 94122	0. 0000
R-squared	1. 445132	Mean dependent var		2. 002656
Adjusted R-squared	1. 445132	S. D. dependent var		0. 202250
S. E. of regression	0. 323292	Akaike info criterion		0. 615810
Sum squared resid	2. 717454	Schwarz criterion		0. 663804
Log likelihood	－ 7. 313432	Durbin-Watson stat		1. 413066

　　该结果表明，财政支农支出每增长1%，可导致农业增加值增长2.97%。

2. 财政支农支出对农业增产的结构效应。为了分析财政支农支出中各构成部门对农业增加值的贡献，我们试图在农业增加值和支援农村生产支出和农林水利气象部门事业费（X_1）、农业基本建设支出（X_2）、农业科技三项费用（X_3）和农村救济费（X_4）之间建立一个多元回归模型。根据上面的已有数据我们得到如下结果见表 4 - 14。

表 4 - 14   财政支农支出不同项目与农业增加值的多元回归参数

Variable	Coefficient	Std. Error	t-Statistic	Prob.
X_1	10. 60259	4. 105407	2. 582591	0. 0166
X_2	19. 12796	7. 086786	2. 699102	0. 0128
X_3	12. 12228	590. 5264	2. 052793	0. 0516
X_4	139. 4525	60. 34688	2. 310849	0. 0302
C	2 087. 866	634. 3497	3. 291349	0. 0032
R-squared	0. 915105	Mean dependent var		8 469. 118
Adjusted R-squared	0. 900341	S. D. dependent var		6 780. 759
S. E. of regression	2 140. 607	Akaike info criterion		18. 33600
Sum squared resid	1. 05E + 08	Schwarz criterion		18. 57389
Log likelihood	− 251. 7040	F-statistic		61. 98088
Durbin-Watson stat	0. 611343	Prob（F-statistic）		0. 000000

根据检验结果发现，支援农村生产支出和农林水利气象部门事业费、农业基本建设支出、农业科技三项费用和农村救济费对农业经济的增长均具有显著的促进作用，这也说明，财政继续增加对农业的支出会进一步促进农业的发展。其中，农村救济对农业增加值的贡献系数最大，为139. 45，即每增加 1 单位的农村救济投入，农业增加值增长 139. 45 单位；其次是农业基本建设支出，对农业总产值的贡献系数为 19. 13，即增加 1 单位的农业基本建设投资，农业增加值增长 19. 13 单位；第三是农业科技三项费用，贡献系数为 12. 12；最后是支援农村生产支出和农林水利气象部门事业费，对农业增加值的贡献系数为 10. 60。

三、财政支农支出对农民增收的效应

1. 农民收入基本概况。衡量农民收入的指标主要有农村居民人均总收入，农村居民人均现金收入和农村居民人均纯收入。农民人均纯收入，按人口平均的纯收入水平，反映的是一个地区或一个农户农村居民的平均收入水平。农村居民家庭纯收入是指农村常住居民家庭总收入中，扣除从事生产和非生产经营费用支出、缴纳税款和上交承包集体任务金额以后剩余的，可直接用于进行生产性、非生产性建设投资、生活消费和积蓄的那一部分收入。

表 4 – 15 显示，我国农民家庭人均收入增长比较迅速。1990 年农村居民家庭年人均纯收入仅为 686.31 元，而 2005 年达到 3 254.63 元，15 年间增长了 3.74 倍。从 1990 ~ 2005 年，农民家庭纯收入的增长可以划分为 3 个阶段。第一阶段，快速增长阶段，从 1990 ~ 1996 年，农民家庭纯收入平均年增长率为 19.2%。其中 1994 年增长幅度最大，为 32.5%。第二个阶段，增长速度下降期，从 1997 ~ 2000 年，从 1997 年开始，农民纯收入增长幅度迅速下降，从 1996 年的 22.1% 骤降到 8.5%，然后增长速度继续下降，2000 年增长幅度仅为 1.9%，4 年间平均增长幅度只有 4%。第三个阶段，农民纯收入恢复增长期，2001 ~ 2005 年，农民纯收入增长幅度开始回升，但是增长幅度仍然不大，5 年间平均增长率为 7.66%。

表 4 –15　　　　　　我国农村居民家庭人均纯收入总额　　　　单位：元、%

年份	农村居民家庭人均纯收入	农村居民家庭人均纯收入增长率	年份	农村居民家庭人均纯收入	农村居民家庭人均纯收入增长率
1978	133.57	—	1992	783.99	10.65
1979	160.17	19.91	1993	921.62	17.56
1980	191.33	19.45	1994	1 220.98	32.48
1981	223.44	16.78	1995	1 577.74	29.21
1982	270.11	20.89	1996	1 926.07	22.08
1983	309.77	14.68	1997	2 090.13	8.52
1984	355.33	14.71	1998	2 161.98	3.44
1985	397.60	11.90	1999	2 210.34	2.24
1986	423.76	6.58	2000	2 253.42	1.95
1987	462.55	9.15	2001	2 366.40	5.01
1988	544.94	17.81	2002	2 475.63	4.62
1989	601.51	10.38	2003	2 622.24	5.92
1990	686.31	14.10	2004	2 936.40	11.98
1991	708.55	3.24	2005	3 254.63	10.84

资料来源：《中国农村住户调查年鉴》（2006）。

表4–16 显示，我国农村家庭人均纯收入中，工资性收入和家庭经营收入所占的比重最大，两者合计占全部纯收入的90%以上。家庭经营收入仍然是主要的收入来源，但一直处于下降的趋势，工资性收入是第二收入来源，所占比重也越来越大。纵观家庭经营收入，增长速度在逐渐放缓，并且在1998年、1999年和2000年出现了负增长。转移性支出所占比重较小，比重一直处于相对的稳定状态。农民工资性收入增长的加快源自农业产业化的加快发展以及乡镇企业的发展和农村劳动力向城镇的转移。工资性收入的增长率明显快于家庭经营收入的增长速度，可以看出，农民家庭收入开始依赖工资性收入。

表4–16　　　　　　　　我国农村居民家庭人均纯收入结构　　　　　　单位：元、%

年份	农村居民家庭人均纯收入	工资性收入	比重(1)	家庭经营纯收入	比重(2)	转移性收入	比重(3)
1990	686.31	138.80	20.22	518.55	75.6	28.96	4.2
1991	708.55	151.92	21.4	523.59	74.0	33.04	4.6
1992	783.99	184.38	23.5	561.57	71.6	38.04	4.8
1993	921.62	194.51	21.1	678.48	73.6	41.61	4.8
1994	1 220.98	262.98	21.5	881.86	72.2	47.59	3.9
1995	1 577.74	353.70	22.4	1 125.79	71.4	57.27	3.6
1996	1 926.07	450.84	23.4	1 362.45	70.7	70.19	3.6
1997	2 090.13	514.55	24.6	1 472.72	70.5	79.25	3.8
1998	2 161.98	537.58	24.9	1 466.00	67.8	92.03	4.3
1999	2 210.34	630.26	28.5	1 448.36	65.5	100.7	4.6
2000	2 253.42	702.30	31.2	1 427.27	63.3	78.81	3.5
2001	2 366.40	771.90	32.5	1 459.63	61.7	87.90	3.7
2002	2 475.63	840.22	34.0	1 486.54	60.0	98.19	4.0
2003	2 622.24	918.38	35.0	1 541.28	58.7	96.83	3.7
2004	2 936.40	998.46	34.0	1 745.79	59.5	115.54	3.9
2005	3 254.63	1 174.53	36.1	1 844.53	56.7	147.42	4.5

注：比重（1）、（2）、（3）分别表示工资性收入、家庭经营纯收入、转移性收入占全部家庭人均纯收入的比重；本收入不含财产性收入。

资料来源：《中国农村住户调查年鉴》（2006）。

2. 财政支农支出对增加农民收入的效应。从农民家庭纯收入的结构看，收入主要来源是工资性收入、家庭经营纯收入、转移性收入以及财产性收入，其中工资性收入、家庭经营收入和转移性收入与财政农业支出政策具有密切的关系。为了分析我国财政农业支出规模对农民收入的影响，本书以农民家庭人均纯收入（不包括财产性收入）为被解释变量，财政农业支出规模为解释变量，建立一元回归模型：

$$\ln Y = c + \alpha \ln X + \varepsilon$$

选取 1978~2005 年的数据，代入模型中，得到初次估计结果如表 4–17 所示，发现 D–W 值非常小，且根据其残差图 4–9 我们可知残差自相关，通过使用科克伦—奥克特的两步法解决自相关得到表 4–18。据此，可以得出农民家庭人均纯收入与财政支农支出间的线性回归方程 4–3：

$$\ln Y = 1.000044 + 1.098986 \ln X$$

$$(2.72) \qquad (55.82) \qquad\qquad (4-3)$$

表 4–17　　　　　人均纯收入与支农支出的一元回归参数

Variable	Coefficient	Std. Error	t-Statistic	Prob.
lnX	0.942957	0.059967	15.72462	0
C	1.000044	0.367267	2.722935	0.0114
R-squared	0.904854	Mean dependent var		6.700195
Adjusted R-squared	0.901194	S. D. dependent var		0.993031
S. E. of regression	0.312143	Akaike info criterion		0.578039
Sum squared resid	2.533266	Schwarz criterion		0.673196
Log likelihood	–6.092544	F-statistic		247.2635
Durbin-Watson stat	0.232621	Prob（F-statistic）		0

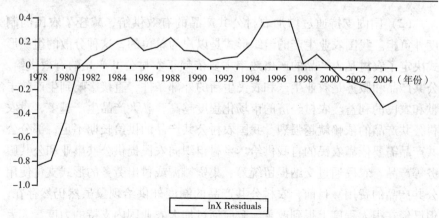

图 4–9　人均纯收入与支农支出自然对数线性回归的残差

表 4 – 18   消除自相关的参数

Variable	Coefficient	Std. Error	t-Statistic	Prob.
lnY – 0.753637 * lnY (– 1)	1.098986	0.019689	55.81675	0
R-squared	0.839382	Mean dependent var		1.756286
Adjusted R-squared	0.839382	S. D. dependent var		0.219081
S. E. of regression	0.164035	Akaike info criterion		– 0.741136
Sum squared resid	0.699597	Schwarz criterion		– 0.693142
Log likelihood	11.00534	Durbin-Watson stat		1.171260

检验结果表明，我国财政农业支出对增加农民收入具有正的效应，即财政农业支出每增加1%，农民收入提高1.1%。说明进一步增加财政的农业支出将有利于促进农民收入的提高。

3. 财政支农增加农民收入的主要途径。

（1）国内支持通过促进农业增长和提高农产品收购价格，增加了农民的农业收入。国内支持是促进农业增长的重要原因，能够提高农产品产量，降低农产品成本，提高农业生产的经济效益。由于农民的农业收入对农产品产出的变动是比较敏感的，故农业增长有效地增加了农民的农业收入。国家可运用财政补贴支持较高的农产品收购价格，收购价格较高的时期就是农民农业收入增长较快的时期，两者呈现同方向变动的规律。

（2）国内支持通过增加农村公共产品的有效供给，减轻了农民的制度外负担。我国农业生产的组织形式是以户为单位的，这种分散的组织形式决定了农村私人产品的产出效率主要依赖于农村公共产品的有效供给。公共产品和服务是农业生产和农民生活的外部条件，直接影响到生产的丰歉和农民的利益。农村经济的市场化程度越高，私人产品生产越多，对农村公共产品的依赖就越强烈。我国农村公共产品的供给长期不足，部分公共产品需要依靠农民的自我供给。乡村组织向农民提供公共事业和公共服务等产品，农民通过交纳提留统筹、集资摊派或付出劳务的形式支付使用公共产品的费用。目前，农村公共产品的制度外供给现象虽然仍然存在，但已经在很大程度上得到改善。政府通过加大农业国内支持的力度，大大减少了农民的制度外支出。

(3) 国内支持通过区域援助计划缓解了农村贫困状况。这项支持包括"三西"农业建设专项补助资金、支援经济不发达地区发展资金和扶贫专项贷款中用于农业的部分，主要措施是贫困地区以工代赈计划、"八七"扶贫攻坚计划和温饱工程。区域援助为提高农村贫困人口的收入水平，促进区域经济和城乡关系的协调发展做出了积极贡献。

参考文献

1. 曹芳：《农业国内支持政策对农民收入的影响研究》，南京农业大学博士学位论文，2005年。

2. 郭玉清：《中国财政农业投入最优规模实证分析》，载《财经问题研究》，2006年第5期，第68～72页。

3. 何振国：《财政支农规模与结构问题研究》，中国财政经济出版社2005年版。

4. 侯石安：《中国财政农业投入政策研究》，华中农业大学博士学位论文，2004年。

5. 江涛：《国家财政支农力度的实证研究》，载《财会研究》，2006年第3期，第9～10页。

6. 李放：《公共财政与农业发展——中国财政支农的实证分析与政策研究》，南京农业大学博士学位论文，2002年。

7. 林善浪、张国：《中国农业发展问题报告》，中国发展出版社2003年版。

8. 吕洪波：《中国财政农业支出效应研究》，辽宁大学博士学位论文，2007年。

9. 米强：《我国农业财政支出的现状、问题及对策浅析》，载《农业经济》，2006年第9期，第60～61页。

10. 苏明：《中国农村发展与财政政策选择》，中国财经出版社2003年版。

11. 许冰：《财政支农的时变边际效应与弹性实证分析》，载《中国农村经济》，2006年第8期，第17～22页。

12. 杨舟、张冬平：《WTO框架下农业财政支出政策研究》，经济科学出版社2002年版。

13. 叶翠青：《我国财政支农支出存在的问题及政策建议》，载《财政研究》，2008年第4期，第28～30页。

14. 张领先：《国外农业支持政策对我国的启示》，载《科技管理研究》，2006 年第 2 期，第 14~16 页。

15. 赵石磊：《财政支农支出与农民纯收入关系研究》，载《兰州商学院学报》，2007 年第 2 期，第 17~22 页。

16. 邹萍：《论市场经济体制下中国政府农业经济职能》，福建师范大学博士学位论文，2001 年。

17. 历年的《中国统计年鉴》、《中国财政年鉴》。

第五章 财政支农与社会主义新农村建设

第一节 社会主义新农村建设概述

一、社会主义新农村建设的背景

1. 理论背景。

（1）把解决"三农"问题作为"重中之重"的思想。

近几年来，党中央一再强调解决"三农"问题是全党的"重中之重"，这是非常正确的战略指导思想。首先，这是由农业在国民经济中的基础地位决定的。民以食为天，我国是有 13 亿人口的大国，"食"的问题尤其重要，必须立足于本国解决，这就要发展农业。此外，有许多工业的原材料也要靠农业来提供。其次，这又是由于农村人口在经济发展中的重要性所决定的。尽管近年来农村人口在不断减少，但是在全国人口中农村人口还占大多数。他们的消费水平直接决定着我国市场购买力水平，而市场购买力水平又直接影响着经济能否持续发展的问题。近年来由于农村发展滞后，农民消费水平偏低，已成为我国经济持续发展的瓶颈。最后，这又是由我们全面建设小康社会、构建和谐社会的目标所决定的。如果没有占人口大多数的农民的富裕，那么全面小康、和谐社会的目标就不能实现。

（2）"工业反哺农业、城市带动农村"的发展规律和发展战略。工业反哺农业，是对工业化发展到一定阶段后工农关系、城乡关系变化特征的一种概括。这里的工业泛指非农业部门和城市，而农业则涵盖"三农"。工业反哺农业是经济发展到一定阶段的现象，从国际上看，许多国家在工业化过程中都经历过由农业哺育工业转向工业反哺农业的过程。一般来讲，在工业化发展初期，农业在国民经济中居主导地位，为了创造更多的物质财富，提高整个国民经济发展水平和人民生活水平，需要用农业积累支持工业发展；当工业化发展到一定阶段、工业成为国民经济的主导产业时，要实现工农业协调发展，除了发挥市场机制的作用，国家还必须加强对农业的扶持和保护，实现由农业哺育工业到工业反哺农业的政策转变。许多国家的经验表明，当工业化、城市化进程加速，国民经济发展到工业对农业反哺期时，如果及时加强农业、反哺农业，整个国民经济就会协调健康发展，顺利实现工业化、现代化；反之，如果继续挖农业、忽视农业，就会出现农业萎缩、贫富差距悬殊、城乡和地区差距扩大，加剧社会矛盾，甚至出现社会动荡和倒退。

2. 现实背景。

（1）社会主义新农村建设的必要性、紧迫性。

第一，城乡分化局面到了必须扭转的时候。可以说，当代中国社会"最不和谐的音符"就是日益扩大的城乡差距。我国是个农业大国，13亿人口，农村人口就占了7.37亿。改革开放之初，由于家庭联产承包责任制的实行，农村生产力的解放和发展，城乡差距曾一度缩小，然而随着工业化、城镇化、市场化的加速推进，城乡差距呈不断扩大之势。这种差距表现为两个特点，一是全方位，二是悬殊性。全方位是指农村居民在现金收入、生活质量、社会保障、文化教育、政府公共投资等几乎所有方面都落后于城市。悬殊性是指城乡居民收入、城乡基础设施建设和社会事业发展、城乡经济发展水平等许多方面差距悬殊，并呈继续扩大态势。

第二，适应扩大内需，实现经济持续快速健康发展的需要。近年来，我国工业生产能力迅速增长，有些方面已经出现超过市场需求的增长，部分产品开始出现供大于求的情况。扩大国内需求，是当前我国发展经济的长期战略方针和基本立足点。农村集中了我国数量最多、潜力最大的消费群体，是我国经济增长最可靠、最持久的动力源泉。然而，长期以来，由于占人口大多数的农民增收缓慢，购买力不足，消费水平不高，农村市场没有得到有效启动，造成了内需疲软，客观上影响了扩大内需方针的落实。2005年，我国社会消费品零售额中，在县和县以下实现的部分只占总额的32.9%。因此，中国经济要实现持续快速健康发展，关键一招是尽快扩大、促旺国内市场，特别是农村市场，积极扩大内需。

第三，财政金融资金收入增长较快与农村资金严重不足并存。改革开放以来，我国综合经济实力不断增强，财政金融资金收入持续增长。2004年，全国财政收入达到2.63亿元，银行存款24万亿元（其中城乡储蓄11.9万亿元），并且仍然在持续增加。但是，农村建设和发展的资金却仍然严重不足，多数地区县乡财政只是吃饭财政，没有能力支持乡村建设。农村金融资金严重缺乏，大量资金流向城市，许多地方农民和乡镇企业贷款难问题依然是相当突出的矛盾。

（2）社会主义新农村建设的可行性。建设新农村战略的提出和实施需要一定客观条件。这个条件就是一个国家工业化、城市化必须达到一定阶段。这是因为，建设新农村不是无源之水、无本之木，需要大量资金的投入。我国已经进入工业反哺农业、城市带动农村阶段，为推进社会主义新农村创造了有利的条件和历史的机遇。

首先，我国工业化已发展到中期阶段。综合各种分析方法，一般认为工业化进入中期的主要标志为：人均 GDP 为 560 美元到 1 120 美元；非农产业就业比重达 50%；城市化率为 30%；第二产业生产总值占比重为 40%～60%。当前，我国重工业重新大发展，第二产业比重加快上升，出现了一批以重工业为主体的高增长行业，而且，2001 年我国人均国民收入为 890 美元，2002 年我国人均 GDP 已接近 1 000 美元，依据钱纳里模型，认为我国正处于经济结构转变三阶段（初级产品阶段、工业化阶段和发达经济阶段）中的工业化阶段，而且处于重工业加速发展的工业化中期阶段。

其次，小康化进入全面建设时期。改革开放初期，邓小平提出了中国实现现代化"三步走"的发展战略，经过 30 年的建设，到 1990 年已经走完了第一步，即基本上解决了温饱问题。2000 年又走完了第二步，即人均 GDP 达到了 800 美元，我国总体上达到了邓小平所期望的小康水平。2002 年党的十六大报告又进一步提出"我们要在本世纪头 20 年，集中力量，全面建设惠及十几亿人口的更高水平的小康社会。"这就表明，在进一步实现第三步战略目标的过程中，我国目前正处于由"总体小康"向"全面小康"进军的新时期。

再其次，我国城镇化进程在不断加快。2000 年，我国城镇人口是 4.5 亿人，2005 年已达到 5.4 亿人，也就是说我国城镇人口在 5 年里增加了近 1 亿人。可见中国的城镇化进程是在一个快车道上行进。

最后，我国财政收入在 GDP 中的比重不断增长。2004 年国家中央税收和地方税收加总，已经占到 GDP 的百分之十九点几，接近 20%，如果加上预算外收入，那么整个财政收入规模占 GDP 的比重为 30% 左右。这就表明，我国已经具备了建设新农村的物质基础和资金基础。

二、社会主义新农村建设的内涵

党的十六届五中全会通过的《中共中央关于制定国民经济和社会发展第十一个五年规划的建议》中明确指出："建设社会主义新农村是我国现代化进程中的重大历史任务。要按照生产发展、生活宽裕、乡风文明、村容整洁、管理民主的要求，坚持从各地实际出发，尊重农民意愿，扎实稳步推进新农村建设。"

"生产发展、生活宽裕、乡风文明、村容整洁、管理民主"20 个字，是对新农村的全景式描绘。社会主义新农村建设的内涵，概括起来主要表现在 5 个方面：（1）生产发展是建设社会主义新农村的首要任务。建设新农村首先要振兴农村经济，加快农村经济发展，增加农民收入。农村经济不发展，建设新农村就失去了物质基础。要使生产发展，必须保障农业水利工程建设，为农村提供基础设施，加大支农力度，调动广大农民的生产积极性，提高农民参与市场竞争的能力。（2）生活宽裕是建设新农村的具体体现。要使农民生活富裕，必须增加农民收入，除掉农民背负的三大负担：教育支出、医疗支出、住房支出。搬掉影响农民收入的三座大山：农民的准失业状态、国内外市场机制对农民的挤压、农民贫乏的自我组织能力。（3）乡风文明是建设新农村的灵魂。在农村，文明之风若不能愉悦身心，腐朽的东西就会侵蚀人们的心灵。建设社会主义新农村精神文明也要有新进步，要形成良好的社会风气，邻里之间，生产上要相互帮助、生活上要相互关心。（4）村容整洁是建设新农村的外在表现。村容整洁就是要建设农村生态文明，通过新农村建设改变农民的生存环境，让农民有新鲜的空气，洁净的水，整洁的街道等。（5）管理民主是建设社会主义新农村的政治保证。管理民主就是落实和完善村民自治、民主选举和民主监督机制，实现农民自己当家做主。

三、社会主义新农村建设的主要内容

1. 农业现代化。农业现代化关系到建设社会主义新农村的全局。农业现代化是指用现代工业装备农业，用现代科学技术支撑农业，用现代管理方法管理农业，用现代社会化服务体系服务农业，用现代科学文化知识提高农民素质的过程，是建立市场化的农业运行机制和高产优质高效农业生产体系，把农业建成具有显著经济效益、社会效益和生态效益的可持续发展的现代产业的过程，也是大幅度提高农业综合生产能力、不断增加农产品有效供给和农民收入的过程。

2. 农业工业化。走新型工业化道路，促进国民经济健康、快速、协调发展，是我国在 21 世纪实现现代化宏伟目标的必然选择。党的十七大报告指出，走新型工业化道路，就是要走出一条科技含量高、经济效益好、资源消耗低、环境污染少、人力资源优势得到充分发挥的新型工业化路子。农业工业化是一个包括多层含义的动态发展过程。从技术方面看，它是指在农业领域广泛采用现代化科学技术和现代工业提供的技术装备，使落后的、传统的、以体力劳动为主的农业转变为知识密集的农业的过程；从经济方面看，它是不断提高农业劳动生产率、促进社会分工不断发展、培养出越来越多掌握现代科学知识和现代经营管理方法的农业劳动者的过程；从制度方面看，它是一个具有较为发达的市场经济制度、较为完善的政府扶持农业的一系列制度体系；从社会方面看，它是农业社会化的过程，是由封闭的、自给自足的小农经济转变为高度商品化、社会化市场经济，并由此带动农村社会结构、文化结构、农民知识结构以及价值观念根本改变的过程；从生态方面看，它是人类在认识自然和改造自然中，保持和维护生态平衡，使人类与大自然和谐相处，从而在优美、健康的自然环境中生活，推进人类文明的过程。

3. 农业企业化。建设社会主义新农村必须进行体制创新，而农业企业化正是体制创新的重要内容。农业企业化有其特定的内涵，经济模式也多种多样。推进农业企业化，必须进行相关的配套改革，在土地制度、金融组织、农村劳动力转移、造就新型农民等方面有所突破。农业企业化是指一个发展过程，是把农业看作是一种企业，根据市场经济运行的要求，以市场为导向，以经济效益为中心，以农业资源开发为基础，在保持家庭联产承包责任制不变的前提下，使农业从传统的自给自足的或半自给自足的一家一户的小农经营方式向联营的高度商品化的、面向市场的农业企业经营方式转变，使农民从传统的农业生产者向具有市场意识、风险意识、投资意识、科技意识的农业企业家方向转变，从而解决农业生产过度分散化和非组织化这一当前我国农业问题。

4. 农村市场化。农村市场化是指农村中的一切经济活动以市场为中心，建立起市场体系健全、运行机制完善、市场关系规范、市场竞争有序、宏观调控有度的农村经济体制，将市场机制和市场行为贯穿渗透于农村经济活动的各个方面和环节，推动农业和农村经济活动持续快速健康发展。农村市场化的深刻内涵和新世纪之初农村经济发展面临的新形势、新要求，决定了现阶段推进农村市场化建设的基本思路应该是：以实现农业现代化为目标，以完善农村市场经济体制、有机连接国内外农产品市场、帮助农民顺利进入国内外农产品市场为重点，着力培育和提高市场主体的整体素质，充分发挥市场调节和政府宏观调控两个方面的作用，健全和完善农村市场体系和运行机制，加强对弱质农业的保护，扩大农业的对外合作与交流，切实增强农产品的市场竞争力。根据这一思路，当前应围绕以下几个重点来推进农村市场化建设：首先，健全和完善农村市场体系。建立健全农村市场体系是加快农村市场化的基础性工作。其次，在农产品市场建设方面，应以专业批发市场为重点，在主产区和主销区发展一批设施完善的大中型批发市场，并带动相关产业的发展。再其次，在农业生产要素市场建设方面，应以农村信用社改革为重点，抓好农村金融市场建设，以建立和完善信息网络为重点，加快农村劳动力和人才市场建设。最后，把开拓农用生产资料市场与农村基础设施建设、农村电网改造、小城镇建设等结合起来。

5. 农村城镇化。农业生产的社会化、市场化、企业化，最终的结果必然会产生大量的农村富余劳动力，他们不可能都涌向大城市，主要靠就地解决。一部分农民变成农业的经营者，再一部分就是通过发展县域经济成为非农就业人员。所谓城镇化，是指社会生产力在工业化和信息化的基础上，在经济结构、人居环境、人口素质等领域，由传统农业经济到现代化城镇经济、传统农业文明到现代城镇文明的转变过程。农村城镇化就是指在农村经济飞速发展和现代化城镇文明广泛扩散的前提下，由于农村社区的居民住宅、基础设施、公共设施等客观条件日益完善，农村居民的思想观念、人生观和世界观等主观因素日益现代化，农村社区与城镇社区的本质差别逐步缩小甚至消失，致使住在农村社区的居民也能够享受到现代城镇文明，农村的物质生活条件和精神生活条件都实现了城镇化的过程。

6. 农民新型化。建设现代农业的主体是广大农民，没有高素质的新型农民，建设和发展现代农业就无从谈起。而只有培养造就千千万万高素质的新型农民，才能让农民共享使用现代物质条件装备、广泛运用农业科技成果，具备提升产业需要的能力，掌握推进经营方式转变的本领，形成持续推动现代农业建设的力量源泉，加快现代农业建设步伐。

四、社会主义新农村建设的意义

1. 新农村建设有利于全面小康社会目标的实现。第一，建设新农村，是提升我国整体小康水平的根本路径。中国目前虽已实现总体小康，但也只是刚进入中下等国家行列，薄弱环节显然在农村。一方面，农村人口占大多数，而农业产值在国民经济中的比例却在逐年降低，虽然农业产值比例缩水是大势所趋，但农村人口多、农业产值规模小也是阻碍整体小康水平提升的重要原因；另一方面，城市化滞后于工业化，本质上是工业化对简单劳动力的需求，大大小于其供给，从而弱化了城市的"聚集"效应。第二，建设新农村，是推进我国各项建设小康化的根本路径。要实现真正意义上的小康社会，必须使社会各方面建设都得到同步、协调和全面的发展，而且也只有这样，才能保证经济在未来的发展速度和质量。要实现这种发展状态，农村的作用是关键。第三，建设新农村，是实现我国社会均衡发展的根本路径。新农村建设的直接结果，就是由于加大对农村各项建设投入，推动了农村发展，进而使城乡差别得以缩小，同时也改善了地区、阶层差别，使整个社会朝着有利于均衡发展的方向迈进。

2. 新农村建设有利于破解城乡二元结构、统筹城乡发展，构建社会主义和谐社会。建设新农村，是实践民主法治、公平正义原则的内在要求，是实践诚信友爱、充满活力原则的内在要求，是实践安定有序、人与自然和谐相处原则的内在要求。

第一，建设新农村是破除城乡经济二元性的根本措施。从 20 世纪 50 年代开始，我国城乡二元形态逐渐形成了一套完整的城乡分治的制度和政策。改革开放后，虽然城市取消了"统包统配"，但劳动部门管理城市劳动力的职能依然存在，只不过改变了方式，而在农村，却一直未能建立起管理农村劳动力就业的机构。所以，当前新农村建设应遵循的重要原则，就是要从统筹城乡的视野来推进农村各项工作的全面展开。一方面，要拆除阻碍城乡融合的各项制度性障碍；另一方面，也应建立和完善能提供农民急需的公共服务的机构或组织，使城乡发展至少处于一个相对公平的体制和政策的基础上。

第二，建设新农村是破除城乡社会二元性的根本措施。这种二元性反映在社会层面比经济层面更突出，在教育、医疗、社会保障等方面，对市民和农民的政策尤其不同。温家宝总理在 2005 年联合国教科文组织第五届全民教育高层会议上郑重承诺，"从明年开始，中国将用两年时间在农村全面免除义务教育阶段所有的学杂费。"可以讲，这可以看作是在新农村建设开局之年中央提出的又一项惠及亿万农民群众的重要措施，同时也预示着，随着新农村建设的深入，会有更多的政策和措施相继出台，从而使城乡社会二元性得到根本改观。

第三，建设新农村是破除城乡政治二元性的根本措施。这里所讲的政治二元性，不是指基本政治制度不同，而是指城乡居民在政治权力和地位上的差别。一方面，农民作为一个社会集团缺乏组织，政府很难有效通过某种程序化形式得到农民的合法诉求。另一方面，农民自我组织能力差、社会地位低下导致的另一种结果，就是监督失衡效应在农村更为明显。建设新农村，必须贯彻"两个反哺"方针，这绝不仅仅指有形的物质利益，更应包括政策、制度等无形方面，只有通过全社会的大力扶持和帮助，这种城乡政治二元性才能得到逐步消解。

3. 新农村建设有利于实现经济稳定增长。首先，建设新农村，大力发展现代农业，推动农业制度创新和技术创新，促进农业规模化和产业化进程，就成为我国实现农业现代化，解决"三农"问题的必由之路。其次，建设新农村，是启动农村消费市场的现实需要。建设新农村，大力发展农村经济，努力促进农民增收，并加强农村基础设施建设，可以为农民的生产、生活创造良好环境，进而为启动农村消费市场铺平道路。最后，建设新农村，是拉动当前经济增长的现实需要。拉动中国经济增长有三驾马车：消费、出口和投资。从消费看，城市、农村消费能力的不平衡发展，制约着经济增长，当前即使是启动农村消费市场，也不是一个短暂过程。建设新农村，成为促进经济增长的重要措施。

第二节　社会主义新农村建设对财政支农资金的要求

一、对财政支农资金规模的要求

长期以来，我国政府财政支农资金存在总量不足、结构不合理等问题，而且从根本上说，总量问题导致了结构问题。因此，要解决我国财政支农资金面临的问题，首先要增加财政对农业投入的总量。随着农业税的取消，财政支农工作要继续坚持"多予、少取、放活"的方针，重点放在"多予"和"放活"上，建立健全财政农业支出稳定增长机制。

首先，强化法制约束。可以通过强化农业投入的法律约束机制，确保财政农业支出总额的稳定增长。安排财政农业支出规模，应当根据《中华人民共和国农业法》的要求，并制定具体的、更具操作性的实施办法，确保预算内支农支出按法定比例增长。目前，有相当一部分的省份制定了本省、本地区的《农业投资条例》，农业投资的法制化工作得到了各级人大和政府的重视和支持。当前要重点解决农业投资法规的规范性和通用性问题，确保与公共财政法规一致，与国际通行做法衔接，争取尽快出台《中华人民共和国农业补贴条例》。

其次，在财政支出安排的顺序上，要优先考虑农业支出的需要。新增教育、卫生、文化资金都要主要用于农村。农业是国民经济的基础产业，农产品是满足社会公共需要的产品，农业生产处于市场弱势，需要财政给予弥补的经济活动，保障农民增收又是公共财政的重要目标之一。所以，必须按照公共财政的要求，贯彻"一要吃饭，二要建设"的原则，将财政农业支出列为"吃饭"财政，放在各项经济工作的首位优先给予安排，以适应农业发展的需要。

最后，要提高预算内农业支出占财政支出的比重。应当看到，目前支撑农业支出的主要是国债资金。1998 年以来，国债资金一直占年度间中央预算内基建投资的 70% 以上，正常的年度预算内基建投资不足 30%，可见投资结构不尽合理。今后一旦停发国债，农业和农村投入就将大幅度下降。近几年，我国经济保持较快增长态势，中央财政收入有较多增加，可考虑对农业和农村投入与中央财力增长基本相适应，并进一步调整国民收入分配格局，逐年增加一部分中央预算内投资重点用于农业和农村建设，保证农业投资有一个正常稳定的来源。

二、对财政支农资金结构的要求

财政农业支出结构存在一个合理化的问题。合理的支出结构应使财政农业支出资金的分配有利于社会农产品生产以及社会农产品的需求在总量上和构成上相互适应与平衡，并且通过资金分配使农业经济各个部门、各个行业、各个环节和经济因素，在相互影响和相互作用的发展过程中达到相对平衡，保证农业持续、稳定、健康的发展。

1. 强化中央政府的支出职责。必须进一步划分和明确中央与地方发展农业的事权或者支农职责，这不仅有利于完善分税制，而且有利于规范各级政府的支农行为。不同政府级次的支农职责应该有所不同、有所侧重，具体主要根据政府承担的农业生产建设与事业发展的受益范围大小、外部效果的有无来划分各级政府财政支农支出范围。

从农业自身特点和我国农业发展的现实需要上看，中央政府理应在农业发展过程中承担更大的责任，成为农业支出的主体。农业作为一个产业，既不像国防那样具有明显的全国性公共产品性质，也不像城市防洪排水那样具有十分明显的地域性特征，因而很难作为整体来十分明确被划分为中央与地方支出。但是，目前我国农业生产增长还处于并不十分稳定的阶段，农业生产的科技含量较低以及农业生产条件差是制约我国农业进一步发展的主要因素，农业作为国民经济的基础和社会稳定的重要支柱具有广泛的溢出效应，农产品供给的波动性可能引发通货膨胀，以及许多基础设施建设都是跨区域的，这些都决定了地方政府难以承担规模越来越大的农业投入，中央政府理应成为农业支出的主体。

具体而言，对农业建设性、事业性支出可以根据"谁受益谁负担"原则进行划分。中央财政应主要承担关系国家经济发展全局、属于全国范围或跨地区的支出，包括大江大河治理、大型生态农业保护工程、带有全局性、方向性的重点农业科研开发及大型粮棉基地建设，特大农业自然灾害防治。省级财政负担的支出，应主要包括全省性及跨地（市）水利工程建设，全省性农林水利事业发展项目，重大科技成果推广应用等。市地县财政应在承担本区域农业工程设施建设与养护的基础上，重点发展优质高效农业，社会化服务体系建设及推广先进适用的农业技术等。

农村基础教育对国民整体素质的提高具有重要意义，农村卫生、文化事业等农村社会公益事业有关农村和农民生活环境的改善，对农民的各种补贴规模巨大且与农民收入直接相关，诸如此类具有较强的外部效应、对整个国民经济的发展产生广泛影响的项目，都应由中央政府来负责支出，地方政府负责配套和考核，从而解决农业支出上的矛盾。中央政府集中分配财政农业资金，通过支出规模效应，发挥财政农业资金的最大经济与社会效益。

合理、明确划分中央和地方在支持农业发展方面的职责，另一个重要方面便是提高中央财政农业支出占全部财政农业支出的比重。就目前来看，可以参照国际经验和做法确定一个最低比例。目前世界上许多国家的中央财政农业支出占全部财政农业支出的比重高于中央财政支出占全部财政支出的比重，而我国恰恰相反。以 2004 年为例，中央财政农业支出占全部财政农业支出的 13%，而中央财政支出占全部财政支出的比重为 62.7%。今后，中央财政农业支出的份额应至少高于中央财政支出占全国财政支出的比重。此外，尽快出台农业投资法，将各级政府支农职责及支出数量的调控界限一并纳入法律规范。

2. 优化财政农业支出项目结构。政府财政对农业投资的重点应是外部性与公益性项目，集中财力支持那些带有全局性、长远性和关键性的农业项目。"十一五"期间，应参考国外财政农业支出的平均水平以及我国农业发展的目标，按照"存量适度调整、增量重点倾斜"的原则，优化财政农业支出项目结构，使我国的财政资金更多地用于对农民收入和基础设施的支持，将农业投资的重点放在解决影响农业整体效益提高的薄弱环节上。进一步加大有利于促进农业和农村经济结构战略性调整、有利于直接增加农民收入、有利于提高我国农业国际竞争力的项目的投资力度。农业支出的重点安排在以下几个方面：

（1）加大农业和农村基础设施建设投入。近几年，我国经济仍保持较快增长，应当借机扭转农业基本建设支出相对规模下降的局面，提高财政支出用于农业基本建设的比例，达到占财政农业支出总额的30%，略高于历史平均水平。在近几年中央财政收入有较多增加的情况下，可考虑与中央财力增长基本相适应，进一步调整国民收入分配格局，逐年增加一部分中央预算内投资，重点用于农业建设，确保中央农业基建投资保持在较高水平，改善农业生产条件，为增加农民收入提供物质基础。有计划地将支持乡村公益性基础设施建设列入公共财政的支出范围。逐步将县以下、以改善农民基本生产条件和生活质量为重点的中小型基础设施建设，纳入各级政府基本建设投资的范畴。新增的农业基本建设支出要重点支持与农业生产和农民增收关系密切的节水灌溉、人畜饮水、乡村道路、农村水电、农村沼气、草场围栏等农村小型基础设施建设，确保财政农业基本建设支出的50%用于农业综合生产能力和农村中小型基础建设。近年来，政府已经按照"多予、少取、放活"的方针对农业政策逐步进行了调整，但对农村公益事业建设的投入仍然较少。农村社会公益性事业建设每年所需的巨额资金只能向农民收费和集资来解决，乡村还需要大量举债来弥补这方面建设经费的不足，这显然与我国的经济形势不相适应。农村社会公益事业发展滞后，严重制约农村经济的发展。因此，国家财政在增加对农业的投入中，应设立农村公益事业发展专项基金，支持农村公益事业的发展。否则农村税费改革、取消农业税以减轻农民负担的成果很难得到巩固。

（2）支持"科技兴农"。科技是第一生产力。现代农业的发展要依靠生产技术的提高和科技进步。从我国目前的支出水平来看，对农业科技的支持总量远达不到 WTO 允许的范围,要根据我国的生产力,按照 WTO 的规则的要求,用好"绿箱政策",逐年加大对科技的支持力度,财政用于农业科技三项费的比重应达到财政农业支出的 5%,以促进农业基础科技的研发和先进技术推广,为增加农民收入提供科技保证。一是增加农业社会化服务体系的支出,支持乡镇农业技术推广站兴办农业科技示范场,转换服务机制,创新推广方法,对乡级农业技术推广并开展经营性技术服务的收入制定财税优惠政策;二是加强对适用性农业生产技术推广的扶持,特别是要注重对粮、棉、油等大宗农作物有明显的增产、增效作用的技术的推广进行扶持;三是扶持农业科研单位开展农业科技基础研究,为农业发展储备新技术。对一批已取得决定性进展,可望在短期内运用于生产实践的农业科研攻关项目给予必要的资金支持。同时,要加强新品种和新技术的引进推广工作,安排所需外汇和配套资金,抓好国家确定的引进计划;四是增加对农民培训的经费投入,对培训的补贴在支出科目上应尽快单独列支,各级财政部门都要安排专门用于农民职业技能培训的资金。为提高培训资金的使用效率和培训效果,应由农民自主选择培训机构、内容和时间,财政对接受培训的农民给予一定的补贴和资助。

(3) 调整农村基础教育投入。我国基础教育长期以来实行"地方负责、分级管理"的方针,这在一定时期内发挥了一些积极作用。但目前作为基础教育重要组成部分的农村基础教育投入严重不足,其发展任务及资金投入职责主要落在了县、乡、村财政上,与基层财政所具有的财政收入能力极不匹配,导致农村基础教育发展滞后,欠账较多,成为当前我国整个教育领域最为薄弱的环节。为了加速农村基础教育发展,当前乃至今后一个时期,最为紧迫的任务是强化中央和省级财政支持基础教育的职责和投入力度,将农村基础教育支出的职责上划到中央和省级财政,改变当前农村基础教育投入的不合理状况。应尽快将农村基础教育经费作为一个支出项目在财政农业支出中单独列支,由中央和省级政府负责支出。"十一五"期间中央和省级在每年新增的教育投入总量中,拿出至少50%左右的资金用于基础教育。在确保教育投入原有渠道增长的前提下,"十一五"期间中央和省级在每年新增的财政收入总量中,再拿出10%的资金专门投入农村基础教育。在教育投入结构存量不变的前提下,对增量进行调整,有利于加强和促进基础教育发展。此外,要建立科学有效的中央和省级财政农村基础教育支出制度。支出可以分为两类:一类是一般性基础教育支出,以县为单位,计算县级人均财力,以此作为支出的基本依据。

人均财力是当地财政能力的重要指标,一般来讲,人均财力水平高,则当地财政状况好,农村基础教育发展状况也相对较好,反之亦然。因此,以人均财力作为支出的依据,有助于将中央和省的基础教育投入真正向中西部地区及其他贫困地区的农村基础教育倾斜,从而切实有效地逐步改变这些地区农村基础教育落后的状况。一类是专项基础教育支出,重点解决农村中小学危房改造及其他教学条件的改善等。需说明的是,农村基础教育支出都要直接转移到县,避免中间环节截留和改变用途。

(4)大力支持改善农村生态环境。为了使我国农业能够可持续发展,必须立即着手改善生态环境,主要是植树造林。根据国家规划,到 21 世纪末树林覆盖率要达到 20%,估计要增加造林面积 6 亿亩或更多一些,所需投资约 170 亿元。财政应在原来的基础上增加对绿化、水土保持和防护林建设投入,大力发展生态环境。

(5)大力支持农业产业化发展,为增加农民收入带来直接利益。过去由于体制的不合理,把农业生产与农产品加工、流通环节割裂开来,农产品增值的收益回不到农业中去,因此农业的比较收益低,农业生产者收入增长跟不上非农生产者的收入增长,如果把农业生产与农产品加工、运输、综合利用等环节有机结合起来,实行贸工农一体化经营,形成一个经济利益的共同体,就可以大大提高农业经济效益,农民生活水平也可以大大提高,因此,从保护农业、保护农民收入有较大幅度增长的角度出发,应大力支持农业产业化的发展。重点扶持有条件的龙头企业建设农产品生产、加工、出口基地,引进、开发和推广新品种、新技术,增强市场竞争力和对农民的带动力。通过对财政农业支出项目结构的调整,使农业基本建设支出和支援农村生产支出的比例略高于各自历史平均水平;新增财力更多地用于科技和农村教育、卫生事业支出,使两者在财政农业支出的份额逐年增长,最终分别达到 5% 和 10% 左右,达到中等发达国家水平,以适应农业发展新阶段的需要,促进高效农业的发展;协调各涉农部门,压缩部门事业费,从而使整个农业支出中用于农业发展、农民增收、农村环境改善的直接支出达到全部支出的 60%~70%,真正发挥农业资金的整体效益。

三、对财政支农资金管理的要求

1. 整合财政支农资金。在各有关部门,不同管理渠道投资的财政支农资金在使用方向、建设内容、项目安排等方面协调不够、重复投入的问题仍然存在。财政农业支出管理体制改革的方向,应该是建立一个适应市场经济和政府公共支出的统一、效能、协调的管理体制。为此，应对现有农业项目、资金进行整合，能够归并的支出事项建议由一个职能部门统一负责。要真正做到管理严密高效，就应该从法律法规上建立起"财政部门管资金，主管部门管项目、技术、质量"的财政农业支出管理机制。对农业项目支出资金的管理，应坚持把所有财政支出、部门配套资金全额存入财政专户，由财政部门统一管理、统一拨付。对有配套资金的项目，要从下而上落实配套资金，并把全部资金集中到财政部门统管。要对各分管部门的职能和分工加以明确，以确保农业财政支出资金的有效配置。

2. 强化项目的决策和管理。

（1）强化支农项目的选择。在支农项目的确定和选择上，要实行项目标准文本及专家评审制度，经过严格筛选认定的支农项目在一定范围内进行公示，充分征询社会各方面的意见，杜绝支农项目确立的盲目性、随意性。

（2）规范项目资金的使用。按项目进度拨款，即不能资金等项目也不能项目等资金。按实施方案拨款，项目实施方案要细化资金预算，不得随意调整项目和支出范围。推行资金报账制，加强上级财政和主管部门的监管，确保资金专款专用。

（3）严格项目验收。在财政支农资金项目完成后必须进行检查验收，无论项目大小，支出资金多少，都要按规定检查验收，填制"验收报告。"凡是没有"验收报告"的，财政部门不得将全部资金付清，必须凭"验收报告"，最后结算财政支农资金。同时，财政支农资金项目验收必须制度化、规范化、科学化，应由专人负责，各级财政部门和业务主管部门要加强组织领导，切实把检查验收支农资金工作落到实处，防止流于形式。

3. 完善监督检查考核机制。财政农业支出资金有限，要管好用好，充分发挥资金使用效益，就要不断完善支农资金监管制度，使财政农业支出监管走向规范化、法制化。

（1）加强财政预算管理，确保支农资金占财政总支出的比例。编制财政预算要反复论证、审议，充分体现支出责任和事权范围的统一；加快早编年度预算的步伐，以利于进一步细化支农项目，加大人大专门机构对预算草案的审议力度，增强审议的科学性、客观性、合法性，增强预算的公开性和透明度；要维护法定预算的严肃性，防止和减少财政分配的随意性，防止压缩财政支农资金，确保支农资金的比例和数量。

（2）以政府采购制度约束财政支农资金的管理。政府采购是政府及法律规定的其他实体以法定方式向社会采购物资、工程或服务的一种经济行为。对支农资金的使用项目，如水利建设、大江大河治理、主要堤坝和防洪抗旱系统等农业基础设施建设可以采用政府采购方法，以规范政府采购行为，起到节约预算资金，降低采购成本，防止重复购置，优化资源配置和抑制腐败现象，防止支农资金被占用和挪用等重要作用。

（3）建议成立专门的财政农业支出监督管理机构。中央、省级财政支农资金很难直接转到农民手中，经过各级政府后，所剩无几，很多款项不能专款专用。如果能在财政部门或农业部门独立出一个管理专项支农款项的机构，就能保证支农资金快速、准确地到位，特别是在乡镇基层，建立专门管理机构能起到较强的监管作用。这些机构专门负责农业项目评估，支农资金预算编制草案，项目招标，资金使用，及时调整资金使支农资金发挥最大效益。除此之外，国家必须加强财政支农资金的监管和立法监督，使其早日进入法制化轨道。

（4）建立财政农业支出的后评价制度。对财政农业支出的效果进行事后评价是政府财政优化支农投资决策行为、提高农业投资项目使用效益的必要手段。这一制度在发达国家早已被广泛采用，美国在1979年就制定了专门的公共投入后评价制度，成立了专门的后评价研究所，负责对联邦政府所有部门的支出进行后评价。针对中国财政农业投入制度缺陷和绩效不高问题，很有必要制定专门的农业投入后评价制度，着重从立项决策评价，经济效益评价，项目对农业、农村发展和农民增收的影响评价，项目的持续性评价方面对财政农业支出进行考核。与之相配套的是制定科学的后评价指标体系，建立后评价数据库和后评价机构，使财政农业投入后评价成为一项科学完备的体系和制度。

第三节　财政支农支出对新农村建设的促进效应

一、财政支农支出对新农村建设促进效应的内涵和内容

财政农业支出的资金，最终要落实到具体的农业相关项目的生产和建设上来，体现为通过投入一定的活劳动和物化劳动来进行农业的生产和建设，其所产生的促进效应就是财政农业支出效益或财政支农投资效益。投资效益，目前国内比较流行的观点是投资领域和投资活动过程中费用与效果的比较。财政农业支出效益就是在农业投资领域和农业投资活动中，政

府财政农业支出与其创造的产出的比较。它的形式多样，内容广泛，包含有经济效益、生态效益和社会效益。

1. 财政支农促进新农村建设的经济效益分析。社会的任何生产和再生产活动，都要产生一定的经济效益，政府财政农业投资也不例外。简单地讲，所谓经济效益，又叫经济效果，是指人们在社会生产和再生产过程中进行经营活动所取得的物质效用和经济收益的总和。具体到财政农业支出效益这一领域来讲，经济效益是指财政农业支出所取得的符合社会需要的经济成果。财政农业支出所获得的有用成果常常体现为扩大的生产能力，改善的生产条件或形成的固定资产，如建成的旱涝保收农田或稳定高产农田，扩大的排灌面积，竣工的各种水利工程，增值的各种生物设施，增置的各种机械设备等。这些直接体现的有用成果，是农业扩大再生产的基本条件，是提高农民物质文化生活水平的物质基础。但这些有用成果仍只是一种手段，最终还在于借此以提高农业劳动生产率、增产增收、增加盈利，最大限度地满足农业和农民的需要。

具体表现为工业企业带动型、商业贸易带动型两种模式。

工业企业带动型发展模式是指以发展乡村企业为导向，推进农村经济由农业主导型向工业型转变，增强工业对农业的拉动力。发达经济地区利用区域经济地理优势、经济实力和财政支付能力优势，以城乡一体化为目标，以工业反哺、城市支持农村为条件，以基础设施建设和经济发展的各类工程为抓手而展开新农村建设。同时在农业劳动力转移方面，积极开展农村股份合作制改革、推动农村富余劳动力逐步向第二、第三产业转移、"村委会改居委会"、建立健全农民基本养老保险为主的农村社会保障体系等项改革。

商业贸易带动型发展模式是指根据地域优势，在大中小城市的市郊结合部，铁路、公路、水路沿线等交通枢纽地带，机场、码头、车站附近，以及其他人员流动和客流量较大的各种场所，积极发展商贸流通服务业和市场网络，以此带动乡村建设和乡村繁荣发展。这种模式需要具备相应的地域优势，较适宜的地方是大中小城市的市郊结合部，铁路、公路、水路沿线等交通枢纽地带，地处建设在郊区的机场、码头、车站附近，以及人员流动和客流量较大的其他各种场所。

2. 财政支农促进新农村建设的生态效益分析。在农业生产和建设过程中，人们通过劳动（物化劳动和活劳动）在产生一定的农业经济效益的同时，还要在人和生态系统的物质交换过程中，产生一定的生态效益，即人对生活环境和生产环境的影响。财政对农业投入一定的资金给由生物因素和非生物因素组成的生态系统产生某种影响，从而对人的生活环境和生产环境也产生某种影响的效应，叫做财政农业支出产生的生态效益。这样，凡投入和消耗同样的资金，给农田、森林、草原、淡水和海洋等生态系统的影响是有利于保持和提高生态平衡水平，使人的生活环境和生产环境得到改善的，其生态效益就好，而占用或消耗同样的财政农业支出，给上述生态系统的影响是对生态平衡起破坏作用，使人的生活环境或农业生产环境恶化的（如使山区水土流失加重、草原退化沙化、土壤肥力降低、水域资源枯竭等），其生态效益就差。所谓提高财政农业支出的生态效益，就是要以尽量少的资金占用和资金消耗，使得对生态系统的影响有利于保持和提高农业生态平衡的水平。

具体表现为特色农业带动型、旅游休闲产业带动型、生态农业带动型三种模式。

特色农业带动型发展模式是指特色农产品种植，是根据气候、土壤和地域特点，结合市场需求和自身的比较优势以及种植传统等因素，挖掘、确定某种或多种特色农产品，形成种植规模，创造规模效益，实现主导型农业生产，促进新农村建设。俗称的"专业村"建设，也属于这种类型。这种模式若能与产业相连接，形成特色农产品的种植、加工等系统性产业链，往往更能实现乡村的规模型综合性发展。由于特色农业所种植生产的，多是具有特色的农副产品，可以用来满足消费群体的某些特殊需求；因而，销售价格会比较高，投资回报率丰厚。"特色"二字，则要求具有得天独厚的气候、地理条件，要有种植传统的沿革和经验积累，更要有市场的比较优势和竞争实力，要形成规模种植；否则，就不具有"特色"，而陷入平庸。此外，通畅的交通运输网络以及销售、加工等系列配套设施的建设，也是重要的因素。

旅游休闲产业带动型发展模式是指在风景名胜旅游的黄金地带，在佛教、道教的著名寺院景观的周边村镇，在历史文化名城的近郊和文化文物的遗迹遗址，在地处新建于郊外的大型游乐场所的周边乡村，在各大中小城市的近郊县镇乡村，积极顺应被称为国际朝阳产业的旅游业发展趋势，适应城市居民走向乡村休闲度假的消费需求，适宜地调整当地传统产业结构，围绕观光旅游和度假旅游两大消费项目，统一部署乡村经济的综合性发展前景，摆脱以往落后陈旧的、既盲目又被动地消极迎合旅游市场或坐失旅游市场的局面，大力规划，主动迅速地创造出灵活多样的、具有市场消费潜力的新型旅游休闲项目，带动新农村建设。目前，全国各地城市近郊村镇都在大力发展乡村旅游，争夺客源的竞争空前激烈。但是，旅游开发涉及政府的统筹规划、综合管理、基础设施建设、观念、人才等，这些都不可能在短期内得到解决。因而，旅游休闲产业这种模式在各地农村走向健康、良性发展，还要历经较长时间。

按照党中央、国务院的部署，新农村建设的各种发展模式，均需秉承"富裕村、文明村、和谐村、生态村"的建设发展原则，因而对生态型农村建设，是一项普遍性的要求，各种模式都要处理好发展方式与生态环境的和谐良性关系。本书在此要概述的就是在这一宏观要求的大前提下，以发展生态农业带动新农村各方面建设的发展模式。生态农业带动型农村建设的铺开，关键是观念、人才和统筹管理；要结合当地的具体情况，因地制宜，选择适合当地发展的生态链运转方式。

3. 财政支农促进新农村建设的社会效益分析。财政农业支出的社会效益是指财政农业投资对实现国家（地方）各项社会发展目标所作的贡献与影响，如促进国民经济发展（包括改善结构、布局、提高效益等），促进地区经济发展，增加农民收入，减少贫困人口，提高农民素质，改善农村医疗，保健卫生条件，增加就业和缩小城乡差别等等。社会效益的收益对象是社会，财政农业投资对社会的方方面面产生影响，其表现形式多种多样，有的社会效益甚至不能用一定的数量指标来进行定量分析，只能进行定性分析。

具体表现为劳务输出带动型、小城镇建设带动型两种模式。

劳务输出带动型发展模式是指在政府的指导和培训下，发展劳务经济与当地的村庄建设相结合，以劳务经济促进当地农村的发展。通过转移农村剩余劳动力，优化农村劳动力资源的配置，提高农村劳动生产率。并且转移就业后的农村劳动力将获得收益的一部分投入到农业生产和农村建设中，反哺家乡、反哺农村，从而直接或间接地推动我国农村经济的发展，推进新农村建设。

小城镇建设带动型发展模式是指由乡村发展逐渐迈向小城镇、小城市建设的中间过渡模式。按照城乡统筹发展，以城带乡，以乡促城等原则，引导农民向城镇集聚，促进农民职业和空间转移，形成新型的城乡产业结构和城镇体系。这包括"城中村"、处于大中城市扩充发展边沿的乡村，镶嵌于大中城市密布地区之中的零星郊区乡镇，以及其他形式的因国家建设发展需要而规划性征地、使农民失去土地等各类"农转非"地区的村镇。发展小城镇是推进我国城市化进程的重要途径，是由乡村发展迈向小城市建设的中间过渡模式。一般而言，是在经济条件较好、具有较大的综合发展潜力和发展空间的乡村建立起来，并且由此带动周边其他乡村地区的经济发展。

二、财政农业支出对新农村建设促进效应的特征分析

1. 促进效应的全局性。农业是国民经济的基础，其外溢性十分明显。例如，农产品除了满足人类赖以生存的物质需求外，还将利益外溢给了社会。我国重工业和轻工业的崛起和发展，很大程度上是依赖于农业的，低廉的农产品原材料对我国经济的发展作出了巨大贡献。根据中国农业科学院农经所李锐等人测算：在其他条件不变的情况下，我国农业固定资本存量每增加1%，其溢出效益将间接使工业总产值增加0.3861%，使出口额增加0.64%，使国民生产总值增加0.1404%。因此财政农业支出效益的状况如何，不仅直接影响到农业的自身，而且还会影响到工业，甚至国民经济的全局，不仅影响农民的生活质量，甚至影响全体居民的生活质量。

2. 促进效应的滞后性。政府财政农业投资的过程，实质上是一个经济系统和生态系统依靠投资来增加农业生产力的一个物质能量的长期积累过程。因此，政府财政农业投资的发生和效益的实现有一个滞后期，往往支农投资效益的实现滞后于支农投资的发生。政府财政农业投资尤其是农业基础设施建设与农业生态环境投资，其效益的实现相对于工业而言滞后期较长，对农业科技、教育投资产生的效益的滞后时间则更长。

3. 促进效应的多样性。财政农业投资的领域很多，加之，农业的外溢性十分明显，这就决定了财政农业投资的效益具有多样性，既有经济效益，又有生态效益和社会效益。工业领域的投资，大多只追求经济效益或以经济效益为主，政府财政农业投资则不同，虽然有的是以经济效益为主，但有许多投资是以生态效益和社会效益为主的，但是，不管以哪一种效益为主，政府财政农业支出，其产生的效益都包括了经济效益、生态效益和社会效益。

财政农业投资具有多样性，因此，就应该按规律办事，把经济效益、生态效益和社会效益统一起来。首先，要把经济效益和生态效益统一起来，提高财政农业投资的经济效益是以提高生态效益为前提的，而讲求生态效益是保证经济效益的重要条件。如果在农业生产中不顾生态效益的好坏而只顾经济发展，就会造成对生态资源的掠夺性利用。破坏各类生态系

统的生态平衡，最终必然要导致农业经济在生产的萎缩。而相反，如果财政农业投资在发展农业生产的过程中注意运用生态经济规律，使农业经济再生产建立在保持各类生态系统平衡的前提下，就能使农业的再生产得以更好地进行。这样，在保证取得较好的生态效益的基础上，财政农业投资的经济效益也会不断提高，两者相得益彰，互相促进，共同发展。其次，还要把经济效益和社会效益统一起来，财政农业投资的经济效益与社会效益的关系，实质是农村经济建设和农村社会进步的关系，农村经济建设为农村社会进步建立强大的物质基础，而农村社会进步也为农村经济发展创造了重要条件。社会效益不仅会反作用于经济效益，而且也是财政农业投资的主要目标之一。特别是当财政农业投资活动涉及农村劳动就业、农民增收、科学技术、文教卫生、脱贫致富和增强民族团结等问题时，就不能仅局限于财政农业投资的经济效益决策，而必须联系社会效益方面做出全面论证和判断。如有些财政农业投资项目，用经济效益来衡量，经济上不合算，没有进行投资建设的必要，但是如果从改善农村生产生活环境，提高农民生活水平以及由此所带来的一系列社会效益来看，这种投资是可行而且是非常必要的。

综上所述，政府财政农业投资所取得的促进效应，无论从理论上，还是从投资活动的实践上，都不能片面地强调某一效益，而忽略其他效益，在任何时候都要注重经济效益、生态效益和社会效益的协调统一。

参考文献

1. 中共中央：《关于制定国民经济和社会发展第十一个五年规划的建议》，2005 年 10 月。

2. 本书编写组：《建设社会主义新农村学习读本》，中共中央党校出版社 2006 年版。

3. 熊清华：《建设新农村应切实解决"三个公共"问题》，载《农业经济问题》，2006 年第 8 期。

4. 郭蕊：《整合财政支农资金建设社会主义新农村的路径选择》，载《理论探讨》，2007 年第 5 期。

5. 周志霞等：《整合财政支农资金推进新农村建设的实践与探讨》，载《湖北师范学院学报》（哲学社会科学版），2008 年第 4 期。

6. 中共中央：《关于推进农村改革发展若干重大问题的决定》，2008 年 10 月。

第六章 财政支农资金整合的
理论分析

第一节 财政支农资金整合的一般分析

一、财政支农资金

我们在对财政支农资金整合的内涵进行界定之前，首先要对"什么是财政支农"、"什么是财政支农资金"、"财政支农资金包括哪些具体内容"等方面的问题进行界定。

1. 财政支农资金的含义。财政支农是指政府支持农业、农村、农民发展的投资行为。财政支农资金是财政支农手段的具体化，是政府扶持"三农"发展的物质手段，它是指国家财政支持农业、农村、农民的资金，也就是国家支持"三农"发展的资金。财政支农资金具体包括支援农村生产支出、农林水利气象等部门的事业费、农业基本建设支出、农业科技三项费和农村救济费等几个方面的支出，其中：支援农村生产支出和农林水利气象等部门的事业费是最基本的支农资金；农业基本建设支出是财政支出项目中基本建设支出项目的一部分；农业科技三项费用是财政支出项目中科技费用的一部分；农村救济费是财政支出项目中抚恤和社会福利救济费支出的一部分。

此外还有单列科目分类出来的政策性补贴支出，从我国政府的财政统计中或者说反映在国家预算上，财政对农业的补贴主要是价格补贴；反映中央和地方农业综合开发部门用于项目建设的农业综合开发支出，这些项目主要是土地治理和多种经营项目支出；以及用于贫困地区扶贫开发的专项资金支出，即支援不发达地区支出。因此说，财政支农资金是一个系统整体，农业是一个大农业概念，包括农业企业化、产业化以及为农业服务的各级组织。因此，财政支农资金实际上是全部财政支出项目中支农资金的汇总和综合。

2. 财政支农资金的范围。财政支农资金是政府运用财政支出手段对农业的资金投入，是政府用于农业和农村经济方面，支持农业发展的各种直接和间接的资金投入，包括预算内和预算外财政对农业投入的全部资金。预算内资金投入是指列入国家预算支出直接拨付的支农资金；预算外资金投入是指不列入国家预算，而是由地方财政部门和农业有关主管单位用于发展农业的投入。由于预算外资金在农业投入中所占的比例甚微，况且预算外资金主要用于弥补预算内资金的不足，加之，对于预算外资金也较少公布具体使用情况的统计数据资料，即使有也缺乏连续性和完整性，难以进行有效的分析。因此，本书对财政支农资金的研究主要为预算内资金，研究的资金范围仅限于县级财政预算内支农资金。

根据我国目前的预算科目，列入国家预算支出，直接拨付的农业支出主要包括：（1）支援农村生产支出。这是国家财政支援农村集体单位和农户的各项生产性支出。支援农村生产支出可细分为小型农田水利和水土保持补助费、支援农村合作生产组织资金、农村农技推广和植保补助费、农村草场和畜禽保护补助费、农村造林和林木保护补助费、农村水产补助费等。（2）农林水利气象等部门的事业费。它是指国家用于农业、林业、水利、气象等部门的事业经费（不包括基本建设支出、挖潜改造资金、流动资金、科技三项费用、简易建筑费）。农林水利气象等部门的事业费可细分为农垦事业费、农场事业费、农业事业费、畜牧事业费、农机事业费、林业事业费、天然林保护经费、水利事业费、水产事业费、气象事业费、乡镇企业事业费、农业资源调查和区划费、土地管理费、森林工业事业费、退耕还林补助费、其他农林水事业费。（3）农业综合开发支出。它是指中央财政和地方财政用于中央项目的农业综合开发投资和配套资金的支出，以及地方财政用于地方项目的农业综合开发投资的支出。农业综合开发支出可细分为中央立项开发的项目投资、地方立项开发的项目投资。

除列入国家预算支出直接拨付的支援农村支出外，财政用于农业的间接支出包括：（1）农林、水利、气象等方面的基本建设投资支出。其中，对农业和农垦部门的基本建设投资，主要包括对国有农场和生产建设垦区的基本建设投资；对林业的基本建设投资，主要包括建筑场房、购买设备、种苗和栽树等费用；对水利的基本建设投资，主要包括根治大河、修筑水库、桥梁等基本建设费用；对气象方面的基本建设投资，主要包括建设气象台、站、购买设备等费用。此外，还包括属于上述系统的事业单位的基本建设投资。（2）农林企业挖潜改造资金支出。这是指国家财政用于农垦、农牧、农机、林业、水利、水产、气象等企业的挖潜改造资金。（3）农林部门科技三项费用。这是指国家财政用于农业、畜牧、农机、林业、水利、水产、气象等部门的新产品试制、中间试验和重要科学研究补助费等科学技术三项费用。

二、财政支农资金整合

1. 整合的含义。"整合"一词由英文 Integration 译来，虽也可将其译为"结合"、"集成"和"同化"等词汇，但都不如"整合"更达意。"整合"既准确表述了事物间的动态作用又强调了事物间结成一个整体的独特性质。整合资源的基本思路就是将资源视为一个系统，通过对系统各要素的加工与重组，使之相互联系、相互渗透，形成合理的结构，实现整体优化，协调发展，发挥整体最大功能，实现整体最大效益。整合就是要优化资源配置，就是要有进有退、有取有舍，就是追求资源的整体结构最佳化和整体效益的最大化，以实现"整体大于部分之和"的目标。

整合一般有以下三种分类：（1）按范围划分为总体整合与局部整合：总体整合（又称全方位整合）是从系统的角度对资源进行全面分析、总体规划和调配；局部整合是在局部范围内小规模地加以调整和重新配置。（2）按整合的程度划分为初步整合与完全整合：初步整合是在某种程度上使资源利用基本趋于合理，提高其使用效率，以基本满足需要为原则；完全整合则是高度的整合，是使各种资源结构更加合理、衔接更加紧密协调，从而达到使用方便、高效的目标。（3）按整合方向划分为横向整合与纵向整合：横向整合是将具有同一隶属关系内部的资源进行的整合；纵向整合则指对具有上下隶属关系的资源进行的整合。

一般来说，整合具有四个基本原则：（1）经济性原则：整合必须考虑其成本，必须通过评估其经济性指标，达到低成本、高效益的目标。（2）效率性原则：整合的目的是追求最大的资源综合效益，其中资源的利用率是重要指标之一，整合应使其利用率得以真正提高。（3）协调性原则：整合应使各种资源实现良好的配合关系，即达到综合平衡，包括供需均衡、调度有序、流通顺畅。（4）适用性原则：整合资源应杜绝不切实际的扩张，避免盲目追求大而全，而应以满足需要为度，可靠适用为好。

2. 财政支农资金整合的多层面含义。财政支农资金整合的含义有广义和狭义之分，从广义上来说，财政支农资金整合是指对现行"三农"工作的管理体制及其相应的财政资金分配制度的调整归并；从狭义上来说，财政支农资金整合是相对于财政支农资金分散使用和管理而言的，它是将财政用于支持农业、农村、农民各种支出资金整合使用、整合管理，避免重复与分散投资建设并存的现象，以期以较少的财政支农资金投入获取最大的社会经济效益。本书是从狭义上来研究的。

现行的支农资金管理模式是在传统体制下逐步形成的，使用上存在着管理多头，使用分散，中间环节多，效益不够明显，资金投入"撒胡椒面"等等问题，已不能适应市场经济的新形势了。为了有利于集中资金办大事，最大效益地发挥支农资金的作用和促进农村经济社会协调发展，就必须打破现行的支农资金各部门分散管理的格局，按照"渠道不乱，用途不变，统筹使用，各记其功"的原则，将农业、水利、林业、农业综合开发、扶贫开发、以工代赈、交通、民委、民政、能源、国土、教育、卫生、文化等涉农资金进行整合。也就是以地方和产业发展为平台，将中央、省、地市财政部门预算安排下拨的支农资金与地方财政部门资金、农口部门安排的支农资金集中起来，捆绑使用，集中财力办大事。

中国入世后，按照 WTO 贸易规则的倡导，增强农业财政政策的规范统一，实施财政支农资金的整合，规范农业支持和保护方式，提高农民的参与水平，对于提高财政支持效率是非常重要的。要充分利用 WTO 农业协定和入世谈判协议允许的农业支持政策及时调整政府收支分类和农业支持结构。按照 WTO 规则，建立有效支持农业发展的农业信息服务以及市场营销服务等支持体系。实施财政支农资金整合改革，从而解决人们所关注的"三农"问题，促进农业结构调整、农民增收、农村发展。

3. 财政支农资金整合的目标。财政支农资金整合，必须以建设社会主义新农村为方向，以农业和农村发展规划为依据，以主导产业、优势区域和重点项目为平台，以提高资金使用效益为目的，先期整合以县为主，全面整合以财政为主，建立政府领导、部门配合、上下联动的资金协调机制，形成项目科学、管理规范、使用高效、运行安全的财政支农资金管理新机制。

从时间上看，财政支农资金整合的目标分为近期目标和长期目标：（1）财政资金整合的近期目标。财政支农资金整合的近期目标，应强化县级政府的主体地位，坚持以县为主、自下而上地进行整合。因为县级处在农业产业和新农村建设的第一线，各级政府、各条渠道的资金最终都要汇集到县级，县级政府承担各类支农资金的具体实施。因此，财政支农资金整合的近期目标，采取以县为主、自下而上的方式，是目前切实可行的措施。(2) 财政支农资金的远期目标。远期目标即为明确各级政府在支农方面的事权范围，通过规范的转移支付，使各级政府的支农事权和财权相统一，各级政府各司其职。并通过管理机制上的创新，制度上的规范，部门职能的调整，形成上下统一、职责明确、预算规范、管理科学的财政支农资金管理机制。

从财政支农资金整合的效果看，财政支农资金整合的目标分为下层目标、中层目标和上层目标：(1) 下层目标。即通过财政支农资金整合，减少财政支农资金被挤占、挪用、贪污、闲置等腐败浪费损失。(2) 中层目标。即经过财政支农资金整合，有效减少财政支农资金的腐败浪费行为，提高财政支农资金的使用效率。(3) 上层目标。即通过整合财政支农资金，达到从根本上提高各种支农资金（包括财政支农资金、金融支农资金等）的经济效益并促进"三农"的可持续发展。

从目前来看，下层目标不可取，这是因为即使达到了下层目标，也仅表明财政支农领域的反腐斗争有成效；而这是发达国家财政资金管理中最起码的要求，若将其作为改革目标则"品味"不高；现行财政支农资金整合试点基本上定位于下层目标的事实表明：当下的财政支农资金整合缺乏战略眼光。其次，中层目标尽管同时兼顾了减少腐败和提高资金使用效益，但是由于减少腐败成本和提高资金使用效益都有赖于提高资金整合的管理效率和资金的使用效率，这两点在没有较好的管理机制和其他资金的参与支农的情况下，则支农的绩效难以有实质性的改善。我们再来看上层目标，上层目标跳出了财政支农的小圈子，着眼于资金支农全局，以更宏观的战略视野审视财政支农，使财政支农资金与金融支农资金及其他支农资金有机配合，实现扬长避短，优势互补，形成了支农合力。因此，上层目标是一个战略目标，符合我国的国情，应该作为财政支农资金整合的最终目标。

4. 财政支农资金整合的原则。财政支农资金整合是一个系统工程，必须要把握以下六大原则：(1) 统筹兼顾原则。支农资金整合要按照"规划引导、统筹安排、明确职责、项目带动"的总体要求，进行统筹规划和制定农业发展项目，合理地制定和规划切合本县的实际情况，又能与省农业发展规划和行业要求相吻合的各类农业发展项目，确保项目的科学性和合理性。（2）突出重点原则。支农资金整合要围绕优势产业，突出重点项目、重点区域、捆绑投入、连续扶持，争取做到投资一项、成功一项、见效一项、收益一项。（3）分步实施原则。支农资金整合要在开发条件好、开发机制灵活、地方积极性高、农民积极参与的地方优先考虑实施，以点带面，支持区域相对集中连片，争取全面铺开。（4）市场导向原则。支农资金整合要有效地发挥支农资金的导向作用，调节、鼓励和引导集体、农民、个人、内资企业、外资企业等多种投资主体对农业的投入，从而实现农业投入的多元化。（5）财力集中原则。整合支农资金既要坚持适应突出重点，集中财力办大事，把有限的资金用在刀刃上，确保项目资金发挥最佳的经济效益。（6）高效透明原则。支农资金整合要从项目申报、评审、运行到绩效评价，都必须做到公开、公平、公正、规范、有序、科学，使其成为一项"阳光工程"。

第二节　财政支农资金整合的理论依据

财政支农资金的整合不是空中楼阁，进行财政支农资金的整合是有一定的理论依据的。首先，进行财政支农资金整合有利于发挥支农资金的聚集效应，符合规模经济理论要求；其次，进行财政支农资金整合有利于发挥财政支农资金的合力效应，符合系统管理理论要求；再其次，进行财政支农资金整合是一种财政支出制度的创新，符合制度创新理论要求。因此，财政支农资金的整合符合经济学和管理学的理论要求。下面，我们分别从规模经济理论、系统管理理论、管理职能理论和制度创新理论四个层面上分析财政支农资金整合的理论依据。

一、规模经济理论

规模经济理论是指通过研究经济实体的各生产要素数量变化组合规律，自觉地选择和控制生产规模，求得生产量的增加和成本的降低，从而取得的最佳经济效益的理论。它主要研究经济规模的制约因素、生产要素组合的最佳比例和数量、选择最优经济规模的主要原则和方法、不同规模的经济实体之间的相互联系和比例关系以及寻求建立最优经济规模结构的对策等几个方面的内容。该理论是经济学的基本理论之一，也是现代企业理论研究的重要范畴之一。

1. 规模经济理论的起源与发展。规模经济理论最初起源于亚当·斯密，他在《国富论》中指出"以制针工场为例，从劳动分工和专业化的角度揭示了制针工序细化之所以能提高生产率的原因在于：分工提高了每个工人的劳动技巧和熟练程度，节约了由变换工作而浪费的时间，并且有利于机器的发明和应用。由于劳动分工的基础是一定规模的批量生产"。亚当·斯密的理论可以说是规模经济的一种古典解释。

以后的经济学家马歇尔、张伯伦、罗宾逊和贝恩等人对规模经济理论进行了发展和创新，形成了传统规模经济理论。

马歇尔在《经济学原理》一书中提出："大规模生产的利益在工业上表现得最为清楚。大工厂的利益在于：专门机构的使用与改革、采购与销售、专门技术和经营管理工作的进一步划分。"马歇尔还论述了规模经济形成的两种途径，即依赖于个别企业对资源的充分有效利用、组织和经营效率的提高而形成的"内部规模经济"和依赖于多个企业之间因合理的分工与联合、合理的地区布局等所形成的"外部规模经济"。此外，马歇尔还发现了由"大规模"而带来的垄断问题，以及垄断对市场价格机制的破坏作用，即著名的"马歇尔冲突"。之后，琼·罗宾逊和张伯伦针对"马歇尔冲突"提出了垄断竞争的理论主张，使传统规模经济理论得到补充。萨缪尔森1948年出版的《经济学原理》中，沿袭了马歇尔的新古典分析框架纯消费者和企业之间绝对分离的假定，采用规模经济和供求边际分析的方法。

传统规模经济理论的另一个分支是马克思的规模经济理论。马克思在《资本论》第一卷中，详细分析了社会劳动生产力的发展必须以大规模的生产与协作为前提的主张。他认为，大规模生产是提高劳动生产率的有效途径，是近代工业发展的必由之路。马克思还指出，生产规模的扩大，主要是为了实现以下目的：（1）产、供、销的联合与资本的扩张；（2）降低生产成本。显然，马克思的理论与马歇尔关于"外部规模经济"和"内部规模经济"的论述具有异曲同工的结果。新古典经济学派则从生产的边际成本出发，认为只有当边际收益等于边际成本时，企业才能达到最佳规模。

美国的经济学家萨缪尔森（Samuelson）、哈维·莱宾斯坦、科斯、钱德勒（Alfred D. Chandler）等相继对规模经济理论进行了发展，萨缪尔森在《经济学》一书中指出："生产在企业里进行的原因在于效率通常要求大规模的生产、筹集巨额资金以及对正在进行的活动实行细致的管理与监督。"他认为："导致在企业里组织生产的最强有力的因素来自于大规模生产的经济性。"对此，美国哈佛大学教授哈维·莱宾斯坦进行了深入探讨，并提出了效率理论。哈维在《效率配置和效率》一文中指出：大企业特别是垄断性大企业，面临外部市场竞争压力小，内部组织层次多，机构庞大，关系复杂，企业制度安排往往出现内在的弊端，使企业费用最小化和利润最大化的经营目标难以实现，从而导致企业内部资源配置效率降低，这就是"X非效率"，也就是通常所说的"大企业病"。"X非效率"所带来的"大企业病"，正是企业发展规模经济的内在制约。

以美国学者科斯为代表的交易成本理论则从市场交易成本的角度出发，对企业规模经济做出独到的解释。科斯在他著名论文《企业的性质》一文中指出，交易费用的存在是企业产生的根本原因。此外，交易成本理论对企业的一体化问题也做了解释。科斯认为，当两个或更多企业组织的交易由一个企业来组织时，便出现了一体化，企业一体化的过程就是交易活动内部化的过程，或者说，企业间关系结构的每一步变化，都和规模经济有关。企业间合并是否成功取决于所增加的组织费用和所节约的交易费用的比较。

美国著名企业史学家钱德勒（Alfred D. Chandler）在《看得见的手》一书中也指出："当管理上的协调比市场机制的协调带来更大的生产力、较低的成本和较高的利润时，现代多单位的工商企业就会取代传统的大小公司。"以科斯为代表的交易成本理论阐明了企业代替市场机制组织交易条件下，管理对规模经济的贡献。

2. 规模经济理论的研究要点。从研究的主要层次看，规模经济理论分为部门规模经济理论、城市规模经济理论、公司规模经济理论和企业规模经济理论四个方面。其中，企业规模经济理论是最主要的，该理论又被细分为内部规模经济理论和外部规模经济理论两种理论。[1]

（1）内部规模经济理论。内部规模经济理论是运用长期生产函数理论和长期平均成本理论研究企业单位产品生产成本随着企业规模变化而增减的状况，从而确定企业的最优经济规模的理论。内部规模经济则指单个企业（包括工厂、商店、银行、服务机构、公共设施等）的最优规模所产生的节约，也称工厂规模经济。①影响内部规模经济的因素。

————————

① 经济规模：是指单位产品成本最低的生产规模，或者说能给生产者带来最大效益的生产规模与其相关的有三个概念：起始规模、最小经济规模、最优经济规模。

一是技术经济因素。该因素决定了企业应达到的技术经济规模，企业的技术经济规模是指用最先进的技术装备起来的企业应该达到的规模。二是关键设备。每个大型企业的生产过程都包括许多环节，其中总有一些环节的机器设备在整个生产过程中起核心作用，这些机器设备称为关键设备。三是生产中各环节设备和人力的配套规模。四是地理因素。它包括地区劳动力与资本供应状况、地区市场规模、原料与燃料生产分布状况、地区交通运输业的发展与分布状况、地区对现代化大生产的接受能力等。②最优经济规模的确定。内部规模经济理论的核心是如何确定一个经济体的最优经济规模，其具体的做法是：第一，根据普遍因素确定企业的技术经济规模；第二，公倍数原则；第三，一项关键设备的出力原则；第四，确定企业规模经济曲线，得出随着工厂规模的每一变化，单位产品生产成本上升或下降的幅度；第五，根据地理因素确定具体地区的工厂的最优规模。

（2）外部规模经济理论。西方教科书普遍认为当规模经济现象存在于行业内部而不是企业内部时，我们就称其为"外部规模经济"或者叫"行业规模经济"，它是指随着某种产业规模的扩大，同行业企业数量的增加，行业总产量的扩大，每一个企业的平均成本都将下降，从而使每一个企业的市场竞争能力都得到提高。外部规模经济主要研究集聚的类型及其影响因素和由此产生的效应。集聚类型主要分为以下几种：第一，指向性集聚。它是指为充分利用地区的某种优势而形成的产业集聚。第二，同指向同产业部门集聚。它是指基于一种区位优势而集聚了大量相同产业部门的企业。第三，同指向多产业部门集聚。它是指基于一种区位优势而集聚了大量不同部门的产业，形成产业群落。第四，多指向多产业部门集聚。它是指基于地区的多种区位优势集聚了大量不同部门的企业，形成多产业群落。第五，经济联系集聚。它是指为了加强地区内企业之间的经济联系，为企业的发展创造更为有利的外部条件而形成的集聚。经济联系集聚按照纵向和横向的经济联系又可分为纵向经济联系集聚和横向经济联系集聚。纵向经济联系是指一个企业的投入如果主要来源于另一企业的产出，那么两者之间存在着纵向经济联系。

横向经济联系是指那些围绕地区主导产业而形成的产业群体内各部门之间的关系。围绕第二层次的产业部门还可能向外扩展形成第三层次的产业群体及其内部各部门之间的联系，构成一个像太阳系似的多圈层的横向联系系统。图6-1显示了主导产业和其他产业间的横向经济关系。

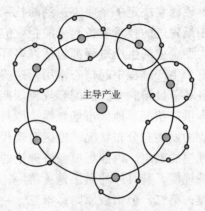

图 6 - 1　主导产业和关联产业横向关系

　　地区集聚群体的发展过程往往是从建立在地区优势基础上的部门开始的，以后逐步围绕该主导部门形成纵向与横向经济联系的部门。集聚经济的发展受到当地的资源条件，地区的经济基础，地区及地区核心城市的管理水平、组织能力、城市的承载能力、政策环境等软环境条件，居民的文化教育水平、观念、开放程度、生活条件、素质，地区的自然地理位置、知名度，生态环境的承受能力等多方面因素的影响。图 6 - 2 反映了集聚经济对地方经济的影响。

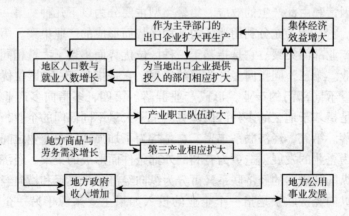

图 6 - 2　集聚经济发展的连锁反应与正反馈效应

　　3. 规模经济效应。规模经济能够带来积极的经济效应，主要包括专业分工效应、要素共享效应、知识外溢效应、市场集中效应、地理集聚效应和循环经济效应。但是在带来正的外部性的同时，也产生了消极影响。

主要是由于集聚不合理或集聚超过一定的限度导致的产品生产成本上升，企业利润下降。如没有联系或联系不密切的企业集聚在一起或者是集聚超过了地区的承受能力等都会带来负面作用，这又被称为集聚不经济。

规模经济是区域经济发展壮大的动力，企业实现规模经济可以使企业不断发展；区域集聚实现规模经济可以使集聚企业不断发展；政府应如何促进规模经济的实现；促进内部规模经济的实现；改善地区资本的供应状况；加强交通运输基础设施建设；提高劳动力素质；反对垄断促进外部规模经济的实现；建立工业小区；制定鼓励出口的政策；限制没有关联关系的企业的集聚。

4. 规模经济理论的运用。财政支农资金整合是将来源于多个部门的财政支农资金归集到财政部门，形成一个漏斗，由财政一个部门进行集中投入，从而发挥财政支农资金的集聚效应。首先，地方政府可以发挥地方的优势项目，形成指向的集聚，通过一个产业带动当地农业的发展、农民的增收、农村的繁荣。同时，当地政府还可以利用优势产业带动产业集群的发展。在充分考虑当地的资源条件、经济基础、政府的组织能力、政策环境、居民的文化教育水平、观念、开放程度、居民的生活条件和素质以及该地区的自然地理位置、知名度，生态环境的承受能力等多方面因素的基础上，通过财政支农资金的整合，实现农业经济的横向经济联系与纵向经济联系，发挥支农资金整合的专业分工效应、要素共享效应、知识外溢效应、市场集中效应、地理集聚效应以及循环经济效应，从而带动区域农业经济的发展，实现区域农业的跨越式发展。

二、系统管理理论

系统管理理论是指应用系统理论的范畴、原理，全面分析和研究企业以及其他组织的管理活动和管理过程，重视对组织结构和模式的分析，并建立起系统模型以便于分析。[①]

系统管理理论侧重于用系统的观念来考察组织结构及其管理的基本职能，它来源于一般系统论和控制论。这一理论是卡斯特和罗森茨韦克等美国管理学家在系统论和控制论的基础上建立起来的。其理论要点有：

组织是一个系统，是由相互联系、相互依存的要素构成的。根据需要，可以把系统分解为子系统，子系统还可以再分解。如为了研究一个系

---

① 周三多：《管理学》，高等教育出版社 2008 年版，第 30 页。

统的构成，可以把系统分解为各个结构子系统；如为了研究一个系统的功能，可以把系统分解为各个功能子系统。这样，对系统的研究就可以从研究子系统与子系统之间的关系入手。①

系统观点、系统分析和系统管理都是以系统理论为指导的，它们之间既有联系又有区别。

1. 系统观点。系统观点以一般系统理论为依据，强调对组织的整体性理解。其要点是：整体是主要的，而其他各个部分是次要的；系统中许多部分的结合是它们相互联系的条件；系统中的各个部分组成为一个不可分割的整体，以至于只要影响到其中的某一部分，就会影响到所有的其他部分；各个部分围绕着实现整个系统的目标而发挥作用；系统中各个部分的性质和职能由它们在整体中的地位所决定；其行为则由整体对部分的关系所制约；整体是一种力量的系统、结构或综合体，而且不论它如何复杂，都是作为一个单元来行事；一切都应以整体作为前提条件，然后演变出其各个部分及各个部分之间的相互关系；整体通过新陈代谢而使自己不断更新。

2. 系统分析。系统分析就是对一个系统内的基本问题用逻辑的思维推理和科学分析的方法计算，在确定条件与不确定条件下，找出各种可行的备选方案，加以分析比较，进而选出一种最优方案。也就是说，系统分析就是以系统的整体最优为目标，对系统的各个主要方面进行定性和定量的分析，是一个有目的、有步骤地探索和分析过程，给决策者提供直接判断和决定最优方案所需的信息资料。在进行系统分析时要遵循以下原则：

第一，在对各种备选方案进行分析和选择时，应紧紧围绕建立系统的目的。第二，要从系统的整体利益出发，使局部利益服从整体利益。第三，在进行系统分析时，既要考虑到当前利益，又要考虑到长远利益。第四，要做到定量分析和定性分析相结合，既要采用科学的分析技术和工具来进行定量分析，又要利用分析者的直观判断和丰富经验进行定性分析和综合判断，以便达到选优的目的。第五，在进行系统分析时，必须抓住关键，不要陷于细枝末节，忽视问题的重点。

系统分析大体按以下步骤进行：（1）确定目标。（2）收集资料，拟定对比方案。（3）建立各种分析模型。（4）分析对比各种方案的数量指

---

① 周三多：《管理学》，高等教育出版社 2008 年版，第 30 页。

标和质量指标，然后进行综合分析或试验，以便确定方案。[①]

将系统观点和系统分析方法应用于各种资源的管理时就引出了系统管理的概念。

3. 系统管理。系统管理是指把组织单位作为系统来安排和经营。整体中的每一个部分或子系统都被看成是一个不同的实体，并按计划安排同等级制度中的上一级的关系并衡量其贡献，但始终是从整个系统的考虑出发的。系统管理的特点主要有：

首先，它是以目标为中心的，始终强调系统的客观成就和客观效果。其次，它是以整个系统为中心的，决策时强调整个系统的最优化而不是强调子系统的最优化。再其次，它是以责任为中心的。最后，它是以人为中心的，每个工作人员都被安排进行有挑战性的工作，并根据其工作成绩来付给报酬。[②]

一般认为在系统管理中存在四个联系紧密的阶段：首先，创建一个系统的决策。其次，进行系统的设计，也就是把系统中的各个组成部分安排成一定的结构形式，以便于达到预期的目标。为了确定以最恰当的方式把这些组织起来，以便最有效地利用人力和物力来达到目标，就需要有必要的信息。再其次，系统的运转和控制。为了使系统顺利运转，就必须投入必要的信息、材料和能源。运转所需的各种投入是按照一个计划来安排分配的，计划始终可以在两个阶段进行：第一是在系统的设计阶段；第二是在系统的运转阶段。较为先进的系统可能包括某种控制手段，即衡量产出结果同标准进行比较，然后由启动器调节投入，以便于纠正偏差。其目的在于控制所有的变量，以便使系统接近其均衡理想的状态而趋于稳定。最后，检查和评价系统运转的结果，衡量系统是否有效果和有效率。如果一个系统达到其目标，那它就是有效果的，当达到效率和效果之间解决相互矛盾的均衡点时，此时系统就达到了最优。对系统的检查和评价是在系统的生命周期中定期进行的。检查和评价的结果可能导致目前系统的设计改变，或建议在未来的系统设计中作出改变。检查和审核分析可能导致修改设计，而有控制的行动则可能改变运转的投入。

4. 系统管理理论的运用。如果将财政支农资金的整合的全过程、动态化管理比作是一个大的系统和体系的话，对照系统管理的四个阶段划分，很容易对围绕财政农业投入在资金投放、使用和结果等环节的职能管

_____

①② 魏文斌：《现代西方管理学理论》，上海人民出版社 2004 年版，第 76～77 页。

理行为进行描述。具体为：首先，创建管理系统的决策。主要涉及财政支农投入管理模式（系统）中的投入决策和计划制定的内容。其次，进行管理系统的设计。涉及投入管理模式中有关机构设置、人员配备和资金管理进行合理的组合等内容；再其次，管理系统的运转和控制。系统的运转主要包括人力、财力、物力各项投入的运转应按照已设置好的组织机构、人员配备、投入计划和管理制度进行安排分配。系统的控制主要包括运用先进的控制程序、手段和方法纠正偏差。最后，检查和评价管理系统运转的结果，衡量系统是否有效果和有效率，实际上是对系统运行绩效的一种最终评价

从以上分析中可以得出如下结论：如果将财政支农资金投入的全过程、动态化管理及其管理模式比作是一个系统整体的话，对照系统管理的四个阶段划分，可以将财政支农资金的管理模式系统设计为由决策系统、组织设计系统、运行和控制系统、检查评价系统四大子系统构成的复合系统。

三、管理职能理论

管理职能理论隶属于管理过程学派，其理论观点起源于法国工业家亨利·法约尔（Henry Fayol）的一般管理理论，主要是通过划分和分析管理职能来揭示管理过程和管理规律。在对管理职能的划分上，由于各个代表人物的认识和分析角度不同，因而也做出了不同的描述。20世纪初期法约尔在其著作《工业管理与一般管理》中提出，所有管理者都行使计划、组织、指挥、协调、控制五种管理职能。在30年代，美国的古利克提出管理职能应包括计划、组织、指挥、控制、协调、人事、沟通七种。到了50年代，美国管理学家哈罗德·孔茨（Harold Koontz）把管理的职能划分为以下五种：计划、组织、人事、领导、控制。

1. 计划职能。孔茨认为，计划就是对未来的各种行为作出抉择的职能，计划是管理的首要职能，管理活动从计划工作开始。"计划工作包括选择任务和目标，以及完成任务和目标的行动，这就需要制定决策，也就是说，从各种可供选择的、将来的行动方针中进行挑选。因此，计划为实现预先选定的目标提供一种合理方法。"[①]

孔茨在考察计划的性质时认为计划工作和控制工作是不能分割的，计

---

① 哈罗德·孔茨，海因茨·维里克：《管理学》，经济科学出版社1998年版，第74页。

划为控制提供了标准。他把计划按照从抽象到具体的顺序，即按照目的或使命、目标、策略、政策、程序、规则、规划、预算的顺序分成了一种金字塔式的层次体系。越往上的计划越抽象，越往下部的计划越具体，因此认为预算是一份用数字表示预期结果的报表，它是一种实现了"数字化"的最具体的计划。预算是一种控制手段，是计划的一项基本工作，能使计划工作做得更加精细。对于决策与计划的关系，一般认为两者既相互区别、又相互联系。决策与计划相互区别，是因为两者需要解决的问题不同；两者相互联系是因为决策是计划的前提，计划是决策的逻辑延续。决策为计划的任务安排提供了依据，计划则为决策所选择的目标活动的实施提供了组织保证。同时，决策与计划在实际工作中是相互渗透、交织在一起的。

2. 组织职能。

组织是指"确定所要完成的任务、由谁来完成任务以及如何管理和协调这些任务的过程"（Lewis，Goodman and Fandt，1998）。孔茨把组织职能看做是："（1）明确所需要的活动并加以分类；（2）对为实现目标必要的活动进行分组；（3）把各个组分派给有必要权力的管理人员来领导（授权）；（4）为组织结构中的横向协调（按组织的同级或类似的一级），以及纵向协调（例如，公司的总部、司、处）制定有关的规定"。[①] 组织结构的设计应该明确谁去做什么，谁要对什么结果负责，并且消除由于分工不清造成的执行中的障碍，还要提供反映和支持企业目标的决策和沟通网络。组织职能的发挥前提是进行组织设计，而组织设计的目的就是要发挥整体大于部分之和的优势，使有限的人力、物力和财力资源通过机构整合形成最佳的综合效果。

3. 人事与领导职能。人事工作的管理职能是指通过确定劳动力的需求，招聘和选拔人员，安置、提升、考评，对业务做出计划、定报酬以及培训或培养在岗位上的和待补充的职工，使他们有效地完成这些工作，以补充并不断充实组织机构中的职位。[②]

管理的领导职能包括指导和协调组织中的成员，包括管理者激励下属、指导他们的活动，选择最有效的沟通渠道，解决组织成员之间的冲突等，从而使组织中的全体成员以高昂的士气、饱满的热情投身到组织活动

---

① 哈罗德·孔茨、海因茨·维里克：《管理学》，经济科学出版社 1998 年版，第 158 页.
② 魏文斌：《现代西方管理学理论》，上海人民出版社 2004 年版，第 66 页.

中去。① 管理者必须具备领导其工作小组成员朝着组织目标努力的能力。为了使领导工作卓有成效，管理者必须了解人和组织行为的动态特征、激励员工以及进行有效的沟通。有效的领导者还必须能够预见未来、使他人也具有这种想像力以及授权员工去将想像力变成现实。

4. 控制职能。所谓控制职能是指管理者必须对组织的运行状况以及战略计划和经营计划的实施情况进行监督。控制要求管理者识别最初所计划的结果与实际取得的结果之间的偏差。里奇·格里芬认为："管理过程的最后一项是控制，或者说是对组织朝着目标前进的过程进行监督。在组织朝着目标努力的过程中，管理者们必须对进展实施监督，以确保按时到达'终点'。"当一个组织的实际运行状况偏离计划时，管理者必须采取纠偏行动以进行适当的控制。一般控制的过程包括确定标准、衡量业绩、纠正偏差三个步骤。管理过程学派将控制的方式分为简单控制和前馈控制、直接控制和间接控制两类；有的将控制分为战略控制、结构控制、运营控制、财务控制四类（里奇·格里芬，2006）；有的将控制方法分为预算控制、生产控制和包括经营审计在内的其他控制方法三大类（周三多，2000）；也有的将控制分为前馈控制、现场控制和反馈控制三类，控制的方法分为预算控制、会计技术控制、质量控制、生产控制、存货控制、内部和外部审计、人事管理控制七种（戴淑芬，2000）。

戴淑芬的研究结果表明②：计划、组织、领导和控制是最基本的管理职能，他们分别重点回答了一个组织要做什么，怎样做，靠什么做，如何做得更好以及做得怎么样等基本问题。管理各项职能不是截然分开的独立活动，它们相互渗透并融为一体。从管理职能在时间上的关系来看，他们通常按照一定的先后顺序发生，即先计划，继而组织，然后领导，最后控制。这些管理职能往往相互融合，同时进行。没有计划便无法控制，没有控制也就无法积累制订计划的经验。人们往往在进行控制工作的同时，又需要编制新的计划或对原有计划进行修改。同样没有组织架构，便无法实施领导，而在实施领导的过程中，又可能反过来对组织进行调整。管理过程是一个各职能活动周而复始的循环过程，而且在大循环中套着小循环。

组织目标的实现需要计划、组织、领导和控制四项管理职能相互协调、相互配合，它揭示了管理过程中应遵循的规律。在四项管理职能中，

---

① 戴淑芬：《管理学教程》，北京大学出版社 2000 年版，第 10 页。
② 同上，第 10 ~ 11 页。

计划作为管理的首要职能和决策的逻辑延续，是组织内部不同部门和成员在一定时期具体任务的安排和要求。由于预算是一种实现了"数字化"的具体计划，通过预算的编制和控制，既是对决策的组织落实，也能实现对决策过程进行更为详细的检查和修订。同时，决策作为计划的前提，是关于组织活动方向、内容以及方式的选择，它为计划的任务安排提供了依据；组织职能是确定所要完成的任务、由谁来完成任务以及如何管理和协调这些任务的过程。组织职能的发挥，最重要的是管理者必须根据组织目标来设计组织结构、配备人员和整合组织力量，以提高组织的应变力。其中在组织结构的设计中，应明确谁要去做什么，谁要对什么结果负责，并且消除分工不清造成的执行中的障碍；领导职能是通过指导、协调和激励组织中的全体成员完成组织的使命和目标来实现其职能的；控制职能是指对业绩进行衡量与矫正，以便确保组织目标能够实现和为达到目标所制定的计划能够得以完成。控制工作过程包括确定标准、衡量业绩、纠正偏差三个步骤。控制方法一般分为前馈控制、现场控制和反馈控制三类。

5. 管理职能理论的运用。财政农业投入活动一般可分为资金的筹集、投入、使用和成效四个过程，由于财政支农资金整合不涉及资金的筹集管理，因此，整合后的支农资金管理主要集中在资金的投放、使用和成效等环节上。对资金投放的管理，包括投入决策的方向、内容和决策方式，以及按照决策要求制定资金预算、预算控制等，主要属于计划管理职能研究的范畴；对资金使用分配的管理，包括组织结构的设计、人员配备和职能分工以及资金运行管理的整合等内容，主要属于组织管理职能和领导管理职能研究的范畴；对资金使用结果和绩效的管理，包括对决策内容、决策质量、计划目标制定和资金组织管理的衡量业绩、纠正偏差，属于控制管理职能研究的范畴。因此，从以上分析中可以得出如下结论：对财政支农资金的管理，可以从决策与计划、组织与领导、纠偏控制、业绩衡量四个方面来展开。

四、制度创新理论

制度是指"人与人之间关系的某种契约形式或契约关系"，其功能在于：降低交易成本；形成规模经济、促使外部效应内在化；提供尊重别人行动的保证，在复杂而不确定的经济关系世界里带来秩序和稳定。

制度创新是指能使创新者获得追加利益（潜在市场利益）而对现行制度进行变革的种种措施与对策。通过制度变革可以建立起某种新的组织形式或经营管理形式。如股份公司的出现，工会制度的产生，社会保障制度的建立等，都是制度创新的结果。

制度创新与技术创新一样，都是以获取追加利益（潜在市场利益）为目的的，因而制度创新必须在预期纯收益大于预期成本的条件下才可能实现。但是，制度创新与技术创新仍然存在差异，由于技术创新的时间依赖于物质资本的寿命长短，而制度创新则不受物质资本寿命长短的限制；同时技术创新往往是技术上出现某种新发明的结果，而制度创新则往往是企业组织形式或经营管理形式方面出现某种新发明的结果。

最早提出创新理论的是 J·熊彼特，他在 1912 年出版的《经济发展理论》一书中首次提出和阐发了创新理论。熊彼特认为，创新包括产品创新、技术创新、组织创新和市场创新等。美国经济学家 L·戴维斯和 D·诺思在继承该理论的基础上，研究了制度变革的原因和过程，提出了制度创新模型，从而补充和发展了 J·熊彼特的创新学说。① D·诺思等认为，制度创新是现代经济增长的根本原因。制度的建立就是为了减少交易成本，减少个人收益与社会收益之间的差异，激励个人和组织从事生产性活动，最终导致经济增长。如果一个社会没有实现经济增长，就是没有从制度上保证创新主体应得的报酬。

1. 促成制度创新的因素分析。L·戴维斯、D·诺思认为，促成制度更新的因素主要有以下几个：一是规模经济性。市场规模扩大，商品交易额增加，促进制度变革，降低经营管理成本，获取更多经济利益。二是技术经济性。生产技术和工业化的发展，城市人口增加，企业规模扩大，促使人们去进行制度创新，以获取新的潜在经济利益。三是预期收益刚性。社会集团力量为防止自己预期收益的下降而采取的制度变革措施。例如，在通货膨胀持续增长的情况下，工资、利息等固定收入者就要求实行收入指数化制度，以保障自己的实际收入不因通货膨胀而下降或不至于下降得过快过多。

2. 制度创新过程分析。L·戴维斯和 D·诺思认为，制度创新需要有一个相当长的时间过程。因为制度创新存在着一定的时滞问题。造成这种时滞的原因是：制度上的创新是一个复杂而艰难的过程，因而需要一定的时间来产生；新旧制度的替换需要一个磨合和适应的过程；一种新制度的出现要受现存法律规定的活动范围的制约。如果现存法律不容许某种新

———————

① L·戴维斯和 D·诺思于 1971 年出版了《制度变革和美国经济增长》一书。

制度的出现，就只有等修改法律制度之后才能实行制度变革。

L·戴维斯和D·诺思进一步把制度创新的全过程划分为五个阶段：(1) 形成"第一行动集团"阶段。所谓"第一行动集团"是指那些能预见到潜在市场经济利益，并认识到只要进行制度创新就能获得这种潜在利益的人。他们是制度创新的决策者、首创者和推动人，他们中至少有一个成员是J·熊彼特所说的那种敢于冒风险的，有锐敏观察力和组织能力的从事全新的"企业家"。(2) "第一行动集团"提出制度创新方案的阶段。先提出制度创新方案，再进入下一阶段的创新活动。(3) "第一行动集团"对已提出的各种创新方案进行比较和选择的阶段。方案的比较和选择，必须符合能获得最大利益之经济原则。(4) 形成"第二行动集团"阶段。所谓"第二行动集团"是指在制度创新过程中帮助"第一行动集团"获得经济利益的组织和个人。这个集团可以是政府机构，也可以是民间组织和个人。(5) "第一行动集团"和"第二行动集团"协作努力，实施制度创新并将制度创新变成现实的阶段。

L·戴维斯和D·诺思认为，制度创新的过程乃是制度的失衡与制度的均衡的交替变化过程，即制度的动态变化与发展过程。在制度均衡状态下，对现存制度的改革，不会给从事改革者带来更大的利益，因此，这时不会出现制度创新的动机和力量。但是，如果外界条件发生变化，或市场规模扩大，或生产技术发展，或一定利益集团对自己的收入预期有了改变等等，而出现了获取新的潜在利益的机会时，可能再次出现新的制度创新，然后又达到制度均衡。在制度学派经济学家看来，制度不断完善的过程，就是这样一种周而复始的从制度的非均衡到制度均衡的动态变化与发展过程。

3. 制度创新模型。L·戴维斯和D·诺思指出，担负制度创新活动职责的"第一行动集团"可以分为三种不同层次，因而在现实世界上有三种不同层次的制度创新，即由个人、团体、政府分别来担任"第一行动集团"的制度创新。但不管是哪一层次上制度创新，其预期的制度创新收益都必须大于预期成本，否则，制度创新就缺乏经济利益动机，因而不可能实现制度创新。至于在哪一层次上实现制度创新，则视哪一层次上可以得到的预期纯收益最大化来决定。

在有个人、团体和政府三种不同层次的制度创新推动者可供选择的条件下，一般而言，政府的制度创新是有较大优越性的。因为某种制度创新，需要付出巨大的费用，或者获取潜在经济利益时遇到私人产权的阻碍，或者私人市场还不曾得到充分发展的情况下，往往个人或团体都难以承担"第一行动集团"的职责，这时，由政府来进行制度创新则较为有利。再者，通过政府制度创新获得的潜在经济利益，将归全体社会成员共同所有，不归个别成员或集团成员所有。当然，在政府推行制度创新的情况下，社会个别成员的自由意志有可能受到抑制，自由思想受到限制。因为在实行制度创新之前，并不需要取得全体社会成员的一致同意，不同意的成员又没有任意退出政府制度创新安排的权利，如果要退出，就可能付出巨大的个人代价（包括经济的、政治的个人成本）。

4. 制度创新理论的运用。财政支农资金整合意味着对过去的财政支农资金投入方式的改变，必然涉及一部分单位、部门的利益。通过对资金的整合减少了投入过程的"交易费用"，但是要注意在整合的过程中，产生的交易费用是否比以往节约了。科斯认为，交易成本的高低是衡量不同产权制度效率优劣的标准，即一个有效率的产权制度必须是不降低效率的费用节约。因此，财政支农资金整合应紧紧抓住交易费用这个理论内核来判断和分析财政支农资金整合的效率，也就是不降低支农能力的交易费用的节约才是高效率的整合。

第三节　财政支农资金整合的必要性分析

进行财政支农资金整合有其深刻的理论意义和实践意义，对我国公共财政支出模式产生了积极的影响，促进了地方政府工作的积极性和创造性。

一、资金整合有利于财政资金合理配置，实现城乡经济平衡发展

城乡经济发展不平衡、城乡居民收入差距不断增大是目前我国农村发展的主要特征。全国农村的发展水平具有明显的差异性与层次性，这就要求我们必须利用政府这只看得见的手来缩小城乡之间的发展差距，促进社会的平衡发展。近年来，虽然政府对经济社会发展事务包揽过宽的状况发生了很大的变化，但财政支农资金还没有真正按照市场经济和公共财政的原则进行有效的配置。通过县级支农资金整合，逐步规范政府对农业资金的投向，使政府做到"有所为"、"有所不为"，不仅可以使有限的公共财政资源得到合理有效的配置，从而发挥政府财政资金"四两拨千斤"的积极作用，还能够促进农村市场经济体系的早日建立，从而促进城乡经济

的平衡发展。

二、资金整合有利于积极转变政府职能，完善农业支持保护体系

农业从根本上说是一个弱质产业，特别是中国加入 WTO 以后，迫切需要不断加大政府对农业的支持和保护力度。但由于历史和体制的原因，现有支农资金在使用和管理方面，存在管理多头、使用分散等问题，在一定程度上削弱了政府对农业支持和保护的力度，也造成了政府职能的"缺位"和"越位"。通过县级财政支农资金整合，把各种渠道和各部门管理的财政支农资金适当集中起来，按照政府职能转变和"两个趋向"论断的要求，即在进行支农资金整合过程中，要考虑到各个地区的实际经济发展水平，调整支农的重点。这样做既有利于改变过去存在的政府职能"缺位"和"越位"现象，促进政府职能的积极转变；也有利于政府集中力量，进一步完善政府农业支持保护体系。

三、资金整合有利于集中财力办大事，有效缓解农村经济发展的"瓶颈"

社会主义新农村建设是一项惠及亿万农民的世纪工程，是需要巨大的资金投入来推动和构建的社会系统工程。近年来，尽管国家财政不断增加对"三农"的资金投入，但与经济发展的需要仍然存在相当大的差距，资金短缺已成为新农村经济建设的"瓶颈"。由于资金的逐利性使资金在流向上出现了"马太效应"，特别是在农业基础设施等方面的资金投入不足，越来越成为制约农村经济发展的"瓶颈"，直接或间接地影响着农业现代化、工业化和城市化进程的顺利推进。通过整合现有县级财政支农资金，利用资金这一中介体，整合各地区之间的资源，融通地区经济，形成资源共享，可以增加资金的整体效益。从而对农村社会经济发展中的重点和关键领域给予有力的资金支持。

四、资金整合有助于实现资金投入主体的多元化，充分提高政府支农的效果

政府资金投入渠道多元化是我国长期以来形成的政府投入体制，这种体制在发挥积极作用的同时，也带来了部门分割、目标分散、资金分流、支持脱节、"木桶效应"突出等问题。因此，通过财政支农资金整合，突

出重点、集中使用、因地制宜地利用政府这只看得见的手可以在纠正市场失灵的同时，充分发挥政府资金的导向作用，引导和规范企业、个人等民间资金的投入方向，从而有利于形成利益共同体和实现最大效益。换句话说，通过加强县级财政支农资金管理，可以提高县级支农资金使用效益，使公共财政在支持新农村建设上收到投资报酬递增的成效。

参考文献

1. 周三多：《管理学》，高等教育出版社 2008 年版。

2. 魏文斌：《现代西方管理学理论》，上海人民出版社 2004 年版。

3. 戴淑芬：《管理学教程》，北京大学出版社 2000 年版。

4. 哈罗德·孔茨、海因茨·维里克：《管理学》，经济科学出版社 1998 年版。

5. 袁庆明：《新制度经济学》，中国发展出版社 2005 年版。

6. 平狄克、鲁宾费尔德：《微观经济学》，中国人民大学出版社 1997 年版。

第七章 平阴县财政支农资金整合前的现状分析

第一节 平阴县概述

一、平阴县社会经济概况

1. 平阴县基本情况。平阴县地处东经116°23′至116°37′，北纬36°01′至36°23′，是山东省省会济南市的市郊县，位于济南市西南部，距济南市60公里，属沿海经济开放区。

平阴县在山东省的地理位置优越，北靠长清、西南临东平、东连肥城、西北隔黄河与东阿县相望，是华北与中原、山东半岛与内陆地区进行经济贸易的必经之地，历史上就是重要的商品集散地和物资中转站，今天已成为济南向鲁西南辐射的重要窗口。平阴县交通、通信便利，105、220两条国道和014省道贯穿全境，与京沪、京九两大动脉相连，县、乡道路全部实现柏油化。通信实现了传输光缆化、交换程控化，平阴县万门程控电话和移动电话并入国际通信大网，实现了村村通电话。

平阴县全境南北长50千米，东西宽37千米，面积827平方千米，地势南高北低，中部隆起，属浅切割构造剥蚀低山丘陵区，区内山峦岗埠绵延起伏，纵横交错，遍布平阴县大部分地区。平阴县山地丘陵面积515.16平方公里，占总面积的62.3%。境内除沿黄地区与东部汇河流域为冲洪积平原和局部洼地外，其余皆为低山丘陵区。海拔高程一般在100~250米，形成了本县以丘陵台地为主，平原、洼地为次的地形分布特征，具"六山三滩一平原"之称。平阴县耕地面积仅27 834公顷，占全县土地总面积的33.65%，森林覆盖率为20.68%。

平阴县辖平阴镇、安城乡、玫瑰镇、东阿镇、洪范池镇、孔村镇、孝直镇，共6镇1乡和1个办事处，337个行政村。至2007年底，平阴县总人口

36.87 万人，其中男 18.47 万人，女 18.40 万人，男女性别比为 100.3:100，趋于平衡。平阴县劳动力资源总数 236 676 万人，其中经济活动人口 212 031 万人。在经济活动人口中，从业人员 208 585 万人，从业人员按国民经济行业分组分布于农、林、牧、渔业、采掘业、制造业等近 20 个行业。2007 年，平阴县农业人口 26.93 万人，其中，农林牧渔业从业人员 7.29 万人。

2. 国民经济概况。2007 年，平阴县完成地区生产总值 108.61 亿元，按可比价格计算，同比增长 15.5%。人均地区生产总值达 29 457 元（按户籍人口计算），同比增长 15.1%。三个产业比例为 13.8:60.2:26.0；非公有制经济实现增加值 59.62 亿元，占 GDP 比重 54.9%，比上年提高 2.3 个百分点；固定资产投资率 48.6%，比上年提高 1.3 个百分点。2007 年平阴县城镇居民可支配收入 9 908 元，农村居民人均现金收入 5 405 元。

平阴县工业门类齐全，发展潜力巨大。平阴县形成了冶金、机械、医药化工、建材、能源、纺织服装等六大支柱产业。拥有规模以上工业企业 77 家，其中省市属企业 4 家、县属 17 家。完成工业总产值 36.1 亿元，实现销售收入 35.1 亿元，利润 2.09 亿元。限额以上工业企业年可生产原煤 37 万吨，水泥 35 万吨，玛钢管件 6.3 万吨，空压机 844 台，铝材 2.25 万吨，钢材 18.5 万吨，服装 226 万件，尿素 17 万吨，阿胶及阿胶制品 910 吨。

近年来，平阴县高新技术产业增长较快，规模以上高新技术产业企业 23 家，规模以上高新技术产业产值 28.63 亿元，同比增长 25.0%；占规模以上工业产值比重 14.9%，同比增加 0.1 个百分点；利税 3.42 亿元，同比增长 22.3%，利润 2.02 亿元，同比增长 14.7%。

二、平阴县农业发展概况

平阴县农业生产基本稳定。2007 年全年农作物播种面积 54 001 公顷，其中，粮食 37 395 公顷；蔬菜 8 700 公顷，油料 2 762 公顷，棉花 2 924 公顷。全年粮食产量 22.0 万吨，蔬菜产量 62.2 万吨，肉类产量 5.5 万吨，禽蛋产量 3.98 万吨。近年来，平阴县在农业发展中突出了特色化、产业化和机械化。

首先，农业发展特色化。平阴县素以"玫瑰之乡"和"圣药阿胶"的正宗产地而闻名中外。平阴玫瑰是中国传统玫瑰的代表，平阴县也因此被誉为"中国玫瑰之乡"，同时平阴还是中药三宝之一：阿胶的原产地，东阿镇也因此被国家命名为全国唯一的"中国阿胶之乡"，东阿镇福牌阿胶制作工艺于 2006 年被列入山东省首批非物质文化遗产名录。结合上述地方特色，平阴县大力发展特色农业。以玫瑰产业为例，平阴县先后开发了玫瑰酒、玫瑰酱、玫瑰茶、玫瑰干花蕾、玫瑰花口服液、玫瑰花香枕以及浴体玫瑰等一系列产品，并发展了玫瑰苗木生产和旅游开发等相关产业，带动地方经济发展。

其次，农业发展产业化。平阴县林果、畜牧、蔬菜、优质粮食等传统主导产业近年来更加壮大，玫瑰、红提葡萄等特色产业实现规模化种植；培植发展了长荣畜产公司、红提开发公司、玫瑰开发公司、宏源食品厂等一批 35 家规模以上农业龙头企业，形成绿色、无公害品牌达 20 个，产地认定 31.6 万亩，标准化种植 21 万亩。培育了 10 个绿色、无公害农产品品牌，促进了农产品生产由低附加值向高附加值、由数量型向质量型的转变，加快了农业产业化进程。平阴县畜牧专业村、专业户分别达到 45 个和 2 055 户，各类饲养小区 110 个，杂交改良黄牛 3.5 万头，引进小尾寒羊 9 820 只。年末大牲畜存栏 10.22 万头、猪 16.65 万头、羊 34.5 万只、家禽 302.22 万只、肉类产量 3.75 万吨、禽蛋产量 3.1 万吨。畜牧业总产值 5.37 亿元，占农业总产值的 34.7%。

再其次，农业发展机械化。为更好的提高农业生产水平，平阴县大力提高农业发展的机械化水平。截至 2003 年，平阴县农业机械总动力 40.8 万千瓦，同比增长 3.1%，其中，农用排灌机械动力 6.5 万千瓦，同比下降 3.8%；农用拖拉机 4 307 台，同比下降 1.2%，拖拉机田间作业配套机械拥有量 8 769 台，同比增长 5.0%。农用拖拉机和拖拉机田间作业配套机械比例达 1∶2.04。农用运输车 13 658 辆，同比增长 4.0%。机耕作业面积 30.91 千公顷，同比增长 5.5%，机播作业面积 22.81 千公顷，同比增长 9.8%，机收作业面积 16.26 千公顷，同比增长 0.7%。农业机械化水平的提高有效抵御了严重的旱灾、涝灾，确保了农业生产整体上没有出现大的波动。

随着农业发展，平阴县新农村建设得以扎实推进。截至 2007 年，平阴县有效灌溉面积 16.07 千公顷，节水灌溉面积 15.44 千公顷，同比增长 4.9%。新建村级公路 30 公里，平阴县行政村通沥青（水泥）路率 100%。自来水普及率 79%，行政村通电率 100%。积极开发清洁能源，平阴县新建沼气池 9 500 个。平阴县新农合行政村覆盖率 100%，参合率 98.4%，比上年提高 7 个百分点。

第二节 整合前财政支农资金运行分析

一、财政支农的基本内容

农业是国民经济的基础，是关系国计民生的重要产业，是安天下、稳民心的战略性产业。同时，农业又是一个特殊的产业，一方面，农业具有天然的弱质性，自身资金积累能力差；另一方面，农业利润较低，经营风险较大，难以形成有效的资金吸纳能力。在发展农业过程中，不仅财政支农是责无旁贷，而且保护农业的发展也已经成为政府和财政的一项基本职责。

1. 财政支农的种类。财政支农主要包括两大类：一类是财政支出，主要方式是投资、补助、补贴等；另一类是财政收入（税收）减免，主要方式是轻税、减免税、退税等。

首先，财政支出方面。根据国家规定，现有财政资金直接用于支援农业的资金共十五大类，包括基本建设投资（国债资金）、农业科学事业费、科技三项费用、支援农村生产支出、农业综合开发支出、农林水气等部门事业费、支援不发达地区支出、水利建设基金、农业税灾歉减免补助、农村税费改革转移支付、农产品政策性补贴支出、农村中小教育支出、农村卫生支出、农村救济支出、农业生产资料价格补贴等。

其次，税收方面。随着政府和社会各界对"三农"问题的日益关注，财政对农业、农村、农民一直实行轻税和税收优惠政策。自 1958 年全国人大颁布《农业税征收管理条例》以来，农业税一直实行增产不增税，农村税费改革试点以前的 1999 年，农业税的实际税率只有 2.5%，农村税费改革试点以后，农民的整体负担大幅度下降，2004 年我国政府又出台了取消农业特产税和农业税减免试点。与此同时，国家财政对特定地区和特定群体实行社会减免政策，对受灾地区和农民实行灾歉减免政策。在农产品加工增值税和出口退税上，国家财政对农产品加工增值税实行进项抵扣政策，对农产品及加工品出口实行优先退税政策。此外，国家财政还通过清理、取消各种不合理收费，减轻农民的额外负担；通过利用外资支持农村发展。

2. 财政支农的具体内容。财政支农是以政府为主体，利用国家财政收入，为了达到促进农业发展的目的，不断提高农业生产水平，巩固农业的基础地位，实现农业的持续、稳定、健康发展而采取的一系列经济、法律、行政的手段、措施。它本身不带有歧视性，并不排斥外来的竞争，是在改善农业生产条件的基础上促进农业的可持续发展。具体包括以下几个方面：支持粮食生产和农业结构调整；农业农村公共基础设施建设；支持农村社会事业发展；支持抗灾救灾；支持农业科技进步；支持农村税费改革；支持生态建设；支持扶贫开发等。

二、财政支农资金投向分析

1. 财政支农资金的拨付途径。财政支农资金是政府财政运用财政支出手段对农业的资金投入，是政府用于农业和农村经济方面，支持农业、农村、农民的各种直接和间接的资金投入。财政支农资金包括预算内和预算外财政对农业的全部资金投入。预算内资金投入是指列入国家预算支出直接拨付的支农资金；预算外资金投入是指不列入国家预算内地方财政部门和农业有关主管单位用于发展农业的投入。由于预算外资金在农业投入中所占的比例甚微，况且预算外资金主要用于弥补预算内资金的不足，加之，对于预算外资金也较少公布具体使用情况的统计数据资料，即使有也缺乏连续性和完整性，难以进行有效的分析。因此，本书对财政支农资金的研究主要为预算内资金。

如前所述，根据我国目前的预算科目，列入国家预算支出，直接拨付的农业支出主要包括：

（1）支援农村生产支出。这是国家财政支援农村集体单位和农户的各项生产性支出。支援农村生产支出可细分为小型农田水利和水土保持补助费、支援农村合作生产组织资金、农村农技推广和植保补助费、农村草场和畜禽保护补助费、农村造林和林木保护补助费、农村水产补助费等。

（2）农林水利气象等部门的事业费。是指国家用于农业、林业、水利、气象等部门的事业经费（不包括基本建设支出、挖潜改造资金、流动资金、科技三项费用、简易建筑费）。农林水利气象等部门的事业费可细分为农垦事业费、农场事业费、农业事业费、畜牧事业费、农机事业费、林业事业费、天然林保护经费、水利事业费、水产事业费、气象事业费、乡镇企业事业费、农业资源调查和区划费、土地管理费、森林工业事业费、退耕还林补助费、其他农林水事业费。

（3）农业综合开发支出。是指中央财政和地方财政用于中央项目的农业综合开发投资和配套资金的支出，以及地方财政用于地方项目的农业综合开发投资的支出。农业综合开发支出可细分为中央立项开发的项目投资、地方立项开发的项目投资。

除列入国家预算支出直接拨付的支援农村支出外，财政用于农业的间接支出包括：

（1）农林、水利、气象等方面的基本建设投资支出。其中，对农业和农垦部门的基本建设投资，主要包括对国有农场和生产建设垦区的基本建设投资；对林业的基本建设投资，主要包括建筑场房、购买设备、种苗和栽树等费用；对水利的基本建设投资，主要包括根治大河、修筑水库、桥梁等基本建设费用；对气象方面的基本建设投资，主要包括建设气象台、站、购买设备等费用。此外，还包括属于上述系统的事业单位的基本建设投资。

（2）农林企业挖潜改造资金支出。是指国家财政用于农垦、农牧、农机、林业、水利、水产、气象等企业的挖潜改造资金。

（3）农林部门科技三项费用。这是指国家财政用于农业、畜牧、农机、林业、水利、水产、气象等部门的新产品试制、中间试验和重要科学研究补助费等科学技术三项费用。

从上面的分析可以看出，财政支农资金是一个系统整体，它是财政通过各种途径拨付的资金，是全部财政支出项目中支农资金的汇总和综合。尽管拨付途径多种多样，但是财政支农资金的目的都是支持农业经济发展。正是基于此，财政支农资金才有必要进行整合，以使之成为一个系统整体，发挥更加有力地引导、带动作用。

2. 平阴县财政支农资金整合前使用情况分析。随着地区经济的发展，平阴县已进入以工促农、以城带乡的新阶段。平阴县政府集中财力，加大对农业和农村支持保护，为农业经济发展创造了良好的条件。从 2000 ~ 2004 年，平阴县财政支农资金，在充分发挥资金扶持作用的同时，还积极引导社会投资流向，有效推动农业经济的发展。具体而言：

首先，平阴县财政支农资金力度不断加大。平阴县不断加大财政支农力度，财政支农的绝对量与相对量均不断增加。首先，从绝对量上来看，财政用于农业支出不断增加，从 2000 年的 2 561 万元增加到 2004 年的 5 573 万元（如图 7 - 1 所示），财政用于农业支出在很大程度上支援了农业生产，支持了农林水事业发展，促进了农业基础设施建设，以及农业科技水平的提高；其次，财政支农支出的相对量总体上呈现增长态势。2000 ~ 2004 年，财政支农支出占财政支出比重总体上呈现出不断上升的趋势。具体而言，除 2004 年外，财政用于农业支出占财政支出的比重由 2000 年的 14.95% 增长到 2004 年的 17.3%，平均增速约为16%，增长较快。

　　其次，财政支农支出更加注重资金使用效益。根据 2000~2004 年间平阴县财政支农支出的构成，平阴县财政支农支出中支援农业生产支出所占比重有了大幅提高，从 2000 年 38% 提高到 2004 年 53%，财政支出中各种直补支出所占比例约占 8%，两方面都体现了财政对农业、农村和农民的扶持政策（见图 7-1 和图 7-2）。

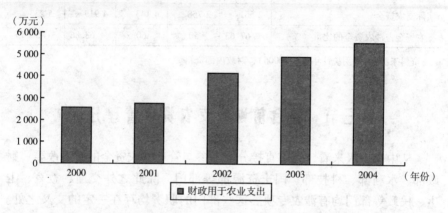

资料来源：《平阴统计年鉴》（2006），财政内部资料。

图 7-1　财政用于农业支出总量

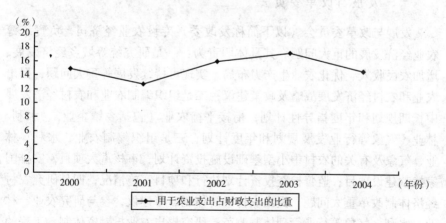

资料来源：《平阴统计年鉴》（2006），财政内部资料。

图 7-2　财政用于农业支出占财政支出的比重

最后，财政支农资金发挥了引导作用。2000～2004 年，财政支农资金与涉农资金总额均有所增长，其中实际支农资金总额占涉农资金的比重，基本上呈现下降趋势。这说明财政资金充分发挥了资金引导和聚集作用，有效带动社会资金支持农业发展（见表7－1）。

表7－1　　　　　2000～2004 年平阴县支农支出与涉农支出比较　　　　单位：万元

年　份	2000	2001	2002	2003	2004
涉农资金	3 787	5 516	6 873	7 143	9 221
实际支农资金	2 561	2 758	4 143	4 919	5 233
支农资金占涉农资金的比重（%）	67. 63	50	60. 28	68. 86	56. 75

资料来源：《平阴统计年鉴》（2006），财政内部资料。

第三节　整合前财政支农资金管理分析

从中央一级来看，目前直接分配和参与管理支农资金的有发改委、财政部、水利部、科技部、国土资源部等部门，除此之外交通、教育、卫生、民政等部门均有涉农专项。这些部门的职责均存在一定的交叉之处。具体而言：

一、发展与改革委员会

发展与改革委员会（以下简称发改委）专设农业经济司，负责统筹农业经济发展的重大问题。其具体职责为：一是研究统筹城乡经济发展、增加农民收入、优化农业生产力布局、实现可持续发展等重大问题，提出农业和农村经济发展战略及政策建议，二是组织编制农业和农村经济发展中长期规划和年度指导性计划，衔接平衡农业（包括乡镇企业）、水利、林业、气象等行业发展规划和年度计划；三是组织编制农业、水利、林业、气象及有关的农村中小型基础设施投资计划，审核重大项目，安排国家拨款建设项目；监督检查投资计划执行和项目实施情况；四是研究农村经济体制改革重大问题，提出农村经济体制改革建议，参与研究农业、林业、水利、气象等行业管理体制改革；研究提出农业投融资体制、工程的建设与管理体制及运行机制改革意见；五是组织编制全国生态建设中长期规划和年度指导性计划，组织实施生态建设重大项目；承办全国生态环境建设部际联席会议办公室的日常工作；六是监测、分析农业和农村经济发展形势，跟踪研究趋势性重大问题，及时提出政策建议。除上述六项之外，发改委还有若干其他事项均与农业有关。

二、财 政 部

财政部下设农业司，负责研究财政支农政策；参与编制农业发展规划；制定财政支农资金管理办法和农村事业、企业财务管理制度；管理和分配财政支农资金，管理政策性农业和扶贫专项贷款贴息，参与安排财政扶贫资金；会同分管部门（单位）研究提出经费开支标准、定额、年度预算和专项资金支出预算建议；负责监督分管部门预算的执行；对专项资金追踪问效，检查项目实施中资金的管理使用和配套到位情况，进行项目的效益考核；制定部门（单位）和项目资金使用的管理办法；审核和批复分管部门（单位）的年度决算等。

三、水 利 部

水利部下设农村水利司，负责指导全国农村水利工作。组织拟定农村水利政策、发展规划和技术标准并监督实施；指导全国农田水利基本建设；指导村镇供水、农村饮水安全和农村节约用水工作；组织拟定农村饮水工程建设规划并监督实施；指导灌溉排水、节水灌溉、牧区水利、雨水集蓄利用等工作；实施灌区、泵站工程节水改造发展规划；指导农村水利管理体制和运行机制改革、农村水利社会化服务体系建设和农村水利技术推广工作；对口管理国家农业综合开发水利骨干工程等水利项目；承办部领导交办的其他事项。

四、科 技 部

科技部下设农村科技司，会同有关部门研究提出科技促进"三农"发展的方针政策；研究提出农业科技发展的战略部署、优先发展领域和关键技术；指导和组织国家重大农业科技攻关计划的实施工作；指导高技术研究计划现代农业领域实施工作；组织实施星火计划、农村科技产业化环境建设和重大科技产业促进工作；指导和管理农业科技成果转化资金实施工作；协调指导农业科技园区发展；指导和组织农村科技服务体系建设、农村科普、科技扶贫等工作；处理农业科技领域重大应急事务和突发事件；推动相关领域的科技体制改革工作。

五、国土资源部

国土资源部下设耕地保护司，负责拟定耕地特殊保护和鼓励耕地开发政策、农地保护和土地整治政策、农地转用管理办法，拟定未利用土地开发、土地整理、土地复垦和开发耕地规定；指导农地用途管制，组织基本农田保护。下设土地利用管理司拟定土地使用权出让、租赁、作价出资、转让、交易和政府收购管理办法，拟定国有土地划拨使用目录指南和乡（镇）村用地管理办法，指导农村集体非农土地使用权的流转管理。指导基准地价、标定地价评测，指导审核评估机构从事土地评估的资格、确认土地使用权价格等。

六、教育部

教育部负责统筹管理本部门教育经费；参与拟定筹措教育经费、教育拨款、教育基建投资的方针、政策；监测全国教育经费的筹措和使用情况；按有关规定管理国外对我国的教育援助、教育贷款；研究提出中等和初等教育各类学校的设置标准、教学基本要求、教学基本文件；组织审定中等和初等学校的统编教材；指导中等及中等以下各类教育的教育教学改革；组织对普及九年义务教育、扫除青壮年文盲工作的督导与评估。

从上述分析可以看出，在横向上，各财政支农资金管理部门内部存在分配资金的司、局单位，司、局单位下设处、室。在纵向上，资金在不同的行政级别内重复中央部委的横向流动，从省到市县。基层相应部门，分头向上级对口单位申报项目，争取资金。最终导致财政支农资金的分配和使用呈现出纵横交错的网状结构和"块状"管理模式，导致各部门事权划分不清、使用范围不明、支出进度缓慢以及运行成本较高等众多问题。根据国务院发展研究中心的一项调查统计表，政府对农业的投入大约涉及26块，其中大多存在交叉，主要包括：农业基本建设投资（由发改委系统单独管理或发改委与农口主管部门共同管理）；农业科研费用（主要由财政部门和科技部门，或科技部门与农口部门共同管理）；支援农村生产支出、农林水气等部门事业费农业综合开发资金（由财政部门，或财政部门与农口主管部门共同管理）；农产品补贴（由财政部门或财政部门与流通主管部门共同管理）等。

第四节 整合前财政支农资金使用效果分析

一、财政支农资金的综合使用效率低下

1. 财政支农缺乏长远规划。整合前，财政支农资金安排没有经过细致的调查研究和长期规划，安排不科学，使用随意性大，没有形成长期支农规划以及支农资金的稳定增长机制，基本上还处在头痛医头、脚痛医脚的局面。在这种情况下，一方面无法形成长期稳定的激励机制，哪里出现问题较多，哪里的投资就较大，投资的被动性很强，投资不科学、不合理；另一方面，也不能给农民以稳定的心态从事农业产业，造成农民很大的投机心理，缺少长期和长远的心理准备，从事农业生产。

2. 支农项目缺乏必要论证、监督和管理。整合前，财政支农工作的主要内容往往是分资金、下指标，相关部门下达的支农专项资金一般是依据单位报告、领导批示等确定，至于项目的必要性、轻重缓急、项目效益、项目预算的真实准确程度等，缺乏必要的论证。同时，由于项目审批制度化、公开化、科学化不够，资金供给范围模糊，各项支出没有一套规范的执行标准，专项资金与国民经济及各单位事业发展规划联系不紧，财政对支农专项资金的管理大多又没有建立起行之有效的事中和事后监督机制，多数支农项目的执行又是由县乡政府或事业通过各种渠道自行联系设计和施工单位，项目设计、预算是否真实准确，施工单位是否有资质，没有经过专门机构审定，致使项目执行中时常出现重拨轻管、频繁追加、调整支出的情况，预算再分配缺乏科学依据，存在较大随意性。

另外，由于相关部门只管资金，不管项目建设实施，事前调查、事中督查、事后检查都不到位，致使挤占、挪用现象普遍，虚报、冒领等问题以及违规违纪现象在各部门、各领域都有发生，在很大程度上影响了财政支农资金使用的安全、有效、规范，导致很多项目的实施效果较差，支农资金的使用效率低下，不能在农业生产过程中真正发挥"导向"作用。

3. 财政支农项目管理分散。整合前，平阴县财政支农政策是由传统计划经济体制延续而来，支农资金的科目分类、管理体制都是以部门块块为主，这种项目管理制度造成支农资金使用分散和交叉重复并存，难以形成合力。具体而言，整合前农业基本建设投资、支持农业生产类资金、农业综合开发资金、水利建设基金、农业科研推广资金、良种补贴资金、粮

食直补资金、病虫害防治资金、动植物疫情防治资金、农村救济费、农村水土保持补助费、退耕还林资金、防沙治沙资金、农业产业化资金、农民培训资金等，分属发改委、财政、科技、水务、林业、国土、农业、教育、交通、民政等多个部门管理，各部门对政策的具体理解、执行和资金使用要求各不相同，各部门在资金分配上都面面俱到、自成体系，致使项目申报各自为政，不同渠道的支农资金在使用、项目布局、建设内容等方面不同程度地存在多头申报、交叉重复、资金管理方式多样等问题。这种部门各自为政、互相之间缺乏配合的管理模式，使得支农项目点多面广，一个项目投资额较小，资金使用分散和投入交叉重复并存，难以形成支农资金集中使用的合力。

4. 财政支农资金挤占、挪用现象普遍。整合前，财政支农资金拨付渠道有两种：一是财政部门渠道；二是行业部门渠道。不同来源的资金拨付渠道不一，财政部门的投入按层级拨付，资金到位相对缓慢；行业部门的投入按条条拨付，大量资金在部门内部运转，资金在各环节滞留问题突出。由于两种渠道的资金运行均不同程度的存在环节多、过程长、管理成本高等问题，致使规范的管理监督机制难以有效形成。在管理监督机制不完善的情况下，一些单位受自身机构臃肿人员众多、运行经费不足，再加上自利动机、地方保护主义以及寻租等因素的影响，都影响了资金的正常分配使用，使得财政支农资金有相当一部分在部门内部运转或用于各级农业事业单位机构和人员支出，造成农业投入中的"跑、冒、滴、漏"及资金严重沉淀现象，使真正用于农业的资金大为减少，严重削弱了资金的支农效率。

二、财政支农资金的管理机制落后

1. 财政管理体制不顺。目前的财政管理体制实际上是财政新旧体制双轨运行，财政上解基数过高，包括向市财政上解财力，且逐年递增，留存县级财力减少，造成部分县级财政能够或基本能够维持"吃饭"财政，部分形成了大收入、小财力甚至"赤字"财政局面。虽然上级财政以转移支付方式将大部分财力划转到县级，但都属于专项资金，具有特定的用途。由于大部分财力上划到上级财政，造成县级财政经常性收入大幅度减少，在保财政供养人员工资等刚性支出的压力下，安排其他资金难免会捉襟见肘，这也是县级财政安排支农资金比例逐年下降的主要原因。这种体制造成部分县级财政收入虽然连年增长，但可用财力难以保障政府机关工作正常运转。

2. 县级政府各部门管理财政支农资金体制不顺，管理职能交叉重叠。具体而言：一方面，政府宏观经济管理部门直接或牵头管理工程，不利于工程监督管理和尽快实施。如县发改委（原计委）管理的以工代赈工程，既负责项目立项，又负责工程实施和管理，暂且不论专业技术和水平如何，仅就能否客观公正、公开透明履行职责，就很值得各级政府认真思考。另一方面，同一类型项目由多个部门管理，缺乏统一整合、集中实施，造成资金投入过于分散，难以形成集中资金办大事，影响到建设项目投资效果。如近年来实施的人畜饮水解困工程，存在县政府发改委的以工代赈办、农业综合开发办、扶贫办等多个部门管理的问题。另外，县级农业等主管部门为满足自身经营需求，普遍开展经营创收活动，这种政企不分的现象，既容易影响行政管理和服务职能的发挥，也不利于建立正常的财政支农资金投入机制。

3. 未能建立严格的项目管理监督检查机制，导致资金使用中存在重要钱、轻管理等问题。近年来由于财政管理体制原因，各级政府财政经济状况普遍较差，基础设施建设等的投入都依赖于上级财力，尤其是中央专项资金，因此部分单位或个人都想方设法争取项目，取得资金。但是对争取来的项目，普遍都轻管理，资金上存在弥补机关经费不足、挤占挪用项目资金等问题。

三、财政支农资金的监督机制不健全

1. 财政支出约束软化，财政支农资金使用监督机制落后，虽然《预算法》、《预算法实施条例》已经颁布实施，但执行情况不太理想，依法理财、依法进行支出预算管理的氛围还没有完全形成。资金使用效果差，影响了财政监督应有的权威性和有效性，从而影响到财政资金发挥应有的效益。

2. 对于项目的审批、监管水平低下。目前，财政支农工作的主要内容往往是分资金、下指标，相关部门下达的支农专项资金一般是依据单位报告、领导批示等确定，至于项目的必要性、轻重缓急、项目效益、项目预算的真实准确程度等，缺乏必要的论证。同时，由于项目审批制度化、公开化、科学化不够，资金供给范围模糊，各项支出没有一套规范的执行标准。

3. 事中和事后监督不够。财政对支农专项资金的管理大多没有建立起行之有效的事中和事后监督机制，多数支农项目的执行是由县乡政府或事业单位通过各种渠道自行联系设计和施工单位，只是项目执行中时常出现重拨轻管的现象。与此同时，相关部门只管资金，不管项目建设实施，事前调查、事中监督、事后检查都不到位，致使挤占、挪用现象普遍，虚报、冒领等问题以及违规现象在各部门、各领域都有发生，很大程度上影响了财政资金使用的安全、有效、规范，支农资金不能在农业生产中真正发挥"导向"作用。

参考文献

1. 张悦玲：《我国现阶段财政支持农业发展的政策取向》，载《农业经济问题》，2003 年第 11 期。

2. 姜长云：《县乡财政困难及其对财政支农能力的影响》，载《管理世界》，2004 年第 7 期。

3. 彭克强：《改革以来中国财政支农能力的实证研究》，载《经济社会体制比较》，2008 年第 1 期。

4. 彭克强：《财政支农资金整合：剖析与展望》，载《甘肃社会科学》，2008 年第 3 期。

5. 邓子基：《关于财政支农问题的若干理论思考》，载《福建论坛》，2004 年第 7 期。

6. 苏丹：《加强和完善财政支农的思考》，载《长春师范学院学报》，2004 年第 6 期。

7. Obstfld，M.，1994. The policy of finance supporting agriculture. NBER Working paper，No. 4640.

8. 财政部：《财政部关于进一步推进支农资金整合工作的指导意见》，2006 年。

第八章　平阴县财政支农资金最优规模测定和支出结构分析

根据西方经济学理论，资源只有达到最优配置才能实现利润最大化。当然，在平阴县财政支农问题上也存在资源最优配置的问题，主要包括两个方面的问题，一是平阴县财政支农的总量是否符合平阴的实际情况，是否实现了最优化。平阴财政支农支出的总量低于实际需求会造成资金不足，从而无法实现预期支农任务；财政支农支出的总量高于实际需求造成财政支农资金的剩余，则会出现资金浪费。这两种情况都不利于平阴县财政支农效用的发挥。二是财政支农的支出结构是否符合平阴县的实际情况，是否实现了最优化。财政支农支出结构直接影响支农资金的使用效率，财政支农资金结构合理会创造更高的收益，相反会导致较低的收益甚至没有收益。因此，本章通过运用计量经济模型，从测定平阴县财政支农支出最优规模和支出结构考证平阴县财政支农的现状是否科学合理。

第一节　平阴县财政支农最优规模测定

一、文献回顾

研究财政支出和经济增长关系的国内文献很多，就经常使用的研究方法来看，主要有两种。第一种是使用对数模型。如王莉（2007）利用对数模型对影响 GDP 的政府支出分类进行回归。结果显示，经济服务支出、国防支出、行政管理支出对经济增长产生正的效应，社会服务支出对经济增长呈现显著的负效应，其他支出也对经济有负面影响。曾娟红等（2005）得出行政管理支出与经济增长之间呈负相关关系，社会文教支出和国防支出与经济增长之间呈正相关关系。

这些分析结果给后文的财政支农和农业增长的分析提供了启示。实际上，财政支农是一个笼统的概念，其下的主要项目有：支援农村生产支出和农林水利气象事业费、农业基本建设支出、农村救济费、农业科技三项费用支出等。其中支援农村生产支出和农业科技支出属于具有生产性质的支出，而农林水利气象事业费是内耗性支出，农业基本建设支出属于公共产品提供的支出，农村救济费属于社会保障性质的支出。它们对农业增长都具有直接或间接的作用，短期作用或长期作用，以及正作用或负的作用，都需要具体进行分析。

第二种是 VAR 模型。尹宗成（2006）在对我国财政支出的现状进行分析的基础上，根据我国 1978～2003 年的统计数据，利用向量自回归（VAR）和脉冲响应函数分析了不同种类的财政支出对 GDP 的影响。通过实证分析，发现不同的支出对 GDP 的影响程度各不相同，其中，影响程度最大的是社会文教费支出，其次是经济建设费支出。而且他给出的定量分析的结果是：财政支出增长 1% 时，GDP 最大仅增长 0.0092%。王小利（2005）认为，政府购买支出对 GDP 的正冲击效应较为明显，政府公共投资支出对 GDP 的影响十分有限，长期影响甚至为负。同时其研究结果也支持了 Wagner 法则在中国的有效性。

除去上述两种常用的方法之外，还有主成分分析（李景平等，2007）和自举（Bootstrap）仿真方法（董直庆，2007）等。

最优值问题是经济学中经常出现的一个概念，关于公共支出即政府规模的问题，也存在最优值的概念。阿迈（Armey，1995）提出了政府最优规模曲线，他指出：政府规模较小时，政府支出对产出的增强效应将占主导地位，此时政府规模的扩大将伴随着产出增加；但当政府规模达到某一临界点之后，产出的增强效应会递减，政府规模的进一步扩大就会阻碍产出增加。这意味着在该临界点上，政府支出的边际效应为零。这其实是借鉴了拉弗（Laffer）曲线，使用的是二次曲线拟合的方法。张（Chang，2001）指出财政农业投入对经济增长来说有双重影响，既有可能通过促进农业经济的发展使城镇化速度减慢，从而对宏观经济造成负面影响，又有可能通过增加农业产出增加所得税和政府支出，从而又是经济增长的推动因素，由此他认为财政农业投入应该有一个最优规模，但他只是给出了定性分析，并没有得出定量结论。马斯亚摩和凯美劳瑞（Matsuyama and Kiminori，1992）则通过财政支出在不同领域内的比较优势，给出了农业领域内的最优投入规模实证结果，并分析了财政资金投入农业领域同投入其他领域相比的竞争优势。侯石安（2004）分析了我国财政农业投入目

标选择和政策优化问题，结论是财政应进一步加大农业投入规模，使未来
财政投入占农业生产总值由 4% 上升至 10% 左右的水平。郭玉清（2006）
通过构建符合我国具体情况的农业生产函数模型，利用 1981~2004 年的
相关数据进行分析，发现中国财政农业投入最优规模为 8.26%。何振国
（2006）结合巴罗（Barro，1990）的分析，政府财政支出 G 为最优时，
MPG = 1，类似地，通过对农业生产函数加入财政支农因素并分解，使用
1990~2003 年的数据估计出了中国财政支农支出的最优规模大约为农业
GDP 的 47.2%，即此时，财政支农支出的边际成本等于边际收益，财政
支农支出的边际产出为 1。值得注意的是，侯石安（2004）与何振国
（2006）研究的最优标准选取都是一样的。

二、理论分析

假定农业的生产函数为 $Y = F(K, N, G)$，其中，Y 是农业生产总
值，K 是期初的农业资本存量，N 是农业就业水平，G 是政府财政支农
出，F 是连续二次可微的，并是 K, N, G 的一阶齐次函数，

$$F_i > 0, F_{ii} < 0 (i = K, N, G)$$

对上述生产函数对时间求导，并在方程两边同时除以 Y 可以得到
(8-1)式：

$$\frac{\dot{Y}}{Y} = \lambda \frac{\dot{N}}{N} + \mu \frac{\dot{K}}{K} + MPG\left(\frac{\dot{G}}{G} \times \frac{G}{Y}\right) \qquad (8-1)$$

(8-1) 式中，就业的产出弹性 $\lambda = \frac{\partial F}{\partial N} \times \frac{N}{Y}$，农业资本存量的产出弹性 $\mu = \frac{\partial F}{\partial K} \times \frac{K}{Y}$，政府财政支农支出的边际产出 $MPG = \frac{\partial F}{\partial G}$，$\lambda$、$\mu$、$MPG$ 是待估
参数，变量上面加点表示它是对时间的导数。[①]

要研究平阴县财政支农支出的现有规模的适宜程度，则可用平阴县财
政支农支出的边际生产率 MPG 来衡量。根据 Barro (1990) 法则，政府财
政支出为最优时，$MPG = 1$（见图 8-1）。其基本经济含义是：政府每提
供一单位财政支出的边际成本为 1，按边际成本等于边际收益的原则，最
优的情况是财政支出的边际收益也应为 1，否则，就会出现财政支出不足

---

① 何振国：《中国财政支农支出的最优规模及其实现》，载《中国农村经济》，2006 年第 8 期。

（$MPG > 1$）或过度（$MPG < 1$）的情况。当财政支出不足时，增加财政支出可以提高产值增长速度；当财政支出过度时，减少财政支出才可以提高产值增长速度。因此，这也证明了总产出是政府财政支出规模的凹函数。

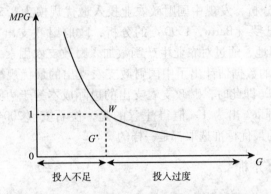

图 8 - 1 财政支农投入边际产量与最优解条件

根据上面的论述，可以大致估计财政支农支出的最优规模。由财政支出的产出弹性 $\eta = \dfrac{\partial F}{\partial G} \times \dfrac{G}{Y}$ 和财政支出规模 $S = \dfrac{G}{Y}$ 可知，$MPG = \dfrac{\eta}{S}$。

当财政支出为最优规模时，也就是说当 $MPG = 1$ 时，$\eta = S$。将 $\eta = MPG \times S$ 代入（8 - 1）式可得到方程：

$$\frac{\dot{Y}}{Y} = \lambda \frac{\dot{N}}{N} + \mu \frac{\dot{K}}{K} + \eta \frac{\dot{G}}{G} \tag{8-2}$$

三、基本模型的建立

根据以上的分析，本书通过估算平阴县财政支农支出的产出弹性来对平阴县财政支农支出的最优规模进行研究。在回归分析时采用非线性模型中的科布 - 道格拉斯（$C - D$）生产函数，并加入财政支农支出的影响：

$$Y_t = AK_t^\alpha L_t^\beta G_t^\gamma \tag{8-3}$$

其中 Y_t 表示农业总产出，A 表示综合生产力，K_t 表示投资到农业的资本额，L_t 表示从事农业生产的人员，G_t 表示用于农业的地方财政支出额，由弹性的含义得出 α、β、γ 分别表示各要素的投入产出系数，即分别对应（8 - 2）式中的 μ、λ 和 η。

上文假定该农业生产函数为一阶齐次函数，则

$$F(\lambda K_t, \lambda L_t, \lambda G_t) = (\lambda K_t)^\alpha (\lambda L_t)^\beta (\lambda G_t)^\gamma$$
$$= \lambda^{\alpha+\beta+\gamma} K_t^\alpha L_t^\beta G_t^\gamma = \lambda K_t^\alpha L_t^\beta G_t^\gamma \qquad (8-4)$$

其中，假定该生产函数规模报酬不变，即 $\alpha + \beta + \gamma = 1$。

根据弹性系数的定义，模型中的待估参数 α、β、γ 代表的经济意义即农业资本存量的产出弹性（μ）、就业的产出弹性（λ）和政府财政支出的产出弹性（η）。

把式（8-3）两边取对数得：

$$\ln Y_t = \ln A + \alpha \ln K_t + \beta \ln L_t + \gamma \ln G_t \qquad (8-5)$$

四、数据来源

我国国家统计局对三大产业的划分规定，第一产业（primary industry）包括种植业、林业、牧业、渔业等。种植业是狭义的农业，广义的农业便是第一产业。所以我们将第一产业增加值也称为农业增加值。相应的，凡是从事第一产业的人员都称之为第一产业从业人员。

本书用平阴县农业增加值代替农林牧渔业总产值 Y_t；

L_t 表示平阴县从事农业生产的人员；

G_t 表示平阴县用于农业的财政支出额。

1998～2007 年数据样本，源自于平阴县财政局、统计局以及济南市统计年鉴（见表8-1）。

表8-1　　　　　　　　　平阴县农业投入与产出情况

项目 年份	农业增加值 （万元）Y	乡村农业从业人数（万人）L	农业固定资产投资额（万元）K	财政支农支出（万元）G
1998	137 701	8.88	51 888	1 716
1999	148 669	8.96	57 001	1 930
2000	154 697	9.06	59 686	2 561
2001	165 919	8.95	68 549	2 758
2002	152 791	9.63	69 437	4 143
2003	169 138	8.32	69 205	4 919
2004	188 566	8.09	65 466	5 573
2005	214 036	7.95	100 401	6 561
2006	237 879	7.85	111 676	11 217
2007	265 220	7.29	132 897	12 063

资料来源：平阴县财政局、统计局；《济南市统计年报》（1999～2007）。

五、回归结果

由于用来进行实证分析的数据均是时序数列，因此有必要先进行数据的平稳性检验，以避免采用非平稳数据拟合模型而造成谬误回归。[①] 根据 ADF 方法，本文得到相关变量的平稳性检验的结果如表 8 – 2：

表 8 – 2   ADF 检验结果

变量	ADF 检验值	检验形式 (c, t, k)	临界值	显著水平 (%)	结论
$\ln Y$	– 2.425152	(c, t, 1)	– 3.2267	10	非平稳
$\ln K$	– 2.297763	(c, t, 1)	– 3.2268	10	非平稳
$\ln L$	– 1.477243	(c, t, 1)	– 3.2366	10	非平稳
$\ln G$	– 2.300941	(c, t, 1)	– 3.2345	10	非平稳
$\Delta \ln Y$	– 5.365493	(c, 0, 0)	– 3.7373	1	平稳
$\Delta \ln K$	– 12.263381	(c, 0, 0)	– 2.9967	1	平稳
$\Delta \ln L$	– 3.371234	(c, 0, 0)	– 2.9978	5	平稳
$\Delta \ln G$	– 9.949182	(c, 0, 0)	– 3.7443	1	平稳

注：检验形式中，c 为截距项，t 为趋势项，k 为滞后项；Δ 为变量的一阶差分。

表 8 – 2 表明，$\ln Y$，$\ln K$，$\ln G$ 的原序列均是非平稳的，一阶差分后是平稳的，所以上述变量都是　阶单整序列，因此可以用 EG 法对变量进行协整分析，以保证模型拟合的有效性。[②] 运用 OLS 方法处理得到如表 8 – 3 的结果：

────────────

① 田维明：《计量经济学》，中国农业出版社 2004 年版，第 162 ~ 164 页。
② 古扎拉蒂：《计量经济学》，费剑平、孙春霞译：中国人民大学出版社 2005 年版，第 381 ~ 389 页。

表 8 - 3　　　　　　　　　平阴县农业增加值影响因素的参数估计

Variable	Coefficient	Std. Error	t - Statistic	Prob.
C	9. 548251	1. 250163	7. 637605	0. 0003
LOG（K）	0. 344445	0. 105846	3. 254220	0. 0174
LOG（L）	-0. 881513	0. 256265	-3. 439844	0. 0138
LOG（G）	0. 067582	0. 049287	1. 371189	0. 2194
R - squared	0. 981001	Mean dependent var		12. 09750
Adjusted R - squared	0. 971502	S. D. dependent var		0. 218241
S. E. of regression	0. 036842	Akaike info criterion		-3. 475176
Sum squared resid	0. 008144	Schwarz criterion		-3. 354142
Log likelihood	21. 37588	F - statistic		103. 2703
Durbin - Watson stat	2. 236412	Prob（F - statistic）		0. 000015

因此，可以得到如下模型：

$$\ln Y = 9.5483 + 0.3444 \ln K + 0.0676 \ln G - 0.8815 \ln L$$
$$t = (7.6376)\ (3.2542)\ (1.3712)\ (-3.4398)$$
$$R^2 = 0.9810,\ R^2(A) = 0.9715,\ DW = 2.2364,\ F = 103.2703$$

分析上面的回归方程可以发现，方程的拟合效果较好，调整后的拟合系数达到 0.9715，表明该方程中的解释变量对被解释变量有较强的解释能力。农村固定资产投资额与财政支农支出这两个解释变量的回归系数都相当显著。解释变量整体显著性也较好。

在估计的方程中：（1）平阴县农村固定资本形成总额的产出弹性为 0.3444，说明资本对农业增加值产生促进作用，并且作用很大，这与实践经验相吻合。（2）平阴县乡村农业从业人数变动对农业增加值的影响为负，这看似与常识相悖，但恰恰反映了平阴县农业劳动力剩余的现状。在平阴县，乡村劳动力存在过剩，劳动力、资本和土地等各种生产要素之间存在着失衡，在这个基础上，再增加劳动力的数量只会对农业增加值的增加产生负向的影响。（3）财政支农支出的产出弹性约为 0.0676，表明财政支农支出对农业增加值的增加有明显的促进作用，即财政支农支出每增加 1%，农业增加值平均增加 0.0676%。

接下来对财政支农支出的影响做进一步分析。财政支农支出的产出弹性可以分为两个部分，即财政支农支出的边际产出和财政支农支出与农业增加值的比值，用数学公式可以表示为：

$$\eta = \frac{\partial F}{\partial G} \times \frac{G}{Y} \qquad (8-6)$$

（8-6）式中，η 表示弹性，$\frac{\partial F}{\partial G}$ 为财政支农支出的边际产出（MPG），G/Y 为财政支农支出与农业增加值的比值。前面通过计量回归已经计算出财政支农支出的平均产出弹性，而每年的财政支农支出与农业增加值的比值则可以利用每年的统计数据计算出来。于是，利用（8-6）式可以近似计算出每年的财政支农支出的边际产出（MPG），有关计算结果如表8-4所示。

表8-4　　　　　平阴县1998～2007年财政支农支出的边际产出

年　份	财政支农支出 （万元）	农业增加值 （万元）	财政支农支出/农业增加值（G/Y）	财政支农支出边际产出（MPG）
1998	1 716	137 701	0.0125	5.41
1999	1 930	148 669	0.0123	5.50
2000	2 561	154 697	0.0166	4.07
2001	2 758	165 919	0.0166	4.07
2002	4 143	152 791	0.0271	2.49
2003	4 919	169 138	0.0291	2.32
2004	5 573	188 566	0.0296	2.28
2005	6 561	214 036	0.0307	2.20
2006	11 217	237 879	0.0472	1.43
2007	12 063	265 220	0.0455	1.49

资料来源：平阴县统计局。

从表8-4可以看出，自1998年以来，财政支农支出的边际产出均为大于1的正数。根据Barro（1990）法则，政府财政支出的最优状况是$MPG=1$。边际产出大于1，就说明财政支出整体不足，继续增加财政支出在边际上是有效率的，会带来更多的净收益。表8.4显示的情况表明，平阴县财政支农支出远远不足，应进一步加大财政支农支出。此外，如果假定财政支农支出的产出弹性维持在0.0676的平均水平上，那么，当财政支农支出达到最优状态时（即 $MPG=1$ ），由 $MPG=\dfrac{\eta}{S}$ 可知，财政支农支出与农业增加值的比值应为0.0676。即如果政府要使财政支农支出保持 $MPG=1$ 的状态，其支出的最优规模大约是农业增加值的6.76%。由此得到平阴县最优财政规模与现实财政规模的对比，如表8-5所示。

表8-5　　　　　平阴县最优财政支农规模与现实规模对比　　　　单位：万元

年份	1998	1999	2000	2001	2002	2003	2004	2005	2006	2007
现实规模	1 716	1 930	2 561	2 758	4 143	4 919	5 573	6 561	11 217	12 063
最优规模	9 309	10 050	10 458	11 216	10 329	11 434	12 747	14 469	16 081	17 929
缺量	7 593	8 120	7 897	8 458	6 186	6 515	7 174	7 908	4 864	5 856

资料来源：平阴县统计局。

可以看出，1998年平阴县财政支农缺口为7 593万元，到2007年该缺口为5 856万元。总体来看，平阴县财政支农的缺口还比较大，因此要缩小甚至填补该缺口，还需要加大财政支农的规模。

第二节　平阴县财政支农支出的刚性约束分析

我们知道，财政支农是一种政府行为，不能仅从经济效益的角度来分析未来的财政支农支出规模，还应考虑在实际工作中政府调整财政支农支出规模的可行性。也就是说，要考虑当年的经济增长和往年财政支农支出等情况对当年财政支农支出的制约，本书将这种制约理解为刚性约束问题。

本书通过下式对平阴县财政支农支出规模的刚性约束进行分析：

$$\ln g_t = \beta_0 + \beta_1 \ln g_{t-1} + \beta_2 \ln y_t + \varepsilon \qquad (8-7)$$

式中，t 表示时间，g_t、g_{t-1} 分别表示当期和前一期的平阴县财政支农支出，y_t 表示当期的平阴县农业增加值（见表8-6）。

表 8 – 6　　　　　　　　　平阴县财政支农支出及增加值　　　　　　　　单位：万元

年　份	财政支农支出	农业增加值
1998	1 716	137 701
1999	1 930	148 669
2000	2 561	154 697
2001	2 758	165 919
2002	4 143	152 791
2003	4 919	169 138
2004	5 573	188 566
2005	6 561	214 036
2006	11 217	237 879
2007	12 063	265 220

资料来源：平阴县统计局。

运用 OLS 方法对（8 – 7）式进行估计，利用 Eviews 软件对以上数据进行回归分析可得以下结果（见表 8 – 7）：

表 8 – 7　　　　　　　平阴县财政支农支出刚性约束的 OLS 估计

Variable	Coefficient	Std. Error	t – Statistic	Prob.
C	– 3. 038168	9. 365612	– 0. 324396	0. 7566
LOG（G（-1））	0. 888996	0. 334961	2. 654027	0. 0378
LOG（Y）	0. 344021	0. 985511	1. 349079	0. 7390
R – squared	0. 937477	Mean dependent var		8. 478155
Adjusted R – squared	0. 916635	S. D. dependent var		0. 636759
S. E. of regression	0. 183851	Akaike info criterion		– 0. 288181
Sum squared resid	0. 202807	Schwarz criterion		– 0. 222440
Log likelihood	4. 296815	F – statistic		44. 98201
Durbin – Watson stat	2. 859658	Prob（F – statistic）		0. 000244

因此，可以得到如下模型：

$$\ln g_t = -3.0382 + 0.8890 \ln g_{t-1} + 0.3440 \ln y_t$$

$t = (-0.324396) (2.654027) (1.349079)$

$R^2 = 0.937477$，$R^2(A) = 0.916635$，$DW = 2.859658$，$F = 44.98201$

通过拟合优度检验，方程的拟合效果较好，调整后的判定系数（即拟合优度）达到 0.92，表明该方程的解释变量对被解释变量有较强的解释能力。$F = 44.9820$，$n = 10$，自由度为 7，在 5% 的显著性水平下，$F = 44.9820 > F_{0.05}(2, 7)$，表明从整体上看平阴县财政支农支出与解释变量之间的线性关系显著。即：模型总体上是显著的。

平阴县当年的农业增加值和前一年的政府财政支农支出 g_{t-1} 对当年的财政支农支出起着不同程度的促进作用，当年农业增加值的弹性系数为 0.3440，即平阴县当年农业增加值增加 1%，则其当年财政支农支出将平均增加 0.3440%，前一年的平阴县财政支农支出的弹性系数为 0.8890，即前一年的政府财政支农支出增加一个单位，当年的财政支农支出将平均增加 0.8890 个单位。这就说明政府财政支农支出规模具有相当的惯性。

通过对平阴县财政支农支出规模的刚性约束分析，可以得出，平阴县政府在以最优规模为方向调整财政支农支出规模的时候，有必要考虑到当年的农业增加值和前一年的财政支农支出的情况，这样才能适应财政支农支出的刚性约束，使财政支农工作得以顺利实施。当然，这也从另一个侧面反映出财政支农支出规模的优化调整不可能一蹴而就，而是一个循序渐进的过程。

第三节　平阴县财政支农支出的最优取向增长模型及测算

前面已经估计出平阴县财政支农支出的最优规模，即当平阴县财政支农支出为平阴县农业增加值的 6.76% 时，财政支农支出的边际产出 $MPG = 1$ 达到最优状态。因此，增加平阴县财政支农支出使其规模达到最优就成为最优的目标。但是，由于财政支农支出规模存在刚性约束问题，财政支农支出不能马上达到最优状态，平阴县财政支农支出规模的优化必将是一个渐进的过程，模型的目标是向最优趋近，最终达到最优，由于刚性约束的存在，设定增长路径的原则是循序渐进的。

由式 $MPG = \dfrac{\gamma}{s}$（其中，$s = \dfrac{g}{y}$）可得：

$$g = \frac{\gamma y}{MPG} \qquad (8-8)$$

现假定：（1）未来平阴县财政支农支出对平阴县农业增加值的弹性不改变，前文通过回归得出 $\gamma = 0.0676$，现假设 γ 在预测期内不改变。

（2）平阴县农业增加值以 2008 ~ 2017 年的年平均增长率增长 7.74%。

（3）按照边际报酬递减规律，在其他条件不变的情况下，随着平阴县财政支农支出的不断增加，其边际产出会不断的下降。

为尽快达到财政支农支出的最优规模，且考虑到财政支农支出的刚性约束，可设定财政支农支出的边际产出 MPG 趋向于 1，达到最优的速度，假定 2008 年的 $MPG = 1.45$。2008 ~ 2017 年设定每年下降 0.04。2008 ~ 2017 年的平阴县财政支农支出的边际产出趋向于 1 的数值见表 8.9。根据 1998 ~ 2007 年平阴县农业增加值环比增长速度平均值 7.74%（见表 8 - 8），本书假定 2008 ~ 2017 年平阴县农业增加值环比增长速度平均值也为 7.74%，这样就可以求出 2008 ~ 2017 年农业增加值预测值。

表 8 - 8　　　　　　　平阴县财政支农支出及增加值

年　份	财政支农支出（万元）	财政支农支出环比增长速度（%）	农业增加值（万元）	农业增加值环比增长速度（%）
1998	1 716		137 701	
1999	1 930	12.47	148 669	7.97
2000	2 561	32.69	154 697	4.05
2001	2 758	7.69	165 919	7.25
2002	4 143	50.22	152 791	-7.91
2003	4 919	18.73	169 138	10.70
2004	5 573	13.30	188 566	11.49
2005	6 561	17.73	214 036	13.51
2006	11 217	70.96	237 879	11.14
2007	12 063	7.54	265 220	11.49

资料来源：平阴县统计局。

表8-9 未来十年平阴县财政支农支出规模预测值

年 份	平阴县农业增加值预测值（万元）	平阴县财政支农的边际产出（mpg）	平阴县财政支农支出预测值（万元）
2008	285 748	1.45	13 322
2009	307 865	1.41	14 760
2010	331 694	1.37	16 367
2011	357 367	1.33	18 164
2012	385 027	1.29	20 177
2013	414 828	1.25	22 434
2014	446 936	1.21	24 969
2015	481 529	1.17	27 822
2016	518 799	1.13	31 036
2017	558 954	1.09	34 665

表8-9中的平阴县财政支农支出预测值是本书使用最优取向增长模型计算出的2008~2017年的理想值。该方法的核心是通过调整财政支农支出的边际产出的速度得到各年的财政支农支出水平，边际产出趋向于1的速度可以根据经济发展不同时期的政策取向，不同阶段的财力水平及政策制定者的偏好进行不同的调整和设定，不同的设定会得出不同的结果，但其最终目标一致。即实现财政资源的最优配置。

第四节 平阴县财政支农支出结构分析

财政对农业的支持是通过以下几个项目来实现的：支援农村生产支出和农林水利气象事业费、农业基本建设支出、农村救济费、农业科技三项费用支出等。结构分析主要侧重于财政支农具体的项目细分，主要测定具体项目的贡献率。

一、文献回顾

曹颖琦等（2007）分析得出国家财政对农业的支出以农村的生产支出和农业基本建设支出为主，而且两者呈现出某种此消彼长的趋势，但

1990 年以后两者总量基本保持在 95% 左右。有一部分农村救济费与一些影响农村经济发展的偶然因素（如气候灾变等）相关联；科技三项费所占比例很低，各年平均比重不到 0.8%，大大低于农村救济费比重，更无法与前 2 项相比，而且目前仍未呈现出增长趋势。郭玉清（2006）分析得出我国农业资本边际产出为 3.6，农业就业产出弹性为 1.2，因此在增加财政农业投入过程中，应着重加大对农业固定资产（如农村道路水电、围场、水井等基础设施）的投资力度，同时应注重引导农民务农，对农村劳动力从事农业生产进行政策性激励和支持。朱晶（2003）对中国 6 个农区的农业科研公共投资与 3 种主要粮食作物产量增长之间的关系进行实证分析，研究结果表明，农业科研公共投资对各种作物单位面积产量具有明显的正效应；钱克明（2003）研究了农业产值增长与公共教育投入、公共基础设施投入、公共科研投入、农牧户自身投资之间的关系，研究结果表明，农业科技投入的边际回报率最高，农村教育投资和农村公共基础设施投资的边际回报率次之，农牧户自身投资的边际回报率最低。虽然朱晶、钱克明研究设定的模型各有差异，但有一点是共同的：他们都采用了分省或分地区的农业公共投入数据，而且采用的变量是部分财政支农支出项，并将财政支农支出转化成各项公共投入。李焕章、钱忠好在《财政支农政策与中国农业增长：因果与结构分析》（2004）一文中在运用格兰杰因果检验法验证财政支农支出增长和农业产出增长之间关系的基础上，运用生产函数测定财政支农各类支出的边际产出效应，并探讨了财政支农支出结构偏差的原因，提出了要增加对农业的财政投入，优化财政支农支出结构，进一步改革和完善财政支农政策体系。

二、模型设立

根据前面的文献综述可以知道，目前测定财政支农支出结构的定量方法主要以柯布－道格拉斯生产函数变形，利用线性回归分析方法测定支农结构各项支出得产出弹性来确定最优的支出结构。因此，本书借鉴当前的研究方法，以柯布－道格拉斯生产函数为基础模型，引入多个变量，并对模型两边取对数，可以得到：

$$\ln Y = C + \beta_1 \ln L + \beta_2 \ln K + \beta_3 \ln S_1 + \beta_4 \ln S_2$$
$$+ \beta_5 \ln S_3 + \beta_6 \ln S_4 + rT \qquad (8-9)$$

在（8-9）式中，其中，Y 代表农业增加值，K 代表农户积累的固定资产原值，L 代表农村从业劳动力，S_1 代表平阴县财政支援农业生产支出。

S_2 表示农业基本建设支出。指平阴县财政支出以扩大农业综合生产能力为主要目的的各种新建、扩建工程和有关项目的固定资产投资。

S_3 表示农业科技三项费用。指平阴县用于农业科学技术方面的支出，包括新产品试制费、中间试验费和重要科学研究补助费。

S_4 表示农村救济费。指财政用于农村抚恤和社会福利救济的费用，包括农村社会救济费和救灾支出两部分。农村社会救济费包括农村五保户、贫困户及麻风病人的生活救济费；救灾支出是指特大自然灾害救济补助费、灾后重建补助费和自然灾害救济事业费等。

需要说明的是，r 表示农村技术进步、产业结构变动和制度变革等对农业总产值的综合效应，其作为时间 T 的系数体现。

三、数据来源

样本数据 1998～2007 年源自于平阴县统计局、财政局及济南市统计年鉴（见表 8－10）。

表 8－10 　　　　　　　　　　　平阴县农业主要数据 　　　　　　　单位：万元

年份	1998	1999	2000	2001	2002	2003	2004	2005	2006	2007
农业增加值 Y	137 701	148 669	154 697	165 919	152 791	169 138	188 566	214 036	237 879	265 220
乡村农业从业人数 L	8.88	8.96	9.06	8.95	9.63	8.32	8.09	7.95	7.85	7.29
农户积累的固定资产原值 K	22 120	23 048	22 664	26 531	26 597	27 667	30 258	38 838	38 975	44 878
支援农业生产支出 S_1	1 716	1 930	2 561	2 758	4 143	4 919	5 573	6 561	11 217	12 063
农业基础设施 S_2	210	100	200	150	100	100	604	404	100	2 381
科技三项费用 S_3	96	192	39	28	50	75	38	22	38	437
农村救济费 S_4	5	5	3	6	6	6	6	7	12	465

数据来源：平阴县统计局、财政局；济南市统计年鉴。

四、回归结果

按照上述模型，将数据输入，对各变量做平稳性检验，几乎所有变量都是二阶单整，即各个变量序列经过二阶差分变化之后是平稳序列。单位根检验，8-8 式的残差是平稳的。运用 OLS 方法对 8-9 式进行回归可得表 8-11。

表 8-11　　　　　　　　　　模型 (8-9) 式回归结果

Variable	Coefficient	Std. Error	t - Statistic	Prob.
C	10. 08211	4. 364612	2. 309967	0. 1040
LOG (L)	-0. 835370	0. 594486	-1. 405195	0. 2546
LOG (K)	0. 342970	0. 356386	0. 962357	0. 4069
LOG (S_1)	0. 049786	0. 092644	1. 537390	0. 6283
LOG (S_2)	-0. 015250	0. 035998	-1. 423642	0. 7004
LOG (S_3)	-0. 038269	0. 054041	-0. 708141	0. 5299
LOG (S_4)	0. 044195	0. 056448	0. 782928	0. 4908
R - squared	0. 977622	Mean dependent var		12. 09750
Adjusted R - squared	0. 932865	S. D. dependent var		0. 218241
S. E. of regression	0. 056547	Akaike info criterion		-2. 711453
Sum squared resid	0. 009593	Schwarz criterion		-2. 499643
Log likelihood	20. 55726	F - statistic		21. 84303
Durbin - Watson stat	1. 579876	Prob (F - statistic)		0. 014256

因此，可以得到如下模型：

$$\ln Y = 10.0821 - 0.8354\ln L + 0.3430\ln K + 0.0498\ln S_1 - 0.0153\ln S_2$$
$$- 0.0383 \ln S_3 + 0.0442\ln S_4$$
$$t = (2.309967)(-1.405195)(0.962357)(1.537390)$$
$$(-1.423642)(-0.708141)(0.782928)$$
$$R^2 = 0.9776, \quad R^2(A) = 0.9329, \quad DW = 1.5799, \quad F = 21.8430$$

通过拟合优度检验，方程的拟合效果较好，调整后的判定系数（即拟合优度）达到 0.93，表明该方程的解释变量对被解释变量有较强的解释能力。从整体上看平阴县财政支农支出与解释变量之间的线性关系显著。即：模型总体上是显著的。

五、回归结果分析

由表 8-11 中各变量的系数可以看出，农户积累的固定资产原值、财政支援农村生产支出、农村救济费的系数均为正。

财政支援农村生产支出包括小型农田水利和水土保持补助费、支援农村合作生产组织资金、农村农业技术推广和植保补助费、农村水产补助费、农村草场和畜禽保护补助费、农村造林和林木保护补助费等。由于农业以种植业为主，而支援农业生产支出与平阴县的种植结构相吻合，因此，投入的产出弹性为正值。

农村救济费似乎主要改善的是农民当期的收入，特别是贫困和受灾农民的收入状况，而且其支出值，同农业科技三项费用相似，也保持在很低的水准上，但是，农村救济费的弹性却有 0.0442，在促进农业发展方面，是仅次于支援农村生产支出和各部门事业费的第二重要支出。农村救济费似乎主要是针对公平而进行的支出，但却导致了效率的提高，这是因为：农村救济费保障了农村社会的相对公平，从而形成了稳定发展的局面。

乡村农业从业人数、农村基础设施、科技三项费用的系数均为负。

农业基础设施投入主要用于农业、林业、水利、气象等行业的重大基础设施建设。由于基础建设一般耗资巨大、建设周期长，从经费划拨到项目投入、产出需要一定的周期，因此，方程中农业基本建设支出的系数为负。可能的解释是，由于大型农业基础设施具有较强的外溢性和较低的利用率，农民并不能从中直接受益，农民急切需要的是与生产和生活相关的小型农田水利灌溉以及交通、通讯等基础设施的便利。另一个可能的原因是：如果该项支出过多，必然会挤占财政用于支农的其他资金，反而会降低该项资金的使用效率。另外，在实际操作过程中财政支农政策出现偏差，农业投入不足且比例失调，达不到增长幅度。一些地方用于农业基础设施支出为空白点，农业项目的配套资金不能到位，不能按照农业项目计划规定配足配套资金，导致农民收入和生活条件改善不明显。

增加农业科技三项费用对农民增收有负影响。农业科技三项费用是用于农业科技的引进、研究和推广的支出。农业科技本应该既能提高农产品产量，又能有效增加农产品品质，从而使得农业能够加速发展，但是我国农业科技三项费用却不能切实有效地提高农业 GDP，原因何在呢？首先，农业科技研究历时很长，很多科技项目需要数年甚至十余年的时间才能出现成果，才能应用于实践，这样就使得农业科技三项费用的时滞较农业基本建设支出的时滞更长，当期的投入要到若干年后才能见其效用，而在当期则显得效用不明显；其次，农业科技研究需要耗费巨大的人力、物力和财力，而且由于农业科技存在着很大的偶然性，农业科技进步若没有巨大的资源投入就难以有产出，这样难以实现农业科研突飞猛进的发展；再其次，科技投入意味着需要服务成本。尤其是目前我国政府有针对性的科技支农、兴农制度供给不足，任由市场来配置农业技术及人才的科技推广制度剥夺了农民获得廉价技术的权利，农民为之付出的成本越来越高。另外，科技的推广导致农业资本有机构成提高，资本替代劳动，农民的就业机会相对减少，收入自然下降。

平阴县农村劳动力严重过剩，因此劳动力的增加对农业增加值的影响负效应非常突出。

财政支农支出结构体现了政府对农业的投入重点和投入方向，是财政支农政策的组成部分。优化财政支农支出结构成为提高支农资金使用效率的主要途径，如何将有限的资源用在最需要的地方更具现实意义。这在客观上为财政支农资金整合及其整合后资金的投向提出了要求。

参考文献

1. 楚永生：《农村公共物品供给与农民收入增长相关性分析》，载《太原理工大学学报》，2004 年第 3 期。

2. 王国华：《农村公共产品供给与农民收入问题研究》，载《中央财经大学学报》，2004 年第 1 期。

3. 陶勇：《农村公共产品供给与农民负担问题探索》，载《农业经济导刊》，2002 年第 2 期。

4. 杜鹰、刘苏社：《中国农业基础设施支持政策》，中国农业出版社2002 年版。

5. 马树才、郭万山、王青、李国柱：《宏观经济计量分析方法与模型》，经济科技出版社 2005 年版。

6. 丹尼尔 L. 鲁宾费尔德、罗伯特·S·平狄克著，钱小军等译：《计量经济模型与经济预测》，机械工业出版社 2005 年版。

7. 李焕彰、钱钟好：《财政支农政策与中国农业增长：因果与结构分析》，载《中国农村经济》，2004 年第 8 期。

8. 朱钢：《我国财政支农规模问题分析》，载《中国农村经济》，

1998 年第 10 期。

9. 马拴友:《财政政策与经济增长》,经济科学出版社 2003 年版。

10. 何振国:《中国财政支农支出的最优规模及其实现》,载《中国农村经济》,2006 年第 8 期。

11. 陈艳、王雅鹏:《影响农民收入增长的因素分析》,载《新疆农垦经济》,2002 年第 3 期。

12. 陈艳、王雅鹏:《农民家庭经营性纯收入影响因素的贡献分析》,载《农业技术经济》,2004 年第 5 期。

第九章 平阴县财政支农资金整合的主要做法及其成效

第一节 平阴县财政支农资金整合历程

一、财政支农资金整合的制度构建期

2005 年，山东省确定平阴县实施财政支农资金整合试点工作。作为山东省唯一的试点县，平阴县以此为契机，初步构建了平阴县财政支农资金整合制度的雏形，不仅初步开展了财政支农资金整合工作，也为以后几年的财政支农资金整合工作打下坚实的基础。

1. 确定整合工作原则。为保证财政支农资金整合工作的顺利开展，在推行整合工作之初，平阴县就确定了整合工作的指导思想，即以党的十六大精神和"三个代表"重要思想为指导，以提高支农资金使用效率为目标，以扶持壮大优势主导产业、发挥区域资源优势为重点，逐步建立起科学、公平、透明的支农投资管理新机制，促进社会主义新农村建设。

围绕上述指导思想，平阴县进一步明确了在财政资金整合工作中秉承的原则。一是坚持集中财力、优化结构的原则。整合优化各类财政支农资金，发挥项目资金的积聚优势，优化投资结构，集中支持对平阴县农业和农村经济加快发展支撑带动作用大的重点项目；二是坚持突出重点、分步实施的原则。围绕优势产业，突出重点项目、重点区域，集中投入，连续投入，做到投资一项见效一项；三是坚持创新机制、提高效益的原则。在坚持上级扶持政策不变、有关单位资金项目管理权限不变、资金来源渠道不变，通过创新投资方式方法，提高投资效益。

2. 划定整合优化支农资金的范围。在整合初期，平阴县在维持现有各类支农投资投向相对稳定的前提下，划定支农资金的整合范围，从而突出了资金使用重点，提高了资金使用效益。具体而言，平阴县确定的支农

资金整合范围包括以下几方面：一是对财政专项支农资金中除畜牧防疫、森林防火、防治病虫害、防汛岁修抗旱、水库除险加固以外的上级支农资金进行整合；二是对中央、省、市部门专项支农资金进行整合；三是对县级财政支农专项资金进行整合；四是对各种社会融资进行整合。以上支农资金和项目归纳为：加强农业基础设施建设、农业产业化经营、农业科技、生态农业、增强农民增收能力等五类。

3. 明确三年规划及重点整合项目。为突出优势产业，发挥资金使用的聚集效应，平阴县在整合之初就明确了今后几年的发展规划以及财政支农资金整合的重点。具体而言，围绕农业增效、农民增收和农村经济发展，加快农业产业结构调整，实行区域化布局，壮大优势主导产业，突出20个社会主义新农村示范村建设，总结经验，并在平阴县逐步推开。重点培植玫瑰、畜牧、林果（葡萄）、蔬菜（食用菌）四大主导产业，建设6万亩绿色玫瑰，100万只优质肉羊、20万头"三元"生猪和3万头奶牛，12万亩优质干鲜杂果，4万亩绿色葡萄，5万亩无公害蔬菜和200万平方米优质食用菌，3万亩中药材六大优质高效农产品生产基地，形成沿汇河平原、中部山区、沿黄平原三大经济带。按照这一发展规划，通过整合支农资金，优化投入结构，到2007年，平阴县农业总产值可增加到20.8亿元，实现人均增收2 000元。

4. 初步构建支农资金整合制度。整合初期，为保障财政支农资金整合工作的顺利开展，平阴县初步构建了整合工作的保障制度。首先构建了以优势主导产业为主线的支农资金整合平台，通过这一平台，对各级财政资金和社会融资进行整合；其次，围绕整合平台，平阴县初步建立了财政支农资金整合的保障制度。一是建立领导小组制度。在整合之初，平阴县为加强对财政支农资金整合工作的领导和协调，建立了领导小组制度，负责财政支农资金整合试点工作的组织、指导和协调，确保支农资金整合优化工作的顺利开展；二是建立"联席会议"制度，定期研究规划方案、申报项目，调度项目实施进度情况，研究支农资金整合工作中的相关事宜；三是建立财政内部协调机制，使得财政内部形成协调一致、公开透明的运作机制，以加强财政支农资金管理，提高资金使用效益，使财政资金更好地为服务"三农"发展；四是建立财政农业专项资金的县级财政报账制，明确县财政局是本县范围内财政农业专项资金报账管理部门，负责对项目实施单位提供的原始凭证进行审核认可，并依据国库集中支付的有关规定，将资金直接支付到商品、劳务和建筑工程承担单位。除此之外，平阴县还不断强化项目建设，推行了项目建设公示制、项目法人制、项目招投标制、监理制等一系列项目管理制度。

5. 整合效果初显。从 2005 年财政支农资金整合效果来看，平阴县充分利用财政支农资金整合的契机，发展优势产业和优势项目，财政支农工作取得了阶段性成果。2005 年，平阴县共整合财政支农资金 6 600 万元，带动社会投资 1.74 亿元。整合后资金投入量加大，提升了资金使用效果，使得土地项目、节水资金、林业部门绿化以及旅游等均明显提升。

二、财政支农资金整合的制度完善期

2006 年，平阴县被确定为中央、省、市三级支农资金整合试点县。在新的形势下，上级对整合工作提出了更高的工作要求，为此，平阴县进行大胆创新和探索，原则上除救灾资金、粮食直补资金、抗旱防汛资金、防灾防火资金等特殊用途资金外，将财政部门管理分配的其他支农资金全部纳入支农资金整合的范围，努力创建具有平阴特色的整合平台，走出了一条以优势主导产业为主线的整合路子，形成了公开、透明、科学、实效的整合运转体系，促进了农业增效、农民增收和农村经济的发展。

1. 支农资金整合的重点更加突出。2006 年，围绕全面建设社会主义新农村建设的目标，结合支农资金整合的三年规划，平阴县以整合之初确定的支农资金整合工作方案为依据，在整合县级支农资金的基础上，集中捆绑上级各项资金，共整合各类资金 34 439.7 万元，用以统筹安排，其中集中突出了畜牧、玫瑰花、有机蔬菜产业、生态平阴和社会主义新农村建设等几项工作重点。

第一，突出畜牧业，扶持济南伊利乳业公司、长荣畜产公司和平阴绿安食品公司。平阴县依托济南市伊利乳业有限公司，集中支持奶源基地建设，提高科技含量，建设高标准的奶牛养殖小区 20 个，达到万头奶牛养殖规模。扶持平阴农康奶业协会、济南绿源合作社，发挥其基地带动农户促进龙头发展的作用，全面带动平阴县畜牧业发展。整合奶源基地建设、龙头企业贴息、畜牧科技、农民经合组织等支农项目 7 项，整合各类及社会融资 22 687.6 万元；

第二，突出玫瑰花产业。平阴县以财政支农资金整合为契机，不断加大培育玫瑰花标准化生产基地、扶持玫瑰花协会、壮大龙头企业的力度，依托惠农公司，重点搞好玫瑰花精油加工及其系列产品的开发，提高玫瑰精油的品质，实现玫瑰花精油规模出口。整合玫瑰花加工、基地建设、科技成果推广等支农项目6项，整合各类资金2 213.11万元；

第三，蔬菜产业。2006年，平阴县将支农资金整合的重点区域集中在以农业综合开发项目为重点的孝直镇汇东2万亩蔬菜示范区，按照生态、高效、精准、特色的原则和建设现代农业的建设标准，把该项目建设成为有机蔬菜种植示范区，实现农业增效、农民增收。整合农业综合开发治理、土地整理、蔬菜科技推广和基础设施建设等支农项目9项，整合各类资金4 171.42万元。

第四，生态平阴建设。2006年平阴县以交通干线、南水北调工程两侧生态环境优化建设和荒山绿化为主，按照"一建三改"标准，大力推行农村户用沼气池，提高农业资源利用率，减少污水排放工程的建设和实施退耕还林，全面优化平阴县生态环境。通过高起点、高标准规划，将玫瑰湖湿地建成集生态湿地、黄河文化、湖光山色于一体的休闲度假旅游区。2006年，重点建设玫瑰湖核心景区的道路、桥涵，并搞好绿化美化。共整合测土配方施肥、两湖一河面源治理、农村沼气、水土保持及荒山绿化等支农项目6项，整合各类资金1 292.33万元。

第五，社会主义新农村建设。平阴县围绕20个社会主义新农村示范村的建设，坚持"多予、少取、放活"的方针，坚持用好政策、多元投入，集中力量办大事的原则，加大人畜饮水项目的建设力度，按照规划设计，完成四个一级水源地及水质处理系统建设，扶持用水者协会，建立城区、沿黄、沿汇三处区域集中供水工程的实时监控系统，解决144个村、11.92万人的安全用水，农村自来水普及率达到80.38%；通过实施农民科技培训和农村劳动力转移培训工程，提高农民的科技意识和技能，优化农村生态环境，扎实推进社会主义新农村建设。整合村村通自来水、农民科技及劳动力转移培训等支农项目3项，整合各类资金4 075.24万元。

2. 支农资金整合平台不断扩展。2006年，平阴县以科学发展观为统领，以建设社会主义新农村为契机，在突出玫瑰、畜牧、蔬菜产业、生态环境以及新农村示范建设等工作重点的同时，努力创建具有平阴特色的资金整合新平台，以切实提高支农资金使用整体效益。

第一，搭建农村经济发展的平台，解决靠什么建设新农村的问题。从2006年的情况来看，平阴县财政仍然比较紧张，难以一下子安排足够资金支持新农村建设。在这种情况下为壮大农村经济实力、增加农民收入，平阴县政府千方百计用好、用活现有的支农资金，并根据新农村建设的需要进行整合，将粮食生产、农业基础设施建设、农业科技推广、农业产业化、农业专业合作组织等方面的资金整合为"农业产业发展专项资金"，集中财力办大事，形成推动农业产业经济发展的稳定投入渠道。

第二，搭建支持农民教育和培训的平台，解决新农村谁来建设的问题。平阴县政府将各级财政安排的农村劳动力转移培训资金、农民科技培训资金、农业职业教育资金、扶贫资金中的农民培训资金整合为"新农民教育与培训资金"，用于造就新农村建设人才，提高农业技术含量。

第三，搭建农村公共事业发展的平台，解决怎样建设新农村的问题。平阴县将农村义务教育、农村卫生、农村新型合作医疗、农村计划生育家庭奖励扶持等各项资金以及乡村道路、农村沼气、人畜饮水等方面的资金整合为"农村公共事业发展资金"，围绕新村庄的建设规划，支持村庄的道路硬化、改厕、改厨、改圈和饮水安全工程等，同时不断完善农村各项公益设施和公共服务，提高农民的生活质量。

3. 发挥支农资金整合的资金引导作用。2006 年，平阴县总结上年经验，不断改进投入机制，充分发挥财政资金"四两拨千斤"的引导作用和财政政策的导向作用，利用贴息、补助、奖励或者开展农业保险、农业担保等办法，鼓励、引导、吸引民间资金、社会资金投入"三农"，重点抓好平阴县农康奶业贷款担保有限公司，规避奶农养殖风险和金融部门的贷款风险，扩大养殖规模。一方面，注重发挥农民的主体作用，调动其自主投身新农村建设的热情和能动性，变"要他干"为"他要干"；另一方面，改变支持的方式，采取以奖代补、以物抵资、先建后补等形式，形成在政府投入的带动下，主要依靠农民自己投工、投资改善农村生产生活条件的机制。

4. 支农资金整合工作制度建设趋于完善。2006 年，平阴县以提高支农资金使用整体效益为目的，以建立项目科学、安排规范、使用高效、运行安全的支农使用管理机制为目标，不断完善整合工作的管理制度建设，使得支农资金整合制度趋于完善。

首先，完善现有制度。经过 2005 年的努力，平阴县财政支农资金整合制度已经形成初步框架。在此基础上，2006 年，平阴县进一步强调现有整合制度效果。一方面，加强支农资金整合办公室力量，进一步明确各部门职责。结合上年工作经验，平阴县进一步强化整合办公室力量。整合办公室设在县财政局，由财政局主要领导负责，并抽调县农办（农业局）、水务局、林业局、畜牧局等有关部门人员充实整合办公室力量。同时进一步明确部门职责，即熟悉掌握支农资金整合的方针政策，及时了解省内外支农资金整合工作的信息，做好整合试点工作的调查研究和宣传报道。同时，积极做好领导小组的会务、通讯、材料、档案管理等后勤服务保障工作。搞好资金整合项目的督察工作，并负责协调各成员单位的关系，确保支农资金整合试点工作顺利进行。另一方面，为确保支农资金整合效果，平阴县在项目管理中全面实行县级报账制，实行专人、专账、专户管理，确保支农资金使用安全，提高资金使用效益。同时结合上年经验，不断加强项目规范化管理，继续推行项目建设公示制、项目法人制、项目招投标制、监理制。

其次，实现制度创新。2006 年，平阴县结合上年的实践经验，不断创新支农资金整合制度。一方面，建立部门联络员制度。继续完善联席会议制度，在确保联席会议正常运作的前提下，为加强各成员单位与支农资金整合办公室的联系，建立部门联络员制度，每个成员单位确定一名业务骨干为支农资金整合试点工作的联络员。根据需要，联络员要按时完成项目的编报、项目实施进度汇报，及时做好调查研究，总结试点工作中好的经验、做法，以加强对项目实施工作的管理。另一方面，为确保支农资金整合各项工作制度落到实处，整合办公室建立工作督察制度，由整合办公室具体督察各单位对整合项目的落实情况。制定资金整合工作考核办法，建立起支农资金整合考评体系，做好与本县全方位目标考核的衔接，纳入年终考评。

5. 支农资金整合效果明显。2006 年，平阴县财政支农资金整合工作效果明显。全年整合支农项目 31 项，共整合各类资金 34 439.7 万元。平阴县农业增加值达 13.4 亿元，比上年增长 6.1%，农民人均纯收入达到 4 725 元，比上年增长 15.6%。全年平阴县整合县以上财政支农资金 6 735 万元，兑付种粮补贴 430 万元，柴油化肥补贴 937 万元，农机补贴 78 万元。建成畜牧养殖小区 24 个，其中奶牛养殖小区 12 个，年末奶牛存栏 13 981 头。

三、平阴县财政支农资金整合的蓬勃发展期

2007 年，在支农资金整合领导小组办公室的组织下，平阴县依据平阴县农业发展三年规划，结合新农村建设"十项举措"，经过实地调研、广泛听取、采纳各方意见，制定了《2007 年度财政支持社会主义新农村建设整合工作实施方案》，使得财政支农资金整合工作顺利开展。

1. 突出支农资金整合的阶段性重点。在 2005 年、2006 年财政支农资

金整合的基础上，平阴县确定了 2007 年财政支农资金整合工作的重点：突出畜牧、林果两大主导产业，重点抓好新农村基础设施建设，连续不断的支持发展玫瑰传统产业。在捆绑使用各级财政支农资金的基础上，进一步整合农业产业扶贫、农业科技、旅游、土地整理等涉农资金，不断吸引金融、社会、个人、外资等社会各类资金，实现平阴县农业增产、农民增收。具体而言：

一是培植龙头企业，带动平阴县主导产业的发展。重点扶持济南伊利乳业有限公司改善基础设施条件，新建厂房 2 万平方米，引进冷饮加工流水线 40 条，达到日产液态奶 800 吨、酸奶 200 吨，实现销售收入 7 亿元，进一步带动平阴县奶牛业的发展；同时，抓住国家支持生猪产业的大好时机，扶持济南绿安食品有限公司建设优质良种猪繁育基地。新建育肥猪舍 8 000 平方米，50 立方米沼气池 20 座，引进皮特兰、大约克、长白种猪 300 头，达到生态养殖的目标，带动平阴县养猪业的发展。

二是加强生产基地建设，做强做大优势主导产业。其中包括：第一，奶源基地建设。继续实施"3331"奶业富民计划，2008 年计划新建标准化奶牛养殖小区 10 处，新增奶牛 5 000 头；对奶牛标准化示范小区建设、奶牛小区占地、奶牛良种、奶牛科技推广和饲草青贮机械购置等进行补贴；第二，万亩核桃基地建设。该项目涉及平阴、安城、东阿、洪范池、孔村等 5 个乡镇，规划建设核桃基地面积 10 000 亩，并进行区域内的山、水、田、林、路综合治理；对苗木进行补贴；第三，油用玫瑰花生产基地建设。依托玫瑰花研究所和玫瑰加工龙头企业，搞好玫瑰新品种的引进、繁育。年内繁育大马士革、格拉斯等玫瑰新品种苗木 66 万株，配套完善基础设施，积极打造千亩玫瑰花生态示范园，带动平阴县玫瑰花产业发展。

三是扶持农业协会建设，全面提高优势主导产业的科技含量。其中包括：扶持农康奶业协会建设。进一步完善协会服务功能，实现奶牛养殖生产与加工企业对奶源需求的快捷有效对接，为奶农提供良种推广、管理、技术市场信息、科技培训等方面的服务，全面提升行业的科技水平和整体素质；扶持林果协会建设。建立无公害林果营销市场，完善营销信息平台，全面提高协会的服务功能；扶持玫瑰花协会。重点建设县玫瑰产业协会和玫瑰镇玫瑰花协会，举办好第二届玫瑰节，搞好技术服务，大幅度提升玫瑰生产的层次和水平，创新玫瑰的知名品牌；扶持平阴县生源农村供水用水者协会建设。做好东阿、洪范、孝直、孔村、玫瑰等五个乡镇农村用水供水工程的运行、管理和供水调度，为用水者提供相关的技术咨询服务，逐步实现以水养水、以水兴水的良性循环。

四是发展精品工程，推进新农村建设。其中包括：人畜饮水安全工程。续建沿汇、沿黄、城区三处供水网络工程，改善 78 个村、7.1 万人饮水条件，使农村自来水普及率达到 95.38% 以上，率先完成农村安全饮水工程；加快农村户用沼气池建设工程。2007 年计划发展沼气池 10 000 个，建成沼气示范村 100 个，推广"畜—沼—果"、"畜—沼—菜"等沼气生产模式；加强服务体系建设；积极推进资源节约型、环境友好型和循环农业发展，逐步实现农村家居环境清洁化、农业生产无害化和资源利用高效化；实施新农村生态环境改造工程。大力改善农村生产生活条件，改善村容村貌，提高农民身体素质和文化道德素质、培育新型农民，为农村经济社会的全面发展奠定良好的基础；济菏高速两侧荒山绿化工程。搞好济菏高速两侧可视范围内 5 000 亩的荒山绿化，建成高标准的生态防护林体系，提高平阴县森林覆盖率；围绕玫瑰、畜牧、林果等特色产业，利用农民教育课堂、农业合作组织，采取专题讲座、专家咨询、发布农产品供求信息、科技赶集、下发技术明白纸、实行技术人员联系卡等形式，不断增强农业科技服务的针对性和时效性，培养一批有文化、懂技术、会经营的新型农民。

2. 不断创新整合制度，实现整合工作新突破。一是不断增强项目建设透明度。支农应该以法规化作为保证，它不受时间和外界其他因素的干扰和影响，使农业投入稳定又持续。现在，整合资金后，地方政府对资金的支配权扩大，支农资金的统筹使用管理就更加需要与之相应的完善的法律法规来使其逐步规范。要增加项目建设的透明度，切实提高支农资金的使用效益，必须建立完善的法规体系，加强监督，使支农资金的使用公开化、民主化、规范化，让支农资金得到规范，真正从实践中造福农民。首先，实行项目公示制。对项目名称、项目主要建设内容、项目操作程序，通过张贴公告、网络、新闻媒体等向社会进行公示，实现整合项目实施的阳光操作。其次，推行项目招投标制。根据确定的年度实施方案，县整合办公室公布招投标项目目录，原则上由政府采购办公室统一组织招投标和采购，同时加强项目受益乡镇对招投标工作的监督；确实无法实施招投标的，须经整合领导小组批准后，方可实施。再其次，实施项目监理制。为解决项目建设透明度和项目进展、进程的问题，加强对项目实施全过程的监督，原则上今年的整合项目要全部实行监理，确实无法实施的，须经整合领导小组批准后，方可实施。以保证资金安全、合理、科学使用，进一步提高项目建设质量，确保按时建设完成，尽早发挥效益。

二是建立健全农业保障体系。通过积极争取，平阴县已被列入省级政策性农业保险试点县。以财政支农资金整合试点为契机，平阴县大力突出自身特色，探索建立符合自身实际情况的政策性农业保险制度，完善平阴县农业支持保护体系，解决养殖、种植风险的问题，支持和促进社会主义新农村建设。根据试点要求，小麦为必选险种，承包面积 12 万亩，除此之外平阴县选择畜牧业养殖保险进行试点，计划承保奶牛 5 000 万头，可繁母猪 5 000 头。通过农业保险试点的开展，进一步加强平阴县农业保障体系的建设，将支农资金整合工作推向深入。

第二节 平阴县财政支农资金整合的主要做法

结合平阴县财政支农资金整合工作实践，支农资金整合不只是简单地把钱整合在一起，而是让这些钱发挥更大的效益。为此，平阴县对平阴县"三农"发展作出长远科学的规划，创建了具有平阴特色的财政支农资金整合模式。总的来看，该模式的核心内容就是"规划—项目—资金"三位一体，它体现在整合范围、整合制度等财政支农资金整合工作中。

一、财政支农资金整合范围确定

平阴县在财政支农资金整合范围确定中，始终坚持"项目跟着规划走，资金跟着项目行"，并将"规划—项目—资金"三位一体的原则体现在整合范围确定的每一个环节中。

1. 中长期发展规划体现"双结合"。第一，中长期规划实现中央政策与平阴特色的"双结合"。为保证财政支农资金整合工作的顺利开展，平阴县在整合工作伊始，就确定了整合工作的中长期规划。在制定中长期规划时，平阴县将社会主义新农村建设与平阴县实际情况相结合，使得中长期规划既体现国家政策要求，又突出了平阴特色。

一方面，平阴县财政支农资金整合的中长期规划是以党的十六大精神和"三个代表"重要思想为指导，体现了社会主义新农村建设的要求，即不断推进现代农业建设，强化社会主义新农村建设的产业支撑；促进农民持续增收，夯实社会主义新农村建设的经济基础；加强农村基础设施建设，改善社会主义新农村建设的物质条件；加快发展农村社会事业，培养推进社会主义新农村建设的新型农民；全面深化农村改革，健全社会主义新农村建设的体制保障；加强农村民主政治建设，完善建设社会主义新农村的乡村治理机制；切实加强领导，动员全党全社会关心、支持和参与社会主义新农村建设。

另一方面，平阴县财政支农资金整合的中长期规划突出了平阴特色。具体而言，平阴县财政支农资金整合的中长期规划是依据平阴县农业及农村经济发展"十一五"规划确定的，体现了平阴县农业发展的特色。结合平阴特色，中长期规划着眼于重点产业、重点区域，明确了扶持壮大优势主导产业、发挥区域资源优势的工作重点，确定了平阴县四大主导产业：玫瑰、畜牧、林果（葡萄）、蔬菜（食用菌），以及沿汇平原、中部山区、沿黄平原三大经济带，从而也就确定了财政支农资金整合的重点。

结合上述两方面因素，平阴县编制了《平阴县支农资金整合优化工作实施方案》。作为支农资金整合中长期发展规划的集中体现，该方案明确规定今后三年的投资重点为：围绕农业增效、农民增收和农村经济发展，加快农业产业结构调整，实行区域化布局，壮大优势主导产业，突出20个社会主义新农村示范村建设，总结经验，并在平阴县逐步推开。重点培植玫瑰、畜牧、林果（葡萄）、蔬菜（食用菌）四大主导产业，建设6万亩绿色玫瑰，100万只优质肉羊、20万头"三元"生猪和3万头奶牛，12万亩优质干鲜杂果，4万亩绿色葡萄，5万亩无公害蔬菜和200万平方米优质食用菌，3万亩中药材六大优质高效农产品生产基地，形成沿汇河平原、中部山区、沿黄平原三大经济带。预计三年内整合资金6.95亿元，其中2005年整合2.32亿元。通过整合支农资金，优化投入结构，到2007年，平阴县农业总产值可增加到20.8亿元，实现人均增收2 000元。

第二，中长期规划突出阶段性重点。按照中长期规划，平阴县明确了今后三年财政资金整合的重点。具体而言：

一是实行产业化经营，加快龙头企业建设步伐。今后三年，围绕四大主导产业，走好招商引资、民营发展、骨干扩张三条路子，新上龙头企业11家；扶持壮大济南伊利乳业、长荣畜产、惠农玫瑰精油、绿安食品、大地药材、仁亿酒业等骨干龙头企业。到2007年，平阴县农业龙头企业发展到40家，年产值实现8.5亿元以上。同时，大力发展农村专业合作组织、农民经纪人队伍和各类农产品行业协会，提高农民组织化程度，重点扶持奶牛协会、济南肉羊合作社联合社、生猪产销协会、玫瑰花销售协会等；建设产地贸易市场，完善孝直镇无公害蔬菜批发市场、玫瑰镇绿色玫瑰花系列产品批发市场、平阴优质肉羊交易市场等 6 处产地贸易市场,运用和发展现代流通方式,形成种养加大循环、大流通的产业化格局。

二是加强农业基础设施建设,进一步改善农业生产条件。今后三年,围绕过境国道、省道和济菏高速等"两纵三横"的交通干线沿线区域,投资 3.6 亿元,重点抓好农业综合开发、土地整理、人畜饮水安全工程、农村小型农田水利工程、观光农业等项目,加强农业基础设施和生态环境建设。

三是实施科技创新,提升农业发展水平。今后三年,投资 5 692 万元用于农业科技的投入。通过加大农业科研工作力度,带动农业新品种、新技术的引进、示范和推广;加强农业标准化工作,完善农产品的检验检测、安全监测及质量认证体系,推行农产品原产地标记制度,加强农业投入品管理,扩大无公害食品、绿色食品等优质农产品的生产和供应。到 2007 年,新增 3 个绿色、无公害农产品品牌,主要农业科技成果和新技术的推广应用率达到 80% 以上。

四是加大农民培训力度,提高农民综合素质。今后三年,投资 900 万元,实施新型农民培训工程,整合各类培训资源,完善农村教育体系,采用多种培训方式,提高农民素质;成立平阴县劳动培训就业信贷担保中心,为劳动力输出提供资金支持。到 2007 年,力争平阴县 70% 的农村青壮年劳力接受科技培训,掌握 2 门以上农业实用技术;农村人员接受培训和劳务输出每年新增 1.5 万人。2005 年,投资 340 万元,培训农民 1 万人次,劳动力转移新增 0.5 万人。

2. 突出重点,依托规划,确定财政支农资金整合项目。

第一,整合项目突出重点。为了体现"集中财力办大事"的目标,平阴县不仅围绕重点产业、重点区域整合财政支农资金,还在整合项目确定中突出重点。具体而言,平阴县在确定财政支农资金整合项目时秉承以下原则:一方面,坚持集中财力、优化结构。为了充分发挥项目资金的积聚优势、优化投资结构,平阴县整合优化各类财政支农资金,集中支持对平阴县农业和农村经济加快发展支撑带动作用大的重点项目;另一方面,坚持突出重点、分步实施的原则。为了提高资金使用效益,平阴县围绕重点产业、重点区域,突出重点项目,集中投入,连续投入,做到投资一项见效一项。

第二,整合项目依托规划。按照中长期规划,平阴县财政支农资金整合工作主要集中于以下四个方面:实行产业化经营,加快龙头企业建设步伐；加强农业基础设施建设，进一步改善农业生产条件；实施科技创新，提升农业发展水平；加大农民培训力度，提高农民综合素质。按照规划要求，财政支农资金整合项目的确定也是依托规划而产生的，从而真正实现了项目跟着规划走。

首先，结合主导产业，确定重点项目。其中包括：一是优质玫瑰项目。投资 2 737 万元，实施"优质玫瑰繁育、绿色栽培及高效加工产业化推广项目"；创办 500 亩 "欧洲名优玫瑰科技园"；新建 5 000 亩玫瑰花标准化生产基地；扶持惠农玫瑰精油深加工企业，实现玫瑰精油规模出口，带动基地建设；二是优质肉羊生产项目。投资 643 万元，实施"100 万只优质肉羊繁育项目"、"优质肉羊基地建设项目"，发挥济南肉羊合作社联合社的作用，推动平阴县优质肉羊新品种的引进和繁育，扩大养殖规模，实现年出栏改良优质肉羊 100 万只，满足长荣畜产公司年加工需求；三是优质肉猪生产项目。投资 1 500 万元，建设"20 万头生猪屠宰、分割、冷却排酸、加工"项目，发挥生猪产销协会的作用，引进、推广"三元"猪杂交改良技术，扩大养殖规模，提高绿安食品公司加工能力，年屠宰量由 4 万头扩大到 20 万头；四是酿酒葡萄项目。投资 712 万元，实施"平阴县酿酒葡萄基地"建设项目，发展酿酒葡萄 5 000 亩，满足济南仁亿酒业公司需求。五是产地贸易市场建设项目。投资 400 万元，完善"平阴玫瑰花系列产品批发市场"、"优质肉羊交易市场"建设，扩大农产品销售量，促进优势产业的发展。

其次，围绕重点区域，确定重点项目。其中包括：一是农业综合开发中低产田改造项目。投资 1 216 万元，治理圣母山小流域中低产田 2 万亩，围绕玫瑰花、酿酒葡萄产业的发展，实施节水灌溉项目，新发展经济林 5 000 亩，实现亩增产值 450 元；二是土地整理项目。投资 4 200 万元，整平土地、建设高标准基本农田 2.5 万亩，新增耕地 4 170 亩；三是农村饮水安全工程。投资 5 327 万元，新建区域集中供水工程 23 处，解决 154 个行政村、12.93 万人的吃水困难；四是"两纵三横"生态平阴建设项目。投资 850 万元，抓好境内济菏高速公路中段（平阴、玫瑰、孔村段）分水岭小流域 5 000 亩综合治理，发展生态林 2 500 亩、经济林 2 500 亩；实施退耕还林项目，在玫瑰镇栽植核桃、柿子等经济苗木 2 000 亩；实施"圣母山红柿子庄园"项目，建设特色农业，促进观光农业发展。

再其次，围绕新农村，确定重点项目。其中包括推广水肥一体化项目、测土配方施肥项目、粮食生产机械配套技术、灵芝等食用菌高产栽培技术及系列产品开发项目、秸秆生物反应堆项目、春暖大棚西瓜间作甜椒项目、水利科技项目等农业适用新技术；实施"平阴县农产品质量监测体系建设"项目、"优质小麦、玉米良种繁育项目"；完善农村教育体系，成立平阴县劳动培训就业信贷担保中心，为劳动力输出提供资金支持等项目。

二、财政支农资金整合管理

平阴县在财政支农资金整合工作的管理中，始终坚持项目跟着规划走，资金跟着项目行。同时，将三位一体的原则体现在整合管理的每一个环节中，表现为各种规章制度。

1. 整合工作的基础：支农资金整合平台。平阴县以三年农业农村发展规划为依据，以重点产业、重点区域、重点项目为依托，以玫瑰、畜牧、蔬菜产业和农业基础设施、生态环境、新农村示范建设为重点，积极打造以优势主导产业为主线的支农资金整合平台，通过这一平台，对各级财政资金和社会融资进行整合，以切实提高支农资金使用整体效益，实现"集中财力办大事"。如以农业基础设施建设为重点，整合水利、农业土地开发、治理等方面的资金；以优化农业结构、提升优势产业竞争力为重点，整合优势农产品基地建设、产业化、合作经济组织等方面的资金；以加强生态保护、改善农村面貌为重点，整合水土保持、林业、节约型农业等方面的资金；以推进农业科技进步为重点，整合农业科技成果转化、农业科技推广等方面的资金；以增加农民收入和提高农民素质为重点，整合农民培训、扶贫等方面的资金。

2. "规划—项目—资金"三位一体的管理制度。第一，中长期发展规划的制度保障。按照现行财政资金管理体制，财政支农资金涉及部门较多，因此如果不能做好资金整合的协调工作，必将加大整合难度，影响财政支农资金整合效果。因此为保障财政支农资金整合工作的顺利开展，平阴县先后建立健全了协调机制，确保整合规划的制定与实施。具体而言，一是建立联席会议制度，统筹安排。主要任务是定期研究规划方案、申报项目，调度项目实施进度情况，研究支农资金整合工作中的相关事宜。该制度由县政府分管领导牵头，组织涉农部门研究制定平阴县农业中长期发展规划，协调财政、发改委、科技、国土资源和涉农各部门，整合各层次、各方面、各渠道的资金，并根据职能划分，将任务分解落实到各主管部门，各部门据此制定详细的事业发展计划和年度实施方案。二是建立财政内部协调机制，实现资金整合。由财政局负责同志组织协调财政局内管理涉农资金的各业务科室，先将支持"三农"的资金进行汇总分类，然后根据农业和农村发展计划和实施方案，分解任务，各负其责，分工协作，形成公开透明的运作机制。

第二，项目管理的制度保障。为推进财政支农资金整合项目的规范化管理，平阴县按照试点要求，推行了一系列项目管理规定。具体而言：一是加强项目立项审批，建立领导小组制度以把好项目申报关，由县政府主要领导任组长、财政和有关涉农部门共同参加的支农资金整合试点工作领导小组，全面负责整合试点工作的领导、组织和协调，确保支农资金整合优化工作的顺利开展。在反复论证的基础上，确定畜牧、玫瑰花、蔬菜等产业作为长期重点培植的产业，严禁不经支农资金整合领导小组审批随意申报项目，对进入项目库的项目，根据上级项目安排要求，领导小组指导各成员单位做好项目可行性研究报告的编报工作。项目申报单位还需填写"财政支农专项资金整合项目审批会签单"，报领导小组审批后，方可由业务单位联合财政部门上报上级业务主管部门，上报的项目经上级业务主管部门批复后，在县领导小组的统一指导下，及时编报项目实施方案。

同时为保障领导小组职能的发挥、加强部门间协调，建立部门联络员制度。由各成员单位确定一名业务骨干为支农资金整合试点工作的联络员。根据需要，联络员搞好项目编报、项目实施进度汇总、及时总结试点工作中经验、做法，并适时做好调查研究任务，以加强对项目实施工作的管理。为确保支农资金整合各项工作制度落到实处，建立工作督察制度，由整合办公室具体督察各单位对整合项目的落实情况。制定资金整合工作考核办法，建立起支农资金整合考评体系，做好与县全方位目标考核的衔接，纳入年终考评。

二是加强项目建设质量监督，完善项目四制。平阴县对所有整合的建设项目，积极推行了项目公示制、项目法人制、项目招投标制和项目监理制。项目公示制是按照项目建设责任书的要求，每个项目都要公示。公示的方式（张贴公告和电视广播新闻媒体等）、内容（要明确项目法人单位、建设内容、投资情况、建设地点及范围、施工单位、工期和监理单位及其他）等有关材料要存档备查。做到公示时间准确，公示过程形成的文字及音像资料要齐全。项目招投标制，是指对投资额超过30万元（农业综合开发项目为 10 万元）的单项工程和大宗物资的购置，必须进行招投标，并制订招标方案明确招标方式。整个招投标过程需在县监察、审计、公证处等有关部门的现场监督下进行。招标过程中形成的有关文件和音像资料要存档。项目法人制是指项目责任书签订后，明确项目法人单位和相关的责任主体。项目法人单位和业务主管单位要负责完善项目"四制"管理，规范县级报账提款手续，以加快施工进度。项目监理制是为解决监理单位和监理人员少的问题，采用土洋结合的办法，在项目工程施工前调集县、乡农林水部门工程技术人员、村组推选的农民技术员成立监理班子（人员名单要报整合办公室备查），明确各自的职责，进行跟班作业，旁站式把关，以加强工程施工监督，确保建设质量。监理过程要有详细的记录，工程建设质量要有综合评价报告。

三是加强项目资金使用监管，实行财政农业专项资金的县级财政报账制。所谓资金报账制，是指项目实施单位根据项目实施协议（或合同书）、项目实施计划和项目实施进度提出用款计划并附报账凭据，按规定程序报财政部门或涉农主管部门审批，并请拨付资金的管理制度。平阴县为强化项目资金管理，对财政农业专项资金实行县级财政报账制。明确县财政局是本县范围内财政农业专项资金报账管理部门，负责对项目实施单位提供的原始凭证进行审核认可，并依据国库集中支付的有关规定，将资金直接支付到商品、劳务和建筑工程承担单位。项目实施单位负责项目的会计核算，负责向财政部门提供原始凭证。经财政部门认可后仍退回项目实施单位，留复印件备查。

四是加强项目监督检查，建立督导通报制度。一方面，建立项目督导制度。由资金整合领导小组抽调精干力量，组成项目督导小组，全面掌握项目建设第一手资料，加强项目工程资金管理力度；另一方面，建立项目建设进度通报制度。通过会议、简报、新闻媒体、网络等方式，及时通报项目进展情况。同时，邀请县人大、政协领导，代表、委员进行工作视察，并组织各成员单位和项目实施单位进行现场观摩。

第三节 财政支农资金整合取得的成效

一、整合工作实现了"集中财力办大事"的目标

1. 明确了支农资金重点投向。财政支农资金整合工作增加了县级政

府的财政支农规划权，使得县级政府可根据自身社会经济特点以及农业发展规划，将分散于各部门的支农资金进行捆绑集中使用，通过项目的实施带动引导资金投入，从而着力解决支农资金投入分散、效率不高的问题。平阴县正是以财政支农资金整合工作为契机，结合县域经济发展情况制定三年中期财政支农规划，从而明确了财政支农资金重点投向。具体而言，依据平阴县农业及农村经济发展"十一五"规划以及社会主义新农村建设的要求，平阴县编制了《平阴县支农资金整合优化工作实施方案》，制定了 2005～2007 年平阴县农业中长期发展规划，确定了重点培植玫瑰、畜牧、林果、蔬菜四大主导产业，构建以优势主导产业为主线的整合平台。每年年初，根据《方案》，结合本年度平阴县农业工作要求，确定年度整合计划，先后扶持了济南伊利乳业公司、济南长荣畜产品公司、平阴绿安食品公司、惠农公司等农业龙头企业，带动了畜牧业和玫瑰花精油加工等产业的发展，推动了农业产业化进程，增加了农民收入；推行 2 万亩有机蔬菜示范区建设、以济菏高速公路两侧退耕还果和荒山绿化为重点的生态平阴建设及以解决人畜饮水、农民科技培训为主要内容的新农村建设等项目进展顺利，完善了农业基础设施，改善了农村生产生活条件，全面提高了农民增收致富能力。通过制定这个规划，解决了想干什么、要干什么、怎么干的问题，明确了哪些是重点，使财政支农工作有遵循，实施目标有保障，落实不忙乱，促进了整合工作有条不紊的进行。

2. 实现了财力的集中。整合后，财政支农资金的划拨方式发生了变化，从而使得财力有效集中。一方面，初步实现了纵向的财力集中。上级财政资金依据"上下联合、配套联动、捆绑使用、集中投入"的思路，按照全省统一规划，对各级财政共同支持的、涉及农民群众切身利益的项目，在加强组织协调的同时，只下达目标任务和资金规模，不审批具体项目，通过切块的形式打捆下达，全部直接落实到县，减少了中间环节的截留，而且由市或县负责统筹安排使用，形成政策和资金合力；另一方面，平阴县按照"渠道不乱、用途不变、优势互补、形成合力"的思路，以主导产业、重点项目、优势区域为依托，打造支农资金整合的平台，统筹安排各级支农资金，支持农业和农村经济发展规划确定的重点项目。项目在总体数量缩减的同时，实现了集中投入，真正实现了"三个高于"的目标。举例来说，按照规划，平阴县围绕社会主义新农村建设，推行了农村饮水工程。为此，市县按 1∶1 的比例，共投入 3 000 万元，努力实现城乡供水一体化，并取得显著成效，目前农村安全自来水普及率达到 99%，饮水工程也因此成为上级样板工程；按照规划，平阴县突出优势主导产业，在招商引资中，共投资 3 000 多万元引进、扶持济南伊利乳业公司，并针对奶牛养殖贷款难等问题，投资 800 万元，成立了奶牛养殖风险基金担保公司，与农行、信用社签订协议，解决了奶农贷款担保难的问题。上述案例表明，通过整合真正实现了中央、省、市、县财力和社会财力的集中，这也是财政支农资金整合最突出的特点。

3. 达到了想办大事、能办大事、办成大事的效果。在整合前，为了争取财政资金，各个部门都要花费很大一部分时间去"跑资金"、"争项目"，往往是资金、项目争取到位后却错失了资金使用的良机，同时由于项目、资金管理等制度的滞后，各部门最后取得的成效不是很明显。通过整合，平阴县彻底解决了这一问题，《平阴县支农资金整合优化工作实施方案》的制定，以及联席会议制度、财政内部协调机制、部门联络员制度的实施保证了财政支农资金整合工作的项目规划合理有效；《平阴县支农资金整合项目申报程序及实施管理办法》规范了项目的立项和申报程序，严格了项目管理，项目法人制、公示制、招投标制、监理制和报账提款制等制度的建立和完善，推进了项目的规范化管理，保证了资金的安全使用，真正达到了想办大事、能办大事、办成大事的效果，从而真正实现了"集中财力办大事"。

二、整合工作带动了优势主导产业的发展

1. 玫瑰产业。作为平阴县的特色主导产业，玫瑰产业被纳入整合工作的重点之中。该县以财政支农资金整合试点工作为契机，以引进符合国际香型的格拉斯玫瑰和大马士革玫瑰为突破口，着重建立油用玫瑰生产基地，提高协会服务功能，加大玫瑰产品品牌宣传力度，大力发展玫瑰花产业，取得了良好的经济效益和社会效益，带动了平阴县农村经济的发展。具体而言，一是完善产业链条，促进产业发展。近年来，平阴县引进了法国技术、土耳其工艺的设备，成功引种了格拉斯、大马士革等油用玫瑰，试生产出了符合国际标准的玫瑰精油，为玫瑰精油走出国门打下了基础，也为玫瑰产业的发展带来了希望，调动起了群众的种花积极性。目前，成立了玫瑰产业协会，协助企业联系农户，发展基地，以促进玫瑰产业的发展；二是加强宣传，扩大影响。为了扩大平阴玫瑰节的影响，凸显"中国玫瑰之乡"的良好形象，平阴县集中人力物力，编辑出版了《中国玫瑰产业发展论坛材料汇编》、《平阴玫瑰宣传画册》以及《平阴玫瑰别样

红》宣传光盘等。同时，与省城主流媒体全程跟踪报道玫瑰节举办盛况，邀请相关媒体参与玫瑰节的宣传报道。各主流媒体高密度、大篇幅的宣传报道，开创了该县整体形象广告宣传的先河，进一步提升了平阴的知名度，产生了良好的社会效益。

2. 畜牧产业。按照整合工作规划，畜牧产业也是平阴县的优势主导产业之一。平阴县自 2005 年开展支农资金整合试点工作以来，连续对畜牧产业进行了扶持。以 2007 年为例，该县以生态化养殖为核心，以完善社会化服务体系为重点，以生产有机绿色畜产品为目标，多方筹集资金，确定奶源基地建设、生猪繁育基地建设、伊利冷饮等整合项目，并采取有效措施，加大了项目建设力度，取得了显著成效，有力推进了平阴县现代畜牧产业化进程。具体而言，一是政策扶持力度加大。围绕"3331"富民奶业工程的建设，平阴县及有关乡镇先后出台了一系列的优惠政策，包括优质奶牛购买补贴、牛舍建设补贴、优质牧草种植补贴、鲜奶销售补贴、青贮池建设补贴、饲草青贮机械补贴、贷款贴息，免费技术培训和为农户养殖的奶牛免费提供人工配种及防疫等。奶牛养殖专项贷款担保公司积极开展工作，为农户提供了全方位的服务，有效规避了养殖风险，调动了平阴县农民的养殖积极性；二是突出现代畜牧产业建设。现代农业是我国新农村建设的首要任务，畜牧业是现代农业的重要支柱。现代畜牧业前连种植业，中连加工业，后连流通与服务业，是现代农业的重要角色，也是农民增收的重要产业。随着平阴县畜牧产业的发展，带动了饲草加工业的发展。促进了平阴县农业种植业结构的优化调整。1.5 万头奶牛，年消化玉米秸秆 10 万吨，仅此一项，每亩增收 100 多元。在解决了玉米秸秆乱堆、乱放现象的同时，也优化了农村生产、生活环境，解决了加工企业急需的原料供应难题，促进了平阴县流通和服务业的发展。同时，生态化的养殖模式，提高了环境承载能力，生产的优质畜产品达到有机绿色食品标准，有效解决畜牧业发展所面临的资源、环境双重制约因素；加之"公司＋农户＋基地＋农户"的产业化经营模式，适合市场经济规律，产品适应市场化环境，具有较强的国际竞争力，有力带动平阴县畜牧产业的快速健康发展；三是规范项目管理。2007 年项目确定后，及时召开了部门联席会议，布置了工作任务。在工程建设中，明确要求各项目主管单位、项目实施单位严格按照项目公示制、法人责任制的要求明确各自职责。同时，整合办公室适时公布了投资超过 30 万元的大宗物资和土建工程，要求全部实行招投标和政府采购，并在招投标工程的建设中推行工程监理。在资金管理中，明确要求各项目实施单位，严格按照县级报账的要求，开专户、建专账、配专人管理，做到专款专用。

3. 林果产业。林果业也是平阴县的优势主导产业，2007 年平阴县将万亩优质核桃基地建设项目列为支农资金整合试点工作的重点，并整合荒山绿化、小型农田水利建设和行业协会项目，大力发展优质核桃产业，带动了平阴县林果种植业结构的优化调整，改善了农业生态环境和生产条件。具体而言，平阴县将林业、水利、土地整理、扶贫等资金整合在一起，集中使用，项目由县林业局、县水务局、县国土资源局、县产业办以及项目所在乡镇政府等单位共同组织实施，建设了核桃基地 10 000 亩，并对项目内的山、水、田、林、路进行了综合治理，并采取了以下措施对项目进行扶持：一是封山育林。为保住平阴县退耕还林、还果成果，由县林业局全面负责封山育林任务，制定了护林员制度和机动巡查制度。严格限制上山放牧。对难以管理的地段，进行了拉网封闭式管理。同时，加大了宣传和违法打击力度，确保了荒山治理效果；二是政策扶持。随着核桃价格的居高不下，群众种植核桃树积极性高，为满足群众要求，县乡村为农民免费提供了苗子、调整土地和技术指导，加快了项目建设进度；三是严格落实管理措施。通过严格实行项目公示制、项目法人制、项目合同制，强化了项目管理，确保了工程质量，有效带动了林果产业发展，促进了农民增收。该项目的建设，促进了平阴县产业结构调整，壮大了林果产业，预计可实现人均收入 500 元，有力地带动了农民增收。

4. 培育龙头企业，带动产业发展。平阴县在打造优势主导产业时，遵循了"公司＋协会＋基地＋农民"的产业经营与发展模式，因此，在打造优势主导产业的同时，也先后扶持了一批龙头企业，以及农业合作经济组织。在发展畜牧产业中，通过整合项目的实施，壮大了伊利乳业、绿安食品以及长荣畜产公司等农业龙头企业，提高了农康奶业、绿原肉羊合作社、生猪产销协会等行业协会的服务功能，建设完善了汇祥、顺兴和绿安种猪等生态化养殖小区，带动了平阴县近 1 万农民进入畜牧产业化生产；立足玫瑰产业，平阴县突出区位优势，重点扶持了惠农公司和油用新品种玫瑰花基地建设。截至目前，平阴县规模以上龙头企业发展到 35 家，其中市以上重点扶持龙头企业 14 家，农村合作经济组织发展到 55 家。这些龙头企业的发展，有力带动了优势主导产业的发展，推动了农业增长方式转变，提高了农民的组织化程度，推动了农业产业化进程；提升了农副产品的市场竞争能力，带动了平阴县农业增收、农民致富和农村经济社会的协调健康发展；与此同时，也使得"公司＋协会＋基地＋农户"的产业化经营模式得以不断完善。

三、整合工作推进了社会主义新农村建设

1. 改善农业基础设施条件，优化生态环境。一是通过小流域综合治理，整合农业综合土地治理、国土土地整理等项目，极大地改善了农业基础设施条件。2006 年，重点建设了以农业综合开发项目为重点的孝直镇汇东 2 万亩蔬菜示范区，把该项目建设成为有机蔬菜种植示范区，另外集中发展一批设施蔬菜，推动大棚西瓜、食用菌和韭菜发展；积极实施了绿色通道项目，以交通干线、南水北调工程两侧生态环境优化建设和荒山绿化为主，实施退耕还林；并以招商式开发的形式，加快了玫瑰湖湿地综合治理，通过高起点、高标准规划，将玫瑰湖湿地建成集生态湿地、黄河文化、湖光山色于一体的休闲度假旅游区，促进了"生态平阴"的建设。

二是以财政支农资金整合试点为契机，大力发展农村户用沼气建设。农村沼气建设是优化农村生态环境、拓宽农民增收渠道以及提高农民生活质量的重要措施，因此平阴县将其列为新农村建设的重要内容。一方面，开展多种形式的沼气宣传。充分利用网络、电视等新闻媒体，大力宣传沼气池建设、沼液、沼渣综合利用及沼气在社会主义新农村建设中的重要作用，增强广大干部群众开发利用农村沼气等可再生能源的积极性；另一方面，与财政支农资金整合工作相结合，将农村户用沼气工程列为整合项目，并以整合为契机，积极争取上级扶持，实施"以奖代补"的激励政策，加大对沼气建设的补贴。截至目前，平阴县已初步形成了"畜—沼—果"、"畜—沼—菜"等生态循环农业模式，完善了农业基础设施，改善了农村、农民的生产生活环境。

2. 创新农村供水模式，改善农村生活条件。平阴县一直视农村安全饮水为改善农村生活条件的重要措施。整合前，为尽快实现农村安全饮水，该县先后筹集资金 2 000 多万元用于农村饮水工程建设，改善了 102 个村 8.3 万人的饮水条件，但由于是单村或连片小范围供水工程，所以不可避免地存在水质、水量保证率不高、不易管理等问题，因此一些行政村很快又出现了新的饮水困难。

为彻底解决这一问题，平阴县以财政支农资金整合工作为契机，将农

村通自来水工程列为 2006 年度财政支农资金整合项目, 规划在平阴县建设城区、沿黄河、沿汇河三大供水板块, 并通过三大板块联网将城市和农村供水结合在一起, 从根本上解决农村饮水安全问题。其中平阴县共规划建设 9 个安装水质处理设施的一级水源地、18 个二级水源地, 分别划定相应的水源地保护区, 安装地下水及管网监控系统, 对水源、水质、供水管网进行实时监控。工程计划总投资 8 080 万元, 分三年实施, 到 2008 年农村自来水普及率达到 98% 以上, 入户率达到 95%。截至目前, 平阴县农村安全自来水普及率达到 99%, 基本形成由镇到村、由村到户、辐射周边、覆盖平阴县的整建制供水网络, 并因此受到上级的充分肯定, 成为山东省山地丘陵地区大管网供水样板。

3. 提高农民素质, 增加农民收入。为推动社会主义新农村建设, 平阴县重点实施了"农业科技入户工程"、"新型农民阳光培训工程"、"2000 核心农户培训工程"三大工程。一是深入实施农业科技入户工程, 建立科技人员到户、良种良法到田、技术要领到人的农技 (机) 服务新机制, 加快农业科技成果应用步伐; 二是以推动农业产业化进程为契机, 依托远程教育、劳动就业中心和职业教育中心等培训基地, 实施以阳光培训为主要内容的新型农民科技培训工程, 帮助农民掌握农业新知识、新品种、新技术。其中 2008 年, 计划共培训农民 12 万人次, 转移农村劳动力 8 000 人, 顺利实现农村劳动力转移; 三是实施新型农民培训工程, 平阴县坚持"政府推动, 学校主办, 部门监管, 农民受益"的原则, 以农村劳动力转移就业前的短期职业技能培训为重点, 以严格认证培训基地为基础, 整合各类培训资源, 完善农村教育体系, 采用多种培训方式, 提高农民素质。其中 2007 年共培训 2 000 人, 就业率达 95.7%, 完成省、市农村劳动力转移培训阳光办公室下达平阴县的示范性培训任务。各项措施的有效推行, 使得农民综合素质有了显著提高, 真正成为新农村建设的生力军。

4. 助推了第一产业总产值的增加和第一产业结构的调整。从表 9-1 可以看出, 2005 年平阴县财政支农资金整合试点工作开始后, 平阴县第一产业总产值比未进行财政支农资金整合试点的 2004 年增加了 25 470 万元, 增幅为 13.51%, 是近几年增幅最大的一年。不仅如此, 从表 9-2 和图 9-1 也可以看出, 试点前后平阴县第一产业的结构状况也更加趋于合理。可以说, 上述变化财政支农资金整合试点功不可没。

表 9 - 1   2002～2006 年平阴县第一产业总产值变动情况

年份	2002	2003	2004	2005	2006
总产值（万元）	152 791	169 183	188 566	214 036	237 879
增幅（%）	—	10.73	11.46	13.51	11.14

表 9 - 2   2000～2006 年平阴县第一产业结构情况   单位：万元

年份	农业产值	林业产值	牧业产值	渔业产值
2000	—	7 281	53 665	1 485
2001	98 202	7 265	58 993	1 459
2002	82 267	6 447	62 584	1 493
2003	91 332	5 862	66 483	1 098
2004	104 889	4 724	78 041	912
2005	117 883	5 476	89 565	1 112
2006	131 405	4 665	93 342	1 252

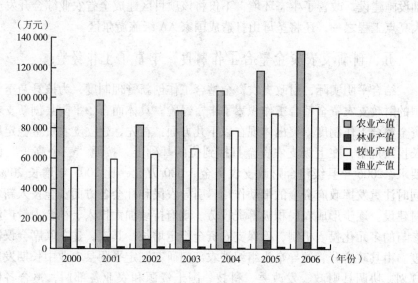

图 9 - 1   2000～2006 年平阴县第一产业结构情况

四、整合工作带来支农资金的集聚效应，形成支农新格局

1. 放大了资金规模，发挥了财政资金"四两拨千斤"的导向示范作用。平阴县自开展财政支农资金整合工作以来，统筹安排财政资金，逐步

减少农业竞争性领域的财政性资金投入，转向公益工程。并不断运用市场经济手段，制定优惠投资政策，采取财政贴息、贷款担保、民办公助、以奖代补、以物抵资、产权制度改革等措施办法，带动金融资金和民间资金增加对农业的投入，形成社会各方面投资和支持农业的新机制。比如在伊利乳业奶源基地建设中，针对奶牛养殖贷款难，县财政投资 800 万元，成立了奶牛养殖风险基金担保公司。担保公司与农行、信用社签订协议，按照 1:5 的比例，取得了 4 000 万元的贷款放贷给养牛户，给奶牛养殖提供了资金保障。

2. 财政资金的引导作用得到充分发挥。平阴县通过资金整合，完善了项目区基础设施建设和生态环境的改造，提高了项目的建设水平，增强了项目区招商引资的能力，使得社会融资不断增加。其中 2005～2007 年，分别带动社会投资 1.74 亿元、2.59 亿元和 2.04 亿元。以圣母山农业园区建设为例，平阴县积极发挥财政资金的引导作用，以整合试点为契机，将整合重点放在该园区，先后吸引 15 家农字号企业落户，完善了园区基础设施建设，改善了生态环境，不仅将该项目区建成全省农业综合开发五大亮点工程之一，还将圣母山打造成国家 AA 级旅游景区。

五、创新支农资金整合工作制度，丰富了工作经验

结合平阴实际，财政支农资金整合工作创新管理制度，为该县乃至全国的财政支农资金整合工作积累了丰富经验。具体而言，平阴县创新支农资金整合工作制度，突出体现在以下几方面：首先，建立支农资金稳定增长投入机制，在上级支农资金打捆到位的基础上，按照"三个高于"的要求，2006 年县级整合财政支农资金 3 600 万元，比 2005 年增长 20%。同时注重发挥政府资金的带动作用，引导农民和社会各方面资金投入新农村建设。逐步形成农民积极筹资投劳、政府持续加人投入、社会力量广泛参与的多元化投入机制，确保支农资金稳定增长；其次，建立联席会议制度。由县政府分管领导牵头组织涉农部门研究制定平阴县农业中长期发展规划，协调县财政、发改委、科技、国土资源和农业各部门，整合各层次、各方面、各渠道的资金，确定年度实施方案；再其次，建立财政内部协调机制。由县财政负责同志组织协调财政局内管理涉农资金的各业务科室，先将支持"三农"的资金进行汇总分类，然后根据实施方案，分解任务，各负其责，分工协作，形成协调一致、公开透明的运作机制；最后，建立部门联络员制度。由各成员单位确定一名业务骨干为整合工作的

联络员，搞好项目编报和项目实施进度的汇总，及时总结工作中好的经验、做法，并适时做好调查研究任务。

参考文献

1. 云南省财政厅农业处：《云南省财政支农资金整合文件》，云南省财政支农资金整合文件集，2005 年。

2. 湖南省财政厅农业处：《湖南省财政支农资金整合文件》，湖南省财政支农资金整合文件集，2005 年。

3. 苏丹：《加强和完善财政支农的思考》，载《长春师范学院学报》，2004 年第 6 期。

4. 财政部：《财政部关于进一步推进支农资金整合工作的指导意见》，2006 年。

第十章 平阴县财政支农资金 整合案例分析

第一节 个案分析之一: 平阴县玫瑰产业 发展中的财政资金整合

一、平阴县玫瑰产业发展概述

1. 平阴玫瑰简介。玫瑰,属蔷薇科,是一种落叶丛生灌木,茎密生锐刺,花、色、香兼备。玫瑰原产中国,是中国传统的园林植物。

平阴玫瑰栽培,历史悠久,据史书记载,它在平阴集中栽植始于汉朝,迄今已有2000多年的历史。明万历年间,翠屏山宝峰寺僧人慈净种植玫瑰于翠屏山周围,后繁衍扩大。明末已开始用玫瑰花酿酒、制酱。清末已形成规模生产,清末"续修平阴县志"载有:《平阴竹枝词》曰:"隙地生来千万枝,恰似红豆寄相思。玫瑰花放香如海,正是家家酒熟时。"的诗句。民国初年"平阴乡土志"载:"清光绪二十三年(1907年)摘花季节,京、津、徐、济宁客商云集平阴,争相购花,年收花三十万斤(150吨),值银五千两。"此时期栽植玫瑰花盛极一时。1918年后,平阴县先后遭受旱、雹灾害,玫瑰花成块枯死,鲜花产量大减。至1938年,日寇侵占平阴,交通不便,玫瑰外销困难,农民毁花种粮,至1948年年产鲜花减至1.5万公斤。新中国成立前,玫瑰花一般栽植在沟边、地堰或山坡,没有大田种植,只收不管,任其自然生长。

新中国成立后,党和政府采取各种有效措施,大力扶持玫瑰花生产,1957年把玫瑰花列入统购物资,提高花价,从而调动了广大农民的种花积极性。1959年平阴县建立玫瑰花研究所后,通过科技开发,开始把玫瑰花从沟头、堰边引向大田种植,主要集中在玫瑰镇南石硖村、北石硖村和李沟乡孔庄村一带,玫瑰花面积恢复到67公顷。1960年始,由于受

"以粮为纲"的影响，放松了对玫瑰花的管理，玫瑰花面积又开始减少，到 1974 年仅有玫瑰花面积 26.67 公顷。改革开放后，县委、县政府从强县富民出发，号召调整种植结构，广泛发动群众在田间种植玫瑰花，当年栽植面积恢复到 85.33 公顷，到 1980 年猛增到 457 公顷。1985 年，县政府规定：每在粮田栽植 666.7 平方米（1 亩）嫁接玫瑰，减少 100 斤粮食订购任务，并补助 100 元苗木费，当年全县玫瑰花面积发展到 620 公顷。到 1987 年，形成了以玫瑰镇为主，向周边李沟、孔村、平阴等乡镇延伸的种植格局，全县玫瑰总面积达 645.4 公顷。1988 年以来，由于受供求关系影响，全县玫瑰花栽植面积有减有增，玫瑰花产业时兴时衰。1989年全县玫瑰花面积大、产量高，但加工能力低、外销渠道不畅，鲜花价格急剧下降，大量鲜花卖不出去，挫伤了农民种植积极性，至 1992 年全县玫瑰面积减少至 172 公顷。从 1995 年开始，有些玫瑰加工户新上花蕾烘干设备，干花蕾成为玫瑰市场主导产品。因市场广阔，价格回升，农民种花的积极性又一度高涨，到 1998 年全县玫瑰花面积恢复到 267 公顷，其中盛花期面积 86.67 公顷，年产鲜花蕾 570 吨左右，每公斤最高价达到 23.6 元，年销售收入 400 万元以上。2000 年县里组织玫瑰产业化生产，号召各级各部门倒包、反包农民土地，兴建玫瑰园，建立服务示范基地，以实际行动做给群众看，带着群众干，群众纷纷效仿，积极改粮种花，全县玫瑰花面积迅速发展到 600 公顷。2001 年对平阴玫瑰花生产是一个特殊年份，因 3 月寒流袭击造成玫瑰花减产，花蕾加工户纷纷抢购，使鲜花蕾的价格每公斤最高达 50 元，平均价格每公斤达到 40 元，花农发了财，一般种植户可收入二三万元。但由于鲜花蕾成本过高，加工后产品价格并未随之升高，结果加工户遭受了较大损失。2002 年吸取教训后，花农与加工户实现了双赢。2003 年全县玫瑰花栽植面积 859 公顷，但由于受"非典"影响，外来客商不能前来购买，花蕾与鲜花不能畅销，每公斤的价格下降到五角钱，花农的经济利益受到影响。2004 年玫瑰花是个丰收年，全县加工干花蕾近 500 吨，仅销售 260 吨，又造成加工户亏损。2005年加工户在市场的引导下，实行转产，新上了玫瑰花炼油设备，年加工鲜花能力在 2 600 吨左右，从而稳定了玫瑰花生产。截至 2007 年，平阴县种植玫瑰达 30 000 亩。

2. 平阴县玫瑰花的品系类型。传统的平阴县玫瑰花一般分为三个品种：一是单瓣红玫瑰，其特点是花单瓣，香气最浓，能结种子，由于花单瓣，产量低，故面积小，仅作为种子予以保留；二是含苞玫瑰，其特点为形成花蕾后，不能开放，可作为中药材培植。三是重瓣红玫瑰，即中国传统玫瑰的代表，该品种花大色艳，香气浓郁，瓣多瓣厚，单花径达 8 厘米，单花重可达 6 克，成为生产栽培的主要品种。

平阴县玫瑰花研究所通过 40 多年的科学研究，利用有性杂交育种方法，先后培育出若干杂交新品种（平阴一号到十号），多数品种表现良好，既具有传统平阴玫瑰的香气，又有花大色艳、花期长等特点。如：丰花玫瑰，即"平阴一号"，其特点是单株丛紧凑，枝条较重瓣红玫瑰矮小，耐水肥，抗锈病，多次开花，5 月中旬花量最多，花期长，可持续到 10 月底，公顷产量最高可达 7 500 公斤，一般在 5 000 公斤左右。紫枝玫瑰，即"平阴二号"，又称"四季玫瑰"，该品种春、夏、秋三季都可开花，而且单花朵大，产量高，抗病虫害性强，当年生枝无刺，呈亮紫色，且扦插繁殖育苗简便易行，栽培紫枝玫瑰可以"冬赏枝条夏观花"。该品种是园林绿化美化的优良苗木。除此之外，平阴玫瑰花研究所先后收集引进国内外品种 40 多个，如保加利亚白玫瑰、红玫瑰，俄罗斯香水一号、二号、三号玫瑰，北京庙峰山红玫瑰、北京单瓣白玫瑰，四川蜀玫，甘肃苦水玫瑰，山西青徐玫瑰，广东罗岗玫瑰以及本省的菏泽洋玫瑰、单县玫瑰等。

3. 平阴玫瑰产业开发。玫瑰是天然芳香植物和芳香工业的重要原料，具有很高的经济价值。平阴县从历史上就对玫瑰进行开发利用，研制出多种产品畅销于国内外市场。玫瑰花蕾可入药，不仅治疗妇科病、肝胃气痛等，还可治疗心脑血管疾病，可广泛地应用于医药行业。除去花与蕾之外，根皮还可作染料。新培育的平阴紫枝玫瑰，又名四季玫瑰，5 月开花，持续到 11 月谢花，花期长达 7 个月，寒冬落叶后，从根部直到顶部，枝条全部为紫红色，极具观赏价值，是城市绿化、园林绿化的优良品种。

（1）主要产品的开发。玫瑰酒。用玫瑰花酿酒始自明代，清末平阴城内"积盛和"酿制的玫瑰酒以味美香甜而闻名。民国时期平阴生产的玫瑰酒，就曾以香气醇正、甘甜可口先后获德国莱比锡国际博览会金质奖章和奖状、巴拿马国际博览会银质奖章和奖状。1957～1972 年平阴玫瑰酒厂年均生产玫瑰酒 5 000 公斤，1984 年平阴玫瑰酒厂生产的翠屏山牌白玫瑰酒获山东省优质产品奖。1987～1990 年年均生产玫瑰酒 4 000 公斤。1997 年以后，山东三株阁老贡酒业有限公司生产的玫瑰酒、玫瑰神酒，每年销往广东、福建等省达 4 000 多公斤。济南龙泰酒业公司生产的玫瑰王酒，济南福胶酒业公司生产的玫瑰酒深受消费者的欢迎。

玫瑰酱。玫瑰酱是将玫瑰花的花瓣用糖腌制成的。鲜花须发育充分、瓣厚、色浓、洁净，采摘鲜花后，平铺在阴凉通风的室内，经常翻动，防止发热变质，经过1~2天的放置，玫瑰花的花托与花瓣分离，剥除花托、花萼后，即可进行腌制。腌制玫瑰酱的糖用纯净的红白糖即可，按花、糖1:4的比例。平阴制玫瑰酱始于明代，清末平阴城内"永福楼"、"崇华楼"及"增盛和"生产的玫瑰酱除自用制作玫瑰风味食品外，已在市场销售。1950年县供销社年生产玫瑰酱1.5万公斤，销往河北、山西、上海等省市，1951~1957年年均生产玫瑰酱1~2万公斤。1958~1987年年均生产0.5万公斤。1987~1995年年均生产1万公斤，1996~2003年全县涌现出多家玫瑰酱生产企业和经营户，品种多样，包装精美，大多作为礼品销往全国各地，部分产品进入国际市场。

玫瑰茶。用玫瑰花鲜花蕾和优质茶制作玫瑰花茶始自明代，几百年来畅销不衰。20世纪末，平阴天源玫瑰花茶厂、平阴玫瑰开发有限公司、山东平阴九州玫瑰制品有限公司开发生产的玫瑰茶、玫瑰花茶、玫瑰八珍茶都进入大城市的商场超市、宾馆饭店，深受消费者喜爱。

玫瑰精油。平阴县自1957年开始用鲜玫瑰花提炼玫瑰油，是全国最早生产玫瑰油的县区之一。1958年炼玫瑰油2.37公斤，属全国最高产量。1959~1984年每年提炼玫瑰油1公斤左右，1985年出油率提高到万分之三点一一，提炼玫瑰油15公斤。1987年玫瑰花研究所、玫瑰乡香料厂及个体户计炼玫瑰油50公斤。以后玫瑰油价格下跌，炼油渐停。到2005年，全县新上5家炼油厂，可提取玫瑰精油100多公斤。玫瑰精油可广泛应用于香水、香波、香烟、牙膏和高级化妆品中，市场前景广阔。21世纪初，县内几大商家把玫瑰精油精心包装成装制散发器，轻轻逆时针旋转一至二转，即可放香，能持续挥发、放香4~6年，可广泛应用于住宅、办公场所、宾馆等。

玫瑰干花蕾。1995年以前，玫瑰花的用途主要用于酿酒、制酱、炼油。1995年以后，南方一些客商前来收购玫瑰干花蕾，自此一些加工户相继购置烘干设备，开始加工干花蕾产品。2002年中国绿色食品发展中心命名"平玫牌"玫瑰干花蕾绿色食品A级产品。到2004年，全县烘干炉达到91台套，加工干花蕾500多吨。干花蕾一时成为平阴玫瑰的主导产品。玫瑰干花蕾的销售，主要通过中间商销往南方，有一部分被转手出口。

玫瑰花口服液。玫瑰花口服液选用含苞欲放玫瑰鲜花，配以蜂蜜、功能性糖醇等原料,利用现代生物工程微发酵技术生产,属于低糖、低热量的天然保健型饮品,口感具有浓郁芳香,甘醇清爽,口味悠长等特点。

玫瑰花香枕。玫瑰花香枕是以玫瑰花盛开季节,清晨太阳未出之前,花半开时采集的鲜花,经脱水而成的花瓣为主要原料精制而成。玫瑰花香枕散发出的清新淡雅的芳香可刺激脑电波中的 a 波,使人心情沉静,还可缓解紧张烦躁的情绪,起到安神镇脑的作用。该产品原料除玫瑰花外,还有茶、枸杞、菊花、山茱萸、麦冬、冰糖、金丝枣等七种配料。

浴体玫瑰。浴体玫瑰是清晨花半开时采集的鲜花经脱水精制而成的洗浴珍品,具有挥发期长、香味浓郁等特点。玫瑰花瓣经浸泡,其芳香四溢。常在玫瑰花浴液中浸泡,可滋润皮肤,养颜香体。

(2) 苗木生产与旅游开发。1978 年开始,玫瑰镇夏沟、焦庄等村出现玫瑰育苗大户,年均育苗万株。从 1995 年开始,随着农业产业结构调整,很多外地客商到平阴购买玫瑰苗,促进了全县苗木生产,形成了玫瑰苗木繁育销售市场。1999~2002 年,全县育苗面积达 60 多公顷,紫枝玫瑰多销往大城市作为绿化苗木,最高价格每株 6 元。丰花玫瑰大多销往新疆、河南、浙江和本省菏泽、聊城、济宁等地,有的育苗大户一年销售苗木几十万株。

玫瑰不仅有经济价值,而且还有很高的观赏价值。每年 5 月是平阴县玫瑰花盛开的季节,此时,这里的沟头堰边,路渠两旁,到处是一簇簇、一行行争奇斗妍的花朵,大片大片的玫瑰园,如绣似锦,美不胜收。自古以来,就有才子佳人、文人墨客观赏玫瑰的记载,并留下许多绝佳诗句。每到花开季节,这里还举办翠屏山庙会,唱大戏,玩把戏,以此吸引四面八方的游人。1990~1996 年,平阴县委、县政府举办了六届玫瑰阿胶艺术节,实现了文化搭台,经济唱戏。从 2003 年开始,平阴县与济南市旅游局联合推出了"玫瑰之旅"旅游路线,从北石硖—南泉—赵台—玫瑰示范园—翠屏山—玫瑰花研究所,全程路线 20 公里,路线之内规划整修了五处景点。仅"五一"黄金周期间玫瑰景区就接待游客 3.8 万余人次,大多是县外游客、旅行团队或自驾车游客。2007 年和玫瑰节相对应,平阴县又举办了平阴玫瑰仙子评选活动,玫瑰仙子作为平阴县的代言人,促进了的当地旅游业的发展。

4. 玫瑰科技推广。

(1) 科研机构。1959 年 11 月成立平阴县玫瑰花研究所,所址设在玫瑰镇西胡庄村,后迁至罗寨水库南。1988 年 8 月由罗寨水库南迁至玫瑰镇陶庄村南 100 米处。玫瑰花研究所成立以来先后归属县计委、县科委、县经委，1998 年划归县林业局。1987 年引进 1.5 立方米循环式水蒸气蒸馏玫瑰油生产设备 3 套，年生产玫瑰油 50 千克。2003 年投资 7 万元，新建玫瑰鲜花蕾脱水车间 1 处，年加工干花蕾 2 万公斤。2003 年有职工 20 人，其中高级工程师 3 人，工程师 2 人，助理工程师 9 人，技术员 2 人，工人 4 人。有 1 400 平方米的办公科研楼 1 幢，实验标本品种园 1 公顷，实验田 2.7 公顷。园内设有各种研究小区，每年都对传统玫瑰、嫁接玫瑰以及外地和别国的玫瑰进行对比试验，并利用现代技术开发新品种，40 多年来研究所积累和保存了大量的玫瑰花栽培资料。

（2）科技成果与推广。1966 年，玫瑰花研究所唐舜庆工程师实验成功嫁接了繁殖玫瑰，使玫瑰花产量大幅度增长，传统玫瑰公顷产量 1 125～1 875 公斤，嫁接玫瑰公顷产量提高到 2 250～2 625 公斤。此项成果在 20 世纪 80 年代开始在全县逐步推广，对平阴玫瑰的产业化发展起到了关键作用。1976 年唐舜庆利用杂交方式繁育玫瑰获得成功，培育出玫瑰新品种 10 多个，其中丰花玫瑰、紫枝玫瑰成为大面积栽植的优良品种。1988～2003 年，平阴县玫瑰花研究所围绕玫瑰高产栽培、病虫害防治、花粮间作和新品种选育进行科学研究，有 10 项成果在省、市获奖。玫瑰花研究所与玫瑰镇林业站每年都举办玫瑰花栽培技术学习班，向花农传授育苗、嫁接、防治病虫害等管理技术，全县掌握玫瑰栽植管理技术的达 5 000 余人。

为了丰富玫瑰品种资源，针对国际市场玫瑰精油香型的需求，在保持原有品种资源的基础上，近年来，平阴县又发展了 1 000 亩大马士革玫瑰新品种，2006 年底从陕西西安引进格拉斯玫瑰新品种 6 万株，在平阴镇胡山口小流域建起了 150 亩的油用玫瑰生产基地，这不仅为平阴县增添了新的品种资源，也为该县玫瑰精油真正进入欧洲市场打下了基础。另济南惠农玫瑰精油有限公司从日本引进 4 个玫瑰新品种；玫瑰花研究所的太空育种科研项目，也由实验室转入大田栽植实验阶段；县财政支农资金整合项目即平阴县玫瑰花科技推广项目，在研究所建起了 90 平方米的组培室和 600 平方米的两个温室大棚，为平阴县玫瑰的大量繁育、发展提供了有力的保障；以研究所、仁和苗圃为中心扦插蔷薇 60 万株，为新品种繁育嫁接做好了充分准备。

5. 玫瑰加工企业。1988 年以后，平阴玫瑰由资源优势变为产品优势，进而由产品优势变为商品优势，形成了农户＋协会＋公司的产业化组织形式，尤其涌现出一些外控市场内联千家万户的加工企业（大户），起到了中间商的作用，促进了玫瑰产业的发展。

济南天源玫瑰制品开发有限公司。平阴天源玫瑰花茶厂成立于1996年6月，2004年改制为济南天源玫瑰制品开发有限公司。企业占地面积2万平方米，固定资产2 000万元，年设计加工能力2 800吨。该公司与上海一科研单位联合研制、开发的主要产品有玫瑰精油、玫瑰花茶、玫瑰花香枕、玫瑰鲜汁酒，部分产品填补了国内空白。

平阴玫瑰开发有限公司。该公司是玫瑰镇于2001年4月成立的为花农服务的一家经济实体，2003年公司固定资产560万元，销售收入2 100万元，主要销售苗木，加工鲜花蕾，炼制玫瑰精油，生产玫瑰薰茶、玫瑰酱、玫瑰浸膏等产品，其中"平玫"玫瑰干花蕾被国家绿色食品发展中心认证为绿色食品。

山东平阴九州玫瑰制品有限公司。该公司成立于2002年1月，固定资产80万元。企业先后开发研制出玫瑰精油、玫瑰软胶囊、玫瑰花口服液、玫瑰蜜等6大类40余种玫瑰系列产品，其中九州玫瑰花茶于2002年获中国名茶博览会金奖。该公司已在县城开设5家形象专卖店，在县外开设6家分公司，产品畅销济南、青岛、北京、上海、深圳等地。

济南贸珍玫瑰有限公司。该公司成立于2003年，主要经营业务是玫瑰精油、干花蕾、玫瑰酱等产品，意在通过对玫瑰花深加工，提取玫瑰精油，生产玫瑰系列产品，从而带动玫瑰产业的健康发展。

济南惠农玫瑰精油有限公司。该公司成立于2005年3月，位于平阴县玫瑰镇，是以平阴玫瑰为原料提取纯天然玫瑰精油的生产企业。生产馥莱尔牌天然玫瑰精油、玫瑰花露水、玫瑰花粉、玫瑰干花蕾，玫瑰酱等产品，是全国最大的玫瑰精油生产基地。公司年生产玫瑰花露水500~1 000吨，玫瑰花粉60~80吨，除满足国内市场外，还销往欧盟国家。

1995年开始出现干花蕾加工大户。2001年全县新上烘干设备15台套，2002年发展到31台套，2003年55台套，2004年达到91台套，加工能力500多吨，加工能力在30吨以上的加工户有七八户。在县委、县政府的正确领导下，近年来，经过林业、外经贸、计划、人事等部门的共同努力，在成功建立济南惠农玫瑰精油有限公司的基础上，2007年又从青岛引进了玫瑰活性水、玫瑰超微粉中试项目，采取与设备发明、生产者合作的方式，在花期进行了成功的试验；济南贸珍玫瑰有限公司对2006年新上的六台玫瑰精油加工设备进行了技术改造，使出油率达到万分之三以上，并进行了大批量的玫瑰精油生产；九州玫瑰制品有限公司新上玫瑰花瓣微波加工生产设备一套，日加工鲜花1 200公斤，可生产干花瓣120斤；天源玫瑰制品有限公司新建1 700平方米的现代化厂房两处；济南惠农玫瑰精油有限公司在济西工业园征地30亩，一期工程建起了1 000平方米的生产厂房和200平方米的办公室，新厂区主要用于玫瑰新品种的加工和玫瑰新产品的生产。目前，济南惠农玫瑰精油有限公司与广州绿苑公司首先开始了玫瑰水加工项目，并与法国、日本、中国香港等国家与地区的相关企业已进行了初步洽谈，香港客户准备投资1 000万美元建设5 000亩玫瑰基地。玫瑰加工龙头企业的相继建立发展，使平阴玫瑰产业近年来实现了质的突破，同时也带动了玫瑰鲜花价格的稳步上扬，2007年玫瑰鲜花价格由2006年的1.5元/斤左右涨到了1.8元/斤左右，每斤价格上涨0.3元；玫瑰鲜花蕾价格由去年的1.7元/斤左右涨到了1.9元/斤左右，每斤价格上涨0.2元，让群众得到了实惠，稳定了玫瑰产业的发展。2007年全县玫瑰加工企业达12家，加工玫瑰鲜花1 002吨，生产玫瑰精油355斤，生产玫瑰水371吨。近年来玫瑰水的价格、销路逐年看好，惠农公司加工的300吨玫瑰水在生产中就被订购一空。全县2007年玫瑰干花蕾加工炉也较2006年有了显著的增加，从2006年60台套增加到2007年的71台套，其中今年新上加工炉8台套。据统计，全县加工鲜花蕾1 518吨，生产干花蕾340吨。干花蕾在加工期间就基本被销售一空。在玫瑰其他系列产品方面，主要有天源、九州、康宇、玫瑰酒业、香格酒业等，以生产玫瑰茶、玫瑰酱、玫瑰膏、玫瑰口服液、玫瑰香枕、玫瑰酒等为主，其产品加工销售量也在逐年提高。天源、九州两家企业，在全国主要城市建立起30余个产品专卖店，在2007年获得了省级农产品名牌荣誉称号；济南贸珍玫瑰有限公司在继天源、惠农之后又成为济南市级农业重点龙头企业。在以上龙头企业的带动下，平阴县玫瑰产业开始焕发出了新的生机和活力，逐渐走上了健康稳定发展的道路。

二、玫瑰产业发展中的财政支农资金整合情况

为了促进玫瑰产业的发展，用好玫瑰这张名片，平阴县在财政支农资金整合的过程中，通过以玫瑰产业为平台进行财政支农资金的整合，并由林业局作为具体负责玫瑰花科技推广项目的法人，通过"规划—项目—资金"三位一体的整合资金管理模式，以项目为资金整合平台，推进玫瑰产业的发展。

1. 项目建设情况。平阴县玫瑰产业发展中，财政支农资金整合集中体现在玫瑰科技推广项目中，玫瑰科技推广项目的主要采取了以下做法：

一是平阴县从 2006 年 10 月~2008 年 10 月用了两年的时间在玫瑰研究所建设了一个 90 平方米的组培室和两个 600 平方米的温室大棚，其中组培室主要用于玫瑰的接种、培养，温室大棚主要用于新品种苗木繁育和鲜切花培育。同时，在研究所、仁和苗圃以及外地等扦插蔷薇 60 万株，为 2008 年和 2009 年的 2 000 亩玫瑰新品中基地建设做好了充分的准备；二是从 2006 年 11 月~2007 年 12 月建设了 150 亩油用玫瑰高产示范基地。在经过现场勘察和充分论证的基础上，最后选定平阴镇胡山口小流域内。2006 年开始施工，经过定点、打灰线、挖定植沟、回填、施肥、二次回填、整畦墙等一系列工序后，栽种格拉斯玫瑰苗 6 万余株，建成了 150 亩的油用玫瑰高效示范地。三是配合圣母山小流域的治理，形成生态农业和旅游农业，平阴县准备建设的玫瑰欣赏园，建成后的玫瑰欣赏园从圣母上观赏，将呈现出圣母玛丽亚的圣像，从而将农业开发和宗教文化以及旅游文化结合起来，增加玫瑰产业发展的宗教文化内涵。

在玫瑰科技推广项目中，主要是整合了中央财政投入的资金，其中玫瑰花科技推广项目方面的资金为 60 万元，包括组培室的建设（组培材料设备款 130 570 元、维修费 58 584.07 元、药品和容器费 59 301.2 元、培训咨询费 16 600 元、大棚支出 98 418.82 元、其他费用 28 423.3 元）和玫瑰产品的检测（干花蕾、玫瑰水成分检测及过敏试验经费 15 5780.61 元包括细胞液提取机 100 000 元和差旅费 55 780.61 元），苗木 33 305.56 元，以上三项共计 580 983.56 元，项目实施单位主要是投入了房屋、水电、人工等。油用玫瑰花基地建设方面的资金为 40 万元（包括工程费 80 000 元、苗木款 110 000 元、材料费 22 185 元、土地租金 75 000 元、人工费 75 000 元、水利维修费 23 523 元），该项目到目前为止的支出为 411 069 元。

2. 工程运行管理情况。一是加强组织领导，成立了项目领导小组。为了避免部门间的相互推诿扯皮，加强支农资金整合工作的领导，真正实现集中财力办大事的目标，成立了由县长、分管县长分别任组长和副组长，财政局牵头、涉农有关部门组成的"财政支农资金整合试点领导小组"，负责整合工作的协调。资金整合领导小组办公室设在县财政局，负责日常工作。同时为了打好平阴玫瑰这张名片，按照整合试点领导小组办公室的要求，在平阴玫瑰科技推广这个项目确立后，成立了由具体负责这个项目的林业局局长任组长，分管副局长任副组长，相关科室为成员项目领导小组，负责项目的具体运作，如与具体实施单位签署合作协议等。

二是通过联席会议的传达机制形成了项目运行情况的信息传播机制。联席会议是由县政府分管领导牵头组织涉农部门研究全县农业中长期发展规划，协调县财政等部门的一种信息交流和协调机制。在玫瑰花科技推广项目中，该机制发挥了重要的作用。通过联席会议的召开，玫瑰花科技推广中遇到的难题得到了及时的沟通和解决，为玫瑰花产业的发展创造了良好的部门协调机制。

3. 资金使用管理情况。一是积极推行县级报账提款制，强化支农资金源头控制。为规范和加强财政支农资金的使用和管理，提高资金使用效益，对整合范围内的项目，全部实行县级报账提款制，专人管理、专账核算、专款专用，做到了资金支出项目报账手续齐全，程序规范，拨付及时，使用合理，杜绝了虚假配套、虚假报账、虚列开支、大额现金支出、抵顶抵扣、挤占挪用资金等违规违纪现象。二是严格实行项目招投标制，确保资金安全到位。凡投资超过 30 万元（农业综合开发为 10 万元）的单项工程和大宗物资的采购必须实行投招标。对整合项目资金的拨付，县财政局在收到项目单位的《农业财政专项资金报账提款申请书》、《农业财政项目建设进度审核表》，经审查合格后，统一由财政国库集中支付，资金直达施工单位，防止了挤占、挪用和套取财政支农项目资金的现象，确保了资金及时拨付到位，加快了项目进度，提高了项目建设质量。

4. 项目实施管理情况。一是严格项目申报程序。突出了《支农资金整合优化实施方案》的指导作用，制定了《平阴县支农资金整合项目申报程序及实施管理办法》，严禁不经领导小组审批随意申报项目。二是实施规范化管理。县支农资金整合领导小组与项目主管单位、资金管理部门和项目法人单位、协作单位签订项目建设责任书，明确项目建设的内容、地点、时间和财政资金支持环节，划定项目各相关主体的责任和权利，科学安排施工进度。按照建设要求每个项目通过张贴公告、网络和广播电视等新闻媒体进行公示，对整合项目全部实行了法人制管理，对符合条件的项目进行投招标。为解决农业项目监理单位和监理人员少的问题，积极推行了土洋结合的方法，在项目工程施工前调剂县、乡农林水部门工程技术人员、村组推选的农民技术员成立监理班子，明确各自的职责，进行跟班作业，旁站式把关，以加强工程施工监督，确保建设质量。项目完工后，由项目单位或项目承建单位提出验收申请，业务主管部门、财政部门共同组织验收并出具《农业财政项目工程质量验收单》，确保项目竣工后的产权移交和管护，做到项目长期发挥效益。三是加强督促检查。第一，建立项目督导制度。资金整合领导小组抽调精干力量，组成项目督导小组，全面掌握项目建设第一手资料，加强项目管理力度。第二，建立项目通报制度。通过会议、简报、新闻媒体、网络等方式，及时通报项目进展情况。同时，邀请县人大、政协的代表、委员进行工作视察，并组织各成员单位和项目实施单位进行现场观摩。

三、取得的经验与存在的不足

1. 取得的经验。在玫瑰花产业发展中，财政支农资金的整合推动了该产业的发展，促进了平阴县整个经济水平的提升和产业结构的调整，显示了财政支农资金整合的强大生命力。同时增强了政府的责任感和自主创新能力的提高以及政府职能的转变，但是，在整合的过程中由于原有的陋习以及部门间缺少有效的协调机制，相关的法律还不健全，以致整合中仍然存在这样或那样的问题需要我们及时调整和改变。

（1）为财政支农资金搭建了整合平台。平阴县通过玫瑰花科技推广项目为财政支农资金的整合搭建了一个整合的平台，主要体现为以下几个方面：

第一，搭建了农业产业结构调整的平台，提了区域经济效益。由于受地理条件的限制，平阴无法进行大规模的工业化改造，而是要依托自身的优势条件发展现代农业。玫瑰花在平阴有几千年的栽培历史，玫瑰产业经过几代人的努力形成了一个品牌，可以说大家对平阴的认识是从平阴玫瑰开始的，而且玫瑰花具有很高的经济价值和社会价值，因此，大力发展玫瑰产业既是历史定位，也是时代呼唤。通过玫瑰花科技项目推进了平阴玫瑰品种的创新和农业结构的调整，实现了玫瑰生产的规模化、产业化和集约化。通过该项目的实施，预期可创造 736 万元的经济效益。同时，项目建成后，辐射带动周边乡镇发展玫瑰花田 2 万亩，全县的玫瑰花种植面积可达到 5 万亩，进入盛花期鲜花总产量可达 2 万吨，实现产值 8 000 万元。仅玫瑰花产业一项花农即可实现年人均增收 400 余元。通过项目建设，对调整农村产业结构，提高农民收入和促进平阴县域经济发展具有显著的促进作用。

第二，搭建了农业科技创新的平台，形成了良好的生态发展机制。现代农业的发展离不开农产品的不断创新，玫瑰花科技推广加快了现代科技产业向传统农业的全面渗透，通过科技推广增加了玫瑰产业发展的科技含量，提高了特色资源的利用率和整体效益，赋予了平阴县玫瑰新的发展空间，大幅度提升了玫瑰生产的层次和水平，促进了玫瑰产业的可持续发展，提高了玫瑰品质，有助于创新玫瑰产品的新品牌，发挥了玫瑰花这个主导产业的横向规模经济和纵向规模经济。同时，通过该项目的开发与实施，项目区的生态环境将进一步优化，抵御自然灾害的能力大大提高，有助于良性生态发展机制的形成。经过项目的实施，改良了土壤质量，其有机质含量由原来的 1% ~1.1% 增加为 1.4%，项目区林木的覆盖率预期可达 80.6%，起到了涵养水源，减少水土流失和美化环境的目的，实现了产业经济的可持续发展。

第三，搭建了平阴走向世界的平台，取得了良好的社会效益。在玫瑰产业发展的过程中，通过玫瑰花科技项目的推广为平阴搭建了一个"让平阴了解世界、让世界了解平阴"的平台。平阴县为了推进玫瑰花品种的改良和玫瑰花产品的销售，大量地组织人员到外地观摩、学习，并从外地引进大马士革、格拉斯等新品种改良当地的玫瑰品种，同时积极开发旅游业，形成了融玫瑰特色、自然风光和历史文化、宗教文化为一体的生态旅游观光农业，弘扬了玫瑰文化、唱响了玫瑰品牌、促进了生态旅游业的发展。

第四，搭建了农民增收、农业发展的平台，促进了新农村建设。通过玫瑰花科技推广，农民栽培玫瑰花的技术水平上升，加之几经市场价格沉浮，花农的市场意识明显增强，对玫瑰花产业的发展有了客观的认识，抵御风险的能力得到了加强。在该项目带动下，实施了老品种更新换代、低产田改造、玫瑰花与其他农作物间种等措施，保证了玫瑰花在全县的种植面积稳定发展，为加工企业提供了充足的货源，同时，花农的收入逐步增长，全县农业在玫瑰产业的带动下稳步发展。

（2）形成了良好的财政支农资金整合运转模式。

第一，改变以往的资金投放模式，"捆绑式直达"的支农资金下达模式取代了以往的"撒胡椒面"模式。改变了过去支农资金项目交叉，投资重复的现象，实现了对支农资金的集中管理。支农资金通过一个漏斗一步到位，发挥了资金的集聚效应和项目的洼地效应。通过捆绑式直达，将以往涉农部门的投入资金整合到一起，一步到位，减少了支农资金流转的中间环节，抑制了部分部门的利益冲动，加快了资金投放的速度，同时减少了资金投放的成本，实现了支农资金在投入过程中的经济效益，增强了政府部门的责任感和创业感。

第二，建立了"以规划定项目，以项目带资金"的支农资金使用模式。在支农资金整合的过程中，资金的使用是资金整合的重中之重，通过漏斗式下达的资金一旦到了县这一级，如何使用整合后的资金成为长期以来支农的一个难题。如何找到一个资金使用的切入点，值得我们推敲和思考。以往的支农资金使用总是无法找到一个最佳的投入渠道，使得支农资金没有发挥应有的作用，而是成为一些部门争夺的盘中餐，支农资金的支农最终流于形式。平阴县在财政支农资金整合试点工作中摸索出一条"以规划定项目，以项目带资金"的整合资金使用模式，通过玫瑰花科技推广这个项目不仅整合了中央财政支农资金 100 万元，而且带动了社会资本的进入，带动了平阴玫瑰开发有限公司、九洲和天源等加工销售企业的发展，国外的一些商家也到平阴进行实地考察，投资主体日趋多元化，资金来源渠道呈现多样化特征。

可以说，通过玫瑰花科技推广项目建立了一个资金整合的平台，不仅整合了财政资金，企业以及花农自身的投入同样融入整合过程中，提高当地的就业水平和经济发展，也为以后支农资金的整合提供了学习的榜样。

第三，从资金的投入到资金的使用建立了严格的监督机制。首先，对项目的管理采取"七制"管理，即项目立项的审批制、项目管理的法人制、项目建设意向的公示制、大宗货物或单项工程的招投标制、施工土洋结合监理制、项目管理的督导制和项目进展情况的通报制，通过项目申报和项目进展制度的建立和完善，确保了项目建设的可操作性和资金使用的规范性。其次，建立了严格的资金使用监督制度。平阴县结合《山东省农业财政专项资金实施县级报账管理暂行办法》出台了《平阴县财政支农专项资金报账制管理办法》，做到对投入玫瑰花科技推广项目的资金进行专人管理、专账核算、专款专用，提高了资金使用的经济效益和社会效益。

2. 存在的不足及改进措施。

（1）存在的不足。在玫瑰花科技推广项目中，虽然取得了较大的成效，但仍存在一定的问题，主要体现为以下几个方面：

第一，财政支农资金总量不足，抑制了玫瑰产业的发展。玫瑰花科技推广费项目资金的来源主要是中央财政投入的 100 万元，省级财政、市级财政和县级财政没有与之配套的资金，由于平阴县财政还停留在"吃饭"财政的阶段，不可能拿出相应的资金与之配套，但是 100 万元的投资对玫瑰花科技推广来说是远远不够的。首先，玫瑰花组培室的建设刚刚起步，要进行高效运转，每年都需要大量的资金；其次，玫瑰花新品种基地刚刚建起，今后苗木的日常管理、生产道路的维修、水利设施的维护也需要大量的资金；最后，为配合2008年圣母山小流域和锦水河小流域玫瑰生产观光园的建设，需要更多新品种的培育和新产品的开发，这也同样需要大量的资金。因此，如何筹集项目实施的后续资金是关乎项目持续开发的关键。

第二，财政支农资金的监控机制不够健全。根据系统管理理论，系统的结构决定系统的功能。在财政支农资金整合的监控体系中，系统化的监督控制应体现综合性、层次性、连续性的特点。各监控主体不仅对监控对象的计划与决策行为、运行情况以及运行结果实施连续监控，以避免监控过程的断裂，同时，就同一监控客体的上述行为而言，不同监控主体应该以某一环节作为主要的监控内容，以体现监控过程的纵向分工。对财政部门的农业投入决策由人大进行监控，对决策执行情况的监控主要由财政部门进行，对决策的执行结果由审计部门实施审计监控。对财政农业投入的实际状态，除专业部门监控外，社会中介机构以及媒体的监控也很重要。因此财政支农资金整合的监督控制体系应该是由人民代表大会的宏观监督、财政部门的日常监督、审计部门的事前事后监督、支农涉农部门的配套监督、社会的补充监督和法律的保障监督六方面的内容组成，是一个全方位、多层次、立体型、动态化的综合系统型监督控制体系。

尽管平阴县在财政支农资金整合过程中建立了严格的资金使用监督机制，但是这只体现了财政部门的日常监督，而且这种日常的监督也存有一定的缺陷，主要体现为对项目的审批、监管水平没有完全到位。如在玫瑰花科技推广项目中，对油用玫瑰的引进就没有进行很好的市场调查，以致生产的玫瑰精油香型不符合市场需求，而且在育苗的过程中由于对油用玫瑰缺少认识，也带来了一定的损失。原因在于，财政对支农专项资金的管理大多没有建立起行之有效的事中和事后监督机制，多数支农项目的执行是由县乡政府或事业单位通过各种渠道自行联系设计和施工单位，在项目执行中时常出现"重拨轻管"的现象。加上相关部门只管资金，不管项目建设实施，事前调查、事中监督、事后检查都不到位，致使挤占、挪用现象普遍，虚报、冒领等问题以及违规现象在各部门、各领域都有发生，很大程度上影响了财政资金使用的安全、有效、规范，支农资金不能在农业生产中真正发挥"导向"作用。

第三，上下之间的联动缺少长效机制。虽然在整合过程中设立了整合试点领导小组和项目管理小组，并定期召开联席会议进行部门之间的沟通与协调，但是由于涉及部门利益和上下级之间的利益冲突，一些部门在整合过程中仍然有"部门思想"，开展工作时不愿配合或配合不积极，没能及时地转变观念，合力作用没有很好地发挥出来。因此，在今后的工作中，县级政府需要进一步加强与市、省和财政部的沟通，积极协调县级部门之间的利益冲突，及时转变观念，将思想集中到支农资金整合上来，确保集中财力办大事这个目标的实现。

（2）改进措施。

第一，积极争取省级财政和市级财政的扶持，扩大财政支农资金总量，带动社会投融资。在项目建设的过程中，除了用好、用足中央财政的100万元资金外，还应根据项目可持续开发的要求，申请省级财政和市级财政的支持，可采取上级领导和专家调研的方式，让上级部门进行实地考察，形成直观印象并对该项目的后续发展有详尽的了解，争取两级财政的大力支持。同时，通过玫瑰节等项目的举办，吸引国内和国外投资者到平阴观光考察，并配合农村金融改革，争取金融支农资金也纳入到财政支农资金整合的轨道上来，扩大财政支农资金整合的范围，满足项目后续发展的资金需要。

第二，"四位一体"健全和完善财政支农资金监控机制。为了加强对财政支农资金整合全过程的监督控制，可以考虑建立"立法监督＋财政监督＋部门监督＋社会监督"四位一体的财政支农资金整合监控机制。第一层级的监督——立法监督。由县级人民代表大会及其常委会和所属的审计委员会组成，负责对财政支农资金的规模、投入项目以及决策程序、预算编制方法的合规性、有效性进行监督。第二层级的监控——财政监督。财政监督应由财政业务职能部门的投入决策与预算计划调控监督和财政专门监控机构的全面监督两部分组成。这两个机构的监督控制应在支农资金整合领导小组的统一领导下进行。财政业务职能部门的投入决策与预算计划调控监督主要是对财政支农资金投入预算、决算的合规性、真实性和准确性进行监督检查，以及根据工程进度和工程结算单，经过严格的审批程序，按照县级报账的方式，将资金分批拨付到项目施工单位。财政专门监控机构的全面监督是指通过对财政部门业务职能机构的岗位职责分工、资金拨付制度的落实以及标准化的管理监督机制的建立来实现对财政支农资金使用情况和使用效益的监控。第三层级监控——部门监督。支农涉农部门的监督体现在对本部门的支农建设项目监督检查上。各支农涉农部门应按照整合领导小组的要求，充分发挥行业主管部门的专业特长，主要负责本部门支农项目的实施与行业建设标准的衡量与分析，与财政、审计部门共同就本部门支农项目的建设内容、工程质量、施工进度、施工管理制度、报账审核、项目竣工、移交管护等按照相关制度和程序进行监管。第四个层级监控——社会监督。主要由会计师事务所和注册会计师等社会经济鉴证机构组成。其监控职能的实现是通过会计师事务所和注册会计师等社会经济鉴证机构，对各支农涉农预算单位和支农项目施工单位的财务凭证、会计报表的审查，并出具具有法律效力的审计报告来完成。图10-1显示了财政支农资金整合过程中的综合监控情况。

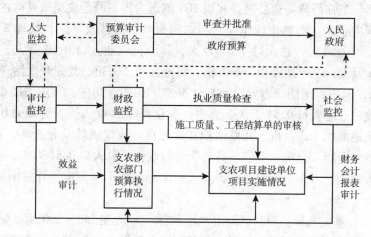

图 10-1　县级财政支农资金整合监控体系示意

四、案例点评

玫瑰花是平阴县的名片，从古至今，玫瑰花产业给平阴县带来了较大的社会效益和经济效益，但是由于长期以来财政投入不足，玫瑰花的科技攻关做得不够，玫瑰花的品种以及玫瑰花产品的开发不够，玫瑰花产业的发展受阻。平阴县被批准作为国家、省级和市级三级财政支农资金整合试点县后，自2006年开始平阴县整合中央财政资金100万元对玫瑰花科技项目进行了推广。通过资金整合，平阴县玫瑰花产业发展得到了较大的推动，经济效益、社会效益和生态效益较为可观，推进了平阴县农业结构的调整和升级换代，增加了社会的就业机会，扩展了农民增收的空间，带动了农村经济的发展。但是，该项目实施过程中存在的一些问题仍需我们通过制度的优化加以改进。

第二节　个案分析之二：平阴县圣母山农业综合开发中的财政资金整合

一、圣母山农业综合开发项目概况

1. 项目区概况。

（1）项目区范围。项目区位于平阴县城南 2 公里处，与县济西工业园毗邻。东临济菏高速公路，北以 105 国道为界，西至玫瑰镇夏沟村玫瑰示范园中心路，南到玫瑰镇庄科村、南石峡村。涉及平阴、玫瑰 2 个乡镇，13 个行政村，总人口 1.02 万人，其中：农业人口 0.98 万人，劳动力 0.6 万人；总土地面积 2.6 万亩，耕地面积 2 万亩，规划开发治理面积 2 万亩。其中：平阴镇涉及分水岭、孙官、毕庄、胡庄、葛庄、胡山口 6 个行政村，总人口 0.51 万人，其中：农业人口 0.48 万人，劳动力 0.3 万人；土地面积 1.2 万亩，开发面积 0.9 万亩。玫瑰镇涉及北石峡、庄科、南石峡、西唐、夏沟、罗宅、高套 7 个行政村。总人口 0.51 万人，其中：农业人口 0.5 万人，劳动力 0.3 万人；土地面积 1.4 万亩，开发面积 1.1 万亩。

（2）水文气象。项目区地下水埋藏深，一般在 150～200 米，储量不大，水资源主要来源于大气降水和黄河客水补源，以地表水径流和地下水形式存在，多年平均水资源总量 593 万方，其中：地下水资源总量 290 万方，当地地表水 153 万方，黄河客水 150 万方，人均占有水资源总量 590 方，平均每亩耕地占有水资源总量 296 方。项目区属华北暖温带季风气候区，四季分明，具有春旱夏涝，晚秋再旱的特点。多年年均气温 13.3℃，全年无霜期 204 天；年均太阳辐射总量 120.8 千焦/平方厘米，年日照时数为 2 932 小时；年均风速 3.4 米/秒；年均降雨量 631 毫米，但年际变化较大，旱涝不均，尤其是旱灾经常发生。

（3）地形、地貌及土壤。项目区属低山丘陵区，平均海拔 160 米，最高海拔 198 米，项目区多为 250 以下的坡地、阶地和田坎，水资源相对短缺，土壤类型主要为褐土，厚度一般在 1～15m，pH 值 7.3，有机质含量 0.3%～1.1%，全氮量 0.028%～0.072%，速效磷 3.5～15ppm，速效钾 45～120ppm，耕作层常年 20cm 左右。活土层浅，土壤熟化程度低。

（4）自然灾害。近年来，干旱是影响该区农业发展的重要灾害，其发生规律一般为春旱、伏旱和秋旱，严重影响着作物播种和生长。因此，以水利建设为重点，努力扩大、改善灌溉面积，是项目区的关键治理措施。其他灾害性天气还有冰雹、干热风等。

（5）社会经济状况。第一，人口及劳动力。项目区涉及 13 个行政村，总人口 1.02 万人，其中：农业人口 0.98 万人，农业劳动力 0.6 万人。第二，土地利用现状。项目区现有土地总面积 2.6 万亩。耕地面积 2 万亩，人均耕地 2 亩，项目区以粮食作物为主，主要有小麦，玉米，地瓜。经济作物主要有玫瑰，葡萄等。粮经比为：6:4。第三，农业生产水平。项目区以玉米、小麦为主，其中：小麦种植面积 0.83 万亩，主要品种为济麦 16、鲁麦 21。单产 300 公斤，总产 219 万公斤；玉米种植面积 0.78 万亩，主要品种为 981 和农大 108。单产 400 公斤，总产 312 万公斤；地瓜种植面积 0.18 万亩，单产 1 500 公斤，总产 270 万公斤，主要品种为济薯 18，川山紫；玫瑰种植面积 0.55 万亩，单产 250 公斤，总产 138 万公斤，品种以传统玫瑰为主。酿酒葡萄 0.04 万亩，单产 1 000 公斤，总产 40 万公斤；花生 0.14 万亩，单产 200 公斤，总产 28 万公斤。棉花 0.11 万亩，籽棉单产 150 公斤，总产 17 万公斤。其他作物包括油菜、大豆、核桃、苹果等作物 0.35 万亩。粮经比为 6:4。复种指数 150%，粮食作物占农作物种植面积的 60%；现有大牲畜 0.12 万头，其中：牛 0.1 万头，猪 0.5 万头，羊 0.7 万只，肉类总产量 35 万公斤，蛋类总产量 0.7 万公斤。第四，地方财政与农民收入。2004 年，项目区农业总产值为 5 838 万元，其中：种植业 2 630 万元，林业 229 万元，畜牧业 1 706 万元，副业 273 万元，农民人均纯收入 3 200 元。第五，农业科技服务体系状况。农业科技服务体系健全、设施初具规模。农业科技推广普及率 65% 以上，良种覆盖率 60% 以上。项目区科技力量雄厚，服务设施配套良好，为农业科技开发项目的建设提供了可靠保证。

（6）基础设施。第一，水利骨干工程现状。项目区水利骨干工程主要有：机电井，引黄灌溉渠系和季节性水库。现有机电井 19 眼（平阴镇 11 眼，玫瑰镇 8 眼），其中：现配套使用 14 眼（平阴镇 8 眼，玫瑰镇 6 眼），平均上水量 50 方/小时；5 眼机电井因地下水位下降，现有水泵扬程低，且井房破损严重，不能正常使用。现配套田间输水管道 17 公里（平阴镇 15 公里，玫瑰镇 2 公里）。单井控灌面积 150 亩，总控灌面积

2 100 亩。引黄工程有"1030"干渠玫瑰分干和二胡支渠 7 公里，控灌面积 2 000 亩。"1030"干渠为 70 年代修建，经过几十年的运营，老化失修，渗漏严重。项目区现有水库 2 座，分别为：玫瑰镇罗宅水库（小一型）和平阴镇毕庄水库（小二型），其中：罗宅水库兴利库容 100 万方，毕庄水库兴利库容 12 万方，2 座水库均为季节性水库，枯水年干旱，水源不稳。平阴镇项目区建有万方防渗布水池 1 座。第二，田间工程现状。项目区田间工程主要有排水沟 10 公里，其中：干沟 6 公里，支沟 4 公里；生产桥 28 座；石渠 8 公里。第三，农业科技服务现状。项目区现有农技推广站 2 处、技术人员 15 人，其中：中级职称以上人员 4 人，水利站 2 处；技术人员 27 人，其中：中级职称以上 2 人，林业站 2 处，技术人员 12 人，其中：中级职称以上人员 3 人，蔬菜站 2 处，技术人员 6 人。良种、农药、肥料等农用资料供应站多处，乡镇政府设有科技、科协组织。农业科技服务体系、设施初具规模。农机具配套率 88%。第四，交通设施。项目区交通便利，105 国道和 220 国道穿过项目区，正在建设中的济菏高速公路与项目区毗邻，近几年，村村通公路工程已近完工，公路畅通，运输条件优越、快捷，能满足项目区所需物资和项目区新增产品的运输要求。第五，电力设施。项目区 13 个村全部通电，电网遍布城乡，电力充足，平阴镇项目区内有 20 万伏变压站 1 座。变压设备装机容量大、高低压线路布局合理，能满足项目区农业生产和人民群众生活用电，为项目区提供可靠的用电保障。

（7）文化底蕴。项目区有丰富的宗教文化底蕴，胡庄圣母堂与上海佘山、吉林江南圣母堂并称全国三大天主教堂，每年朝圣教徒、观光游人遍布湖北、河北、山西、天津等 20 个省市，达 20 万人次。

2. 项目区农业综合开发项目概况。为把圣母山巨大的资源转化为经济优势，从 2002 年开始，平阴县委、县政府在圣母山周围大搞生态农业综合开发，按照"政府主导扎框架，园区招商调结构"的指导思想，积极争取各类农业综合开发项目和各类支农项目资金，初步建成了集精品农业展示、生态旅游、休闲观光于一体的综合性园区。

（1）园区建设景点分布和功能分区。整个园区从建设规划至今已经形成三区六园的格局。三区即宗教文化游览区、生态农业观光区、伊甸园度假休闲区。六园即千亩酿酒葡萄示范园、红柿子庄园、精品海棠园、花卉苗木园、玫瑰种植园和果品自采园，形成极具生态观光的效果。

（2）龙头企业——济南仁亿葡萄酒业有限公司。现在这个企业已成为济南市政府重点扶持的农业产业化龙头企业，生产的圣母山系列葡萄酒很受市场欢迎，以企业为龙头，现已发展订单农业酿酒葡萄3 000 亩。

（3）规划建设中的红柿子庄园。庄园以纯石质房屋为主，因有 400 多颗百年生的古柿子树而文明，将建成八个功能区域，其中以柿子树命名的八德广场最为著名。庄园建成后将是一处集休闲、会馆、观光于一体的综合型旅游场所。

二、项目开发中的资金整合情况

圣母山以财政支农资金整合为契机，打造省级甚至国家级亮点工程。县委县政府高度重视，多次到其他地方考察学习。考察后，该项目从以下几方面加强了对资金整合的管理：

1. 成立了农业综合开发领导小组。农业综合开发是一项政府行为很强的工作，县政府成立了由分管县长任指挥，农业、水利、财政、林业、畜牧、蔬菜、农机等部门主要负责同志任成员的农业综合开发指挥部，落实了县级领导和农口各部门分工包镇责任制，并将这项工作纳入乡镇政府和部门年度全方位目标管理考核范围，实行严格的考核奖惩。乡镇政府也成立相应的指挥机构和工作班子，由乡镇长负总责，分管镇长靠上抓，实行领导干部包片，机关干部包村，村干部包工程项目责任制，一级抓一级，使各项开发任务落到实处。

2. 多渠道筹集资金。凭借平阴县被定为国家级和省级财政支农资金整合试点的有利时机，在县委、县政府的大力支持下，有关部门充分整合相关资金，为圣母山农业综合开发提供了充足的财力支持。近几年，政府投资数额见表 10 - 1。

表 10 - 1　　　　　　　圣母山园区年度政府投资情况

年份	2002	2003	2004	2005	2006	2007
投资总额（元）	1 517 254	1 089 504	4 943 762	5 466 992	9 723 115	7 485 506

3. 加强项目资金管理。项目资金管理实行县级报账制。建设单位在工程建设过程中凭原始凭证分批报账。项目开工时，由建设单位根据批复的项目计划提出用款申请，县农发办和财政局审核同意后，拨付部分工程启动资金（不超过该项目财政资金总额的30%），启动资金在以后工程款中逐批扣除。工程完工后，建设单位向农发办、财政局提出验收申请，县

开发领导小组组织财政、农业、水利、林业等部门技术人员根据农业综合开发竣工验收程序和单项工程质量标准，对完工项目进行验收，验收合格后，建设单位严格按照规定的程序和手续到县财政局报账。县财政局和农发办认真核实各种报账凭证的真实性、合法性，审核同意后，据实办理资金拨付。工程全部完成后，经验收合格，财政局除扣除质量保证金外，全部拨付到位。县财政局、农发办负责对县级报账工作的指导、检查，及时发现和解决问题，和建设单位相互监督、制约，共同做好报账工作，并积极配合审计部门进行资金检查。

4. 制定优惠政策，搞好开发建设。为切实搞好农业综合开发工作，县、镇均制定了一系列激励、优惠政策和措施。一是坚持谁受益谁负担的原则，充分利用农村"一事一议"的程序，组织农民筹资投劳。二是采取以奖代补、先干后补措施，按照项目规划、标准，验收一项补助一项，工程标准质量不合格的项目，通过翻工整修，达到标准再拨款。对于整体工程规范标准，单项工程质量好的给予表彰。另外，对建筑工程实行招标政策。对水利设施、林网等工程的管护工作实行承包措施，以确保各年度农业综合开发建设的高标准、高质量、高效益。

5. 推行林权制度改革，确保开发治理成果。坚持明晰所有权，放活使用权，搞活经济管理权的原则，采取拍卖承包等形式，将开发治理后的道路、林网等承包到户，签订承包合同，明确承包者对所有林业资源的权利和义务，以加强其管护责任心。同时结合林业部门对山林的管护政策，组织专职护林员对道路、绿化美化苗木、水保林等进行管护。组建农民用水者协会，将项目区内水利设施进行统一管理，保证开发治理设施长期发挥效益。

6. 龙头连农户，培植优势产业。为大力培植项目区内酿酒葡萄和玫瑰两大产业，通过外出参观学习，制定优惠政策等措施，搞好农业产业结构调整。充分发挥葡萄酒厂和玫瑰精油加工企业的龙头带动作用，实行龙头连农户的模式，实行保护价收购。龙头企业提供技术服务，保证农产品质量，提高农户调整结构的积极性。对部分精品园区，项目乡镇政府采取返租到包的形式，将农户的土地全部承包过来，搞好基础设施后，统一对外招商，吸引外资。通过项目区的生态建设，优化美化自然环境，充分发挥玫瑰文化和宗教文化的优势和潜力，带动旅游观光产业的发展。

7. 运行管理与维护。为保证项目的高效益，以镇政府为基础，成立镇农业综合开发指挥部，建立项目管理责任制。管理人员在项目建设过程中，严格进行技术培训，经考试合格才能持证上岗。县政府制定了《农业综合开发项目工程管理办法》，做到有法可依。

8. 建立健全农业综合开发管理机制。

（1）落实好项目法人制。项目乡、镇乡镇长就是项目建设的法人代表，要对项目建设、资金使用方面的一切问题负法律责任。

（2）落实好项目招投标制。对重点开发工程及大宗物资的采购，都必须实行招投标制，以确保开发资金的专款、专用及工程质量的安全。

（3）落实好项目监理制。聘请有资质的监理单位对部分工程建设实施监理。县、镇两级都要成立由专业技术人员组成的工程监理小组，对整个工程建设实施监督管理。

（4）落实好项目工程、项目资金公示制。省、市项目计划后，按照计划内容，在县和项目建设单位张榜公布，让项目建设接受全社会的监督。

（5）落实好项目竣工、验收报账拨款制。由县开发办组织财政、水利、林业等部门专业人员组成的验收小组，严格按照竣工验收报账拨款程序，对已竣工的工程进行验收，保证开发资金的专款专用，足额到位。

（6）落实好工程产权移交制。项目竣工后，县开发办、财政部门要及时与项目单位办理产权移交手续，并严格管护经营制度，确保整个项目工程长期高效运营。

三、财政资金整合使用后的效果

1. 农业生产条件明显改善。由原来没有成形的道路、荒坡荒沟，基本无灌溉条件到现在路通、水通、电通和灌溉节水化。整个园区共新修水泥砂石生产路30公里，新打配套机井20眼，新建水池13座容量2.5万立方，架设输电线路10千米，埋设灌溉管道4万米，使输水管道通到田间地头。

2. 农业产业结构进一步优化，生态功能明显提升。通过开展农业招商和实行大户承包开发，已建成农字号企业15家，实现流转土地4 000亩，开发荒山4 600亩，园区内由原来种植纯粮食作物变为以经济作物为主，每亩地纯收入由原来的不足200元达到现在1 000元以上，粮经比例实现2:8。整个园区共栽植各种经济果花300万株，形成酿酒葡萄、玫瑰花、花卉苗木三大主导产业。以农字号企业为龙头，发展订单农业4 000

亩，并成为国家级生态示范区的建设主体。通过开发，项目区生态环境优化，抵御自然灾害的能力大大提高。林木覆盖率达到52%。比开发前提高30%。达到防风固沙，涵养水源，控制地下水掠夺性开采，减少水土流失，美化环境的目的。

3. 农业科技含量明显提高。

（1）节水覆盖率达到95%。（整个园区每年灌溉可节约水400万立方，相当于一座小二型水库，节水率35%）区内80%的地块实行低压管道灌溉；在酿酒葡萄、海棠园和花卉园等精品示范园区则安装了国内最先进的MM–5000中央控制微喷灌自动工程，通过土壤水分传感器、空气湿度监测仪实现全自动灌溉，是水利部高效节水灌溉项目（可节水70%以上）；对小型地块和山坡地则实行风车提水，共安装风力提水设施60套。

（2）积极引种名优经济果花，园区先后引进赤霞珠酿酒葡萄、精品海棠、德国汉莎玫瑰、大马士革玫瑰、日本甜柿等十几个国内外名优品种。其中酿酒葡萄品种——赤霞珠现已发展3 000亩，生理性状十分优良，主要生理指标优于河北主产区昌黎县和我省烟台蓬莱，仅次于原产地法国波尔多地区，现已成为省葡萄研究所科研基地。还引进建成了全省面积最大、包含16个品种13万株的海棠观赏园，并被列为山农大海棠繁育推广基地。

（3）大力发展生态循环能源。园区内各村积极实施一建三改，发展沼气能源，沼液、沼渣全部用于经济果花，使所生产的农产品全部达到无害标准，其中2005年大棚瓜菜示范园种植小型西瓜，在市首届评比会上获三等奖。

4. 示范带动作用明显增强。

（1）园区建设突破空间范围。以园区为核心和龙头，向东西两个小流域扩展，县城整个南部山区生态环境明显改善，已形成较具规模的观光产业带。

（2）围绕园区内产业发展，先后成立了葡萄、水利2个协会组织，同时使分散的农民组合起来，增强了农产品面对市场的竞争力。

（3）农民实现了两个转变：即由单纯种植业收入转变为地租和园区打工而获得的工资性收入，人均收入由过去200元变为现在的3 000～5 000元。园区内农民则由传统意义的农民变为农业工人。

5. 财政资金带动了大量的社会资金投入。在开发建设中，除镇财政出钱搞好三通一平外,以招商式开发为主线,坚持多元化投资开放。现已吸引 10 余家县内外单位、个人落户园区,建成农字号龙头企业:其中济钢农场发展苗木 120 亩,河北客商发展酿酒葡萄 50 亩,深圳客商发展高档花卉 200 亩,澳利集团投资 200 万元建设仲夏无核鲜食葡萄 500 亩,玫城公园职工入股租地 200 亩建设胡庄花木园,流转土地 4 000 亩(见表 10 - 2)。

表 10 - 2　　　　　　　　2002 年来平阴镇涉农企业发展一览

序号	年份	企业名称	投资总额(万元)	经营范围
1	2002	济南宝峪山庄	300	休闲娱乐
2	2002	胡庄花木园	300	花卉租赁、绿化工程、苗木
3	2002	孔雀养殖场	40	孔雀养殖、产品深加工
4	2003	济南卓雅轩酒庄有限公司	326	葡萄酒生产、加工、销售
5	2003	玫瑰园开发有限公司	1 000	玫瑰花产品生产、销售
6	2003	济南仲夏无核葡萄园	100	鲜葡萄生产、销售
7	2003	绿美园艺厂	200	绿化、苗木
8	2006	济南水山农业观光园(澳门)	1 200	现代农业、现代旅游
9	2006	绿环种猪场	600	种猪繁殖、推广
10	2006	济南长莱畜产有限公司	130	畜产品生产、加工、销售

6. 经济效益和社会效益明显提高。

(1)经济效益。项目区通过实施农业综合开发治理,从根本上改善了农业生产条件,大大提高了农业和农村生产力水平;全面发展高产、优质、高效节水农业,大幅度提高了农产品产量,增加了农村经济收入,提高了农民收入水平。

通过实施节水工程建设,灌溉面积大幅提高,粮食每亩增产 100 公斤,种植效益显著提高,经济苗木进入盛果期后可产生巨大的经济效益。可年增玫瑰花产量 100 万公斤,年增酿酒葡萄 120 万公斤。可年增产值 760 万元,年净增纯收入 560 万元,人均增收 560 元。

(2)社会效益。通过实施农业综合开发,项目区农民人均纯收入达到 3 760 元,比开发前增加 560 元;社会化服务体系健全完善,农业科技、机械化水平明显提高,农产品商品率达到 60%,农业技术普及率达到 70% 以上。

四、财政资金整合使用中存在的主要问题及改进措施

1. 存在的主要问题。

（1）财政资金投入量偏少。农业综合开发需要大量的资金投入，总的来说，目前财政资金投入还是比较少。资金的匮乏使得许多工程难以按照高标准来建设，比如项目区修的盘山路如果遇到百年一遇的大雨，可能会毁于一旦。

（2）整合平台偏低。目前财政支农资金是在县一级平台上进行的，上级资金往往"戴帽"下来，管理办法多样化，比如既有财政部门下发的资金，还有农业、水利等部门下达的，具有专项资金专款的特点，很难形成整合合力。

（3）交叉重复现象明显，资金使用效率低。比如县级水利部门同一项目既争取市里的、又争取省和部里的资金，各级部门信息不通，浪费严重。

（4）管理部门多，协调难度大。中央、省、市和县一级涉及农业的部门有十几个，这些部门的协调也成为整合中的一个难题。

2. 改进措施。

（1）加大财政资金投入并吸引社会资金投入。由于农业的基础地位和特殊性质，对农业采取适度的保护是世界各国，特别是发达国家的通行做法。通过加大对农业的投入，使一部分经济利益向农业转移，是国家对农业实施保护的直接手段。欧美等发达国家对农业的财政支出早在20世纪70年代就已达到占全国财政总支出的10%以上，而我国财政目前对农业的支出比例还不到8%，资金总量上显得更为不足。政府在对农业进行财政支出的同时，还要注意发挥财政资金的示范效应和乘数效应，引导社会资金的投入，减轻我国农业投入不足的状况。在农业投入主体多元化的情况下，政府作为投入主体之一，其投入可以为集体和农户等其他投入主体增加对农业的投入创造良好的外部条件，降低农业生产单位投资的机会成本，激励和引导其他投入主体对农业进行投资，发挥财政资金的乘数效应，对整个农业投资起到带动和示范作用。

（2）实行财政直接集中支付，减少划拨中间环节。中间环节过多是影响资金高效运行，造成支农资金流失的主要原因。为此建议尽快实行支农资金直接集中支付制度，把所有财政支出、部门配套资金全额存入财政专户，由财政部门统一管理，统一拨付，形成财政部门管资金、主管部门

管项目的分工协调的管理体制，避免支农资金"体外循环"造成的截留、挤占、挪用等现象。

（3）规范资金运作管理，建立和完善资金监督机制。加强对财政支农资金的分配、管理、使用进行全程跟踪监督，以杜绝违法违规违纪现象的发生。应按照市场经济体制要求，实行政务公开，接受媒体和舆论的监督，实现财政支农资金管理的制度化、程序化、规范化，提高资金使用透明度。采取科学的、现代化的管理手段加强监管。要借助现代信息技术，建立财政支农资金监管信息系统，加强对资金使用及效率的反馈和监控。整合现有监督机构的力量。要充分发挥发改委系统重大项目稽查机构、财政系统监督检查机构对支农资金的日常跟踪和监督作用加强审计部门对支农资金使用情况的年度审计等。建立财政支农资金使用的约束机制。如发现某部门有改变资金使用方向、挪用资金等行为，在办理年度决算时应扣减所挪用的财力，下一年度不再安排财政支农资金项目。

（4）建立财政支农项目的后评价制度。对财政支农项目的绩效进行事后评价是政府优化投资决策行为，提高支农资金使用效率的重要手段。后评价制度在发达国家早已被广泛采用。我国应借鉴其经验，着重从经济效益、社会效益、生态效益以及项目的可持续性等方面对财政支农项目的绩效进行后评价，并使之成为科学完备的体系和制度。

五、点评

按照"政府主导扎框架，园区招商调结构"的指导思想，圣母山农业综合开发项目整个园区自 2002 年启动，充分利用财政支农资金整合的有利时机，积极调动各方力量，打造省级和国家级亮点工程。该项目高起点规划、高标准管理。通过几年的建设，财政资金的投入起到了"四两拨千斤"的作用，带动了大量社会资金投入，园区实现了四个变化：一是农业生产条件明显改善；二是农业产业结构进一步优化，生态功能明显提升；三是农业科技含量明显提高；四是示范带动作用明显增强。在项目开发过程中，还存在着财政资金投入量少、管理效率低等缺点，今后应该采取有力措施，加大资金投入、完善项目管理，实现经济效益、社会效益和生态效益的不断提高。

第三节 个案分析之三：平阴县农村饮用水 工程中的财政资金整合

一、农村饮用水项目概况

平阴县位于鲁中泰山西脉，地势南高北低，总的地理概况为"六山三滩一平原"，中部是平阿青石山区，西北为黄河滩区，东南是沿汇平原。辖 7 个乡镇 1 个办事处、346 个行政村、36 万人，土地总面积 827 平方公里，山区丘陵占 65.4%，近 20 万人居住在此区，占全县人口的 70%，属严重缺水地区；历史上有 94 个村、8.2 万人长期出村吃水。

改革开放以来，党和政府高度重视农村群众吃水问题，对缺水村庄进行规划，并根据情况，因地制宜，采取国家补助和群众自筹的办法建设山区吃水工程。1994～1999 年，是平阴县加大力度解决农村饮水困难的五年，为了有效解决平阴县的农村饮水困难，在工程建设、资金筹措和管理及供水管理等方面强化措施，收到了显著的成效。5 年间，共建成 6 处乡镇集中供水工程，30 处农村集中供水工程，建水窖 182 座，打机井 22 眼，投入资金 386 万元，解决了 39 个村 2.6 万农村居民饮水困难。

2000 年 4 月，通过对全县农村饮水困难分布情况实际调查，共有 131 个村、9.28 万人吃水困难，其中历史缺水 2 个村、1 774 人，新增缺水 129 个村、9.1 万人。造成新增缺水的主要原因是水质污染、地下水位下降造成水量不足以及工程老化或建设标准低。2000 年以来，我们及时调整治水思路，按照因地制宜、分类指导，有利于可持续发展的原则，从解决水源入手，对全县的地形、地貌、水文、地质等情况进行认真详细的考察论证，科学规划，制订工程实施方案。对居住比较集中，水源条件较好的，或者单村因地质条件差等原因不具备水源条件而邻村有较好水源的村庄，优化配置水资源，实施连村、连片供水；如洪范池镇大寨村是全县山区的制高点，也是历史上有名的缺水村，已经打过 10 眼机井但仍然无水吃，2000 年，县政府调度水利局等有关部门进行专题研究，决定从相邻 3 公里以外的丁泉村向大寨村供水，当年 10 月开始施工，建成了从丁泉村西机井向大寨供水工程。从此，跨村联片供水便成为解决山区农村吃水困难的好形式。对居住相对比较分散，不具备连片供水条件的村庄，以打深井、兴建集雨蓄水工程为主；对既有机井又有季节性泉水的村庄，将地下水和泉水联合调度（如孝直镇东山供水工程），既提高了供水保障率，又降低了供水成本。2000～2004 年，共完成国债资金人畜饮水项目 6 批，省人畜饮水补助 4 批，兴建联片供水工程 20 处，单村供水工程 25 处，解决改善 102 个村、8.4 万人的饮水困难。

随着农村经济的发展和人民生活水平的提高，群众对饮用水的要求越来越高，由原来吃不上水向吃安全卫生水转变，党中央、国务院明确提出要让广大人民吃上安全卫生的自来水，决不能再喝高氟水、污染水。2005 年 1 月，根据农村饮用水安全卫生评价指标体系的有关规定，经普查全县已通自来水村 160 个 14.45 万人，自来水普及率达到 49.6%；仍有 186 个村、14.7 万人存在饮水安全问题，88 个村、10.3 万人饮水条件需要进一步改善。针对单村或小联片供水，水质水量无保证，工程权属不清晰，管理责任不明确，造成年年投资，年年建设，但总是不能从根本上解决问题的实际，县委、县政府多次开展调查研究，组织多方论证，总结"丁泉村向大寨村供水"以及"孔村镇整建制供水"经验的基础上，创新思路，科学规划，确立了坚持"高水高用、低水低用、余缺互补"原则，打破行政界限、区域界限、城乡界限，在全县建设 7 个一级水源地，10 个二级水源地，从 2005 年开始，利用 3 年的时间，投资 8 000 多万元，力争农村自来水普及率达到 98% 以上，使全县城乡居民用上安全卫生的自来水。截至目前，全县已建设一级水源地 7 处，二级水源地 7 处，大管网已辐射 327 个村、27.91 万人，农村集中供水率达到 95% 以上。

表 10 – 3　　　　　　　　　平阴县农村饮水安全现状

序号	名　称		单位	数量
一	基本情况（2005 年统计数据）			
1	总面积		万 km²	0.0827
2	行政区划	行政乡（镇）办事处	个	8
		行政村	个	346
3	总人口		人	366 095
4	农村人口		人	291 138
5	农民人均年纯收入		元	4 088
6	耕地面积		万亩	41.57
7	多年平均降水量		mm	631
8	多年平均径流深度		mm	90

续表

序号	名 称			单位	数量
9	多年平均最大连续无雨日			d	
二	2005 年农村供水基本情况（2004 年底三部委调查数据）				
1	集中式供水	按供水方式分	供水到户	人	151 401
			集中供水点	人	
			小计	人	151 401
		按水源分	地表水	人	
			地下水	人	151 401
			小计	人	151 401
2	分散式供水	井	人口	人	135 902
		引泉	人口	人	
		集雨	人口	人	
		无设施	人口	人	3 835
		小计		人	139 737
三	2005 年不安全人口数（2004 年底三部委调查数据）			人	
1	饮水水质不达标	高氟水（>2mg/L）		人	
		高砷水（0.05mg/L）		人	
		苦咸水（溶解性总固体大于2g/L）		人	4 344
		未经处理的IV类及超IV类地表水		人	
		细菌学指标超标严重、未经处理的地表水		人	3 835
		污染严重、未经处理的地下水		人	106 442
		其他饮水水质超标问题		人	
		小计		人	114 621
2	水量不达标			人	5 730
3	用水方便程度不达标			人	15 808
4	水源保证率不达标			人	10 431

二、项目发展中的财政资金整合情况

1. 加大财政资金投入。农村自来水工程点多、面广、线长、工程规模大、投入多。筹集和落实资金是工程能否顺利进行和如期完成的保障。

平阴县的农村自来水工程共需投资 8 000 多万元，其中村外主体工程 6 000 多万元，村内管网工程 2 000 多万元。按照省市要求，对村外主体工程，地方需要按 1:1 的比例提供配套资金，这对于平阴来说，难度很大。平阴县对支农资金进行了大胆的创新和探索，原则上除救灾资金、粮食直补资金、抗旱防汛资金、防灾防火等特殊用途资金外，将财政部门管理分配的其他支农资金全部纳入支农资金整合的范围，这样就会让资金发挥更大的效益，截至目前，支农整合资金用于村村通自来水工程建设达到 2 000 多万元，特别是开展支农资金整合以来，用于村村通自来水建设的资金明显增加（见表 10 - 4），有力地促进了这项工作的开展。支农整合资金的统一使用，避免了支农资金投资不合理，充分发挥了支农资金的作用，更加集中的把支农资金用于农村基础设施建设，解决了人民群众最关心的问题。

表 10 - 4 　　　　　2000～2006 年平阴县解决人畜饮水困难工程投资 　　　　单位：万元

年份	投资情况
2000	131
2001	100
2002	634
2003	397
2004	538
2005	835
2006	3 705

借助平阴县被列为全国支农资金整合试点县的机遇，对财政支农资金统筹安排使用，2006 年以来整合水利建设资金、水资源费等各渠道资金 2 370 万元捆绑使用，集中用于农村自来水建设，建成孔村、孝直、杨河、少岱山、安城、东风、小屯等 7 处区域集中供水水源地，并划定相应的水源地保护区，同时建设水资源实时监控系统，工程新打配套机井 24 眼，安装水质处理设施 7 套，安装恒压变频设备 14 台，铺设塑料主管道 62.16 万米，支管道 107 万米，解决改善了 222 个村、19.02 万人的饮水安全。

表 10-5　　　　　　　近几年上级财政投入情况　　　　　　单位：万元

年份	中央财政投入	省级财政投入	市级财政投入	总额
2003	60	22	60	142
2004	0	30	146	176
2005	50	250	215	515
2006	110	185	1 100	1 395
2007	124	249	970	1 343
总额	344	736	2 491	3 571

2. 突出重点，强化措施，扎实推动农村自来水工程建设深入开展。

（1）多方筹集资金，切实加大投入。按照"群众投资投劳、社会筹资为主、政府补助为辅"的原则，多渠道、多层次、多元化筹集资金。在县财力困难的情况下，筹借 1 000 万元，市场融资 500 万元，作为工程配套资金。按照《济南市村村通自来水专项补助资金管理暂行办法》的要求，对资金实行专户、专账、专人管理，切实保证村村通自来水工程建设资金投入。同时，充分利用"一事一议"政策，鼓励农民参与村村通自来水工程建设。

（2）严格把关，确保工程建设质量。严格执行招投标制、合同管理制等工程建设的"四制"规定，对村外主体工程管材和水源地建设统一进行公开招标，统一监督管理。为保证供水水质，由平阴县卫生防疫站对全县饮用水水质进行化验74处，选取符合《农村实施〈生活饮用水卫生标准〉准则》要求，作为供水水源；并按照要求对工程档案进行及时整理归档。同时，逐级落实领导班子和专业技术人员分工负责制，县水务局抽调三位副局长带领十几位技术人员分工负责，包质量、包进度、包协调。在工程建设中，积极引进新技术新设备，各水厂建设均采用了变频、实时监控等技术，安装了自动水质处理及消毒设备，确保了供水安全。

（3）坚持整合现有资源，科学布局的原则。以水源地为依托，合理布局区域供水设施，实现供水设施共建共享，打破乡镇间的行政界限，只要在经济上合理、技术上可行，就尽量向外延伸辐射，扩大供水区域，尽最大可能降低供水成本。同时，注意了新建工程和原有工程的衔接，充分利用原有工程，不搞重复投资建设，避免重复投资和资源的浪费。

（4）抓管理，积极探索经营模式。为确保工程长期发挥效益，按照供水商品化、服务社会化、管理专业化、经营企业化的要求，积极探索分级管理的模式，正在着手组建平阴县供水服务管理机构，下设城区、沿汇、沿黄等分支机构，同时成立用水者和供水者协会，逐步实现以水养水、以水兴水的良性循环。

3. 领导重视，狠抓落实，确保农村自来水工程建设顺利进行。

（1）加强领导，精心组织。成立了由县长任组长，有关单位主要负责人为成员的村村通自来水工程建设领导小组，县政府与各乡镇签订了村村通自来水建设责任状，根据年度全方位目标管理考核奖惩的规定，此专项考核结果作为加减分因素。县主要领导同志多次召开专题会议，进行检查调度。同时，为保证工程的顺利实施及今后的管理运行，出台了《平阴县村村通自来水工程建设实施意见》、《平阴县村村通自来水工程建设管理办法》、《平阴县饮用水水源保护办法》等一系列配套文件，为抓好这项工作奠定了基础。

（2）落实责任，分级负责。对于村村通自来水建设，逐级落实责任，实行分级负责。县里主要负责主体工程，包括供水工程水源地的建设及相应管理，主干管网材料设备的采购、供应、技术指导，调控设施的征地及土石方工程。乡镇村负责村外管线的临时用地，地面附着物清除、基槽的开挖、回填、管道安装等工作，村内管网由各乡镇组织受益村完成。

（3）广泛宣传，深入发动。充分利用平阴电视台、电台、平阴公众信息网、平阴水务网等宣传媒体，通过张贴标语，散发宣传资料等形式，广泛开展水与健康、饮水卫生知识等为专题的宣传活动，把饮水安全的重要性及与工程建设的有关政策宣传到村、到户、到人，达到家喻户晓，人人皆知，形成社会各界关心、支持和参与工程建设的良好氛围。

自 2005 年以来，共解决改善 172 个村 14.56 万人的饮水安全，其中06 年以孔村、东阿为中心的两大片区的 7 个水源地建设已全面铺开，并已铺设主管网 980 公里，解决改善 134 村 11.29 万人饮水安全（其中大管网已覆盖 114 个村）。南部山区的孔村镇、孝直镇、东阿镇、洪范池镇等四个乡镇工作开展较早，积极主动性高，已经取得了显著的成效。像孔村镇年底前 90% 的村将使用大管网供水，孝直、东阿、洪范池三乡镇的水源地建设年底前也将全部完成，部分工程已发挥了效益。平阴县的村村通自来水工作走在了全市的前列，2008 年济南市委督察室先后两次对平阴县村村通自来水工作进行了督察，对该项工作给予了通报表扬；2008 年 8月份，平阴县又代表济南市在全省山丘区供水工程现场会议上作了典型发言。

4. 创新体制，实行公司化管理，确保工程长期良性运行。为了确保工程长期发挥最大效益，降低国家资金投入的风险，确保国有资产保值增值，我们积极探索适应城乡供水一体化的新管理模式，按照供水商品化、服务社会化、管理专业化、经营企业化的要求，实行所有权与管理权分离。经过水务局领导班子多次研究，征得全局广大干部职工同意，决定由局直各单位和水务系统的全体职工，坚持入股自愿、风险共担、利益共享的原则，以集资入股形式，成立农村供水股份制公司。对全县的供水实行企业化运营，整个工程的所有权归国有，经营权全部委托给农村供水管理公司，在有关乡镇设供水站。同时成立农村用水者协会，共同参与监督管理。

三、财政资金整合后的效果

在工程建设中，坚持集中力量办大事的原则，整合水利建设、水资源费等各渠道资金捆绑使用，集中用于农村自来水建设，完成了 7 个水源地及水质处理系统建设，建成城区、沿黄、沿汇 3 处区域集中供水工程的实时监控系统，解决改善了 222 个村、19.02 万人的饮水安全，使过去已规划多年的自来水工程建设成为现实，群众的基本生活条件得到极大改善，提高了项目区农民的生活质量和健康水平。

1. 社会效益分析。项目区由于缺水以及水质恶化，致使由饮水产生的疾病发作率高，严重束缚了农村劳动力，大大限制了群众致富奔小康的步伐。解决农村饮水安全问题后，不但使该地区群众的基本生活条件得到极大改善，而且可大幅度地提高项目区农民的生活质量和健康水平，体现党和政府对群众生活的关心，减少各种传染性疾病和水源性疾病的发病率，解放大量的农村劳动力，为开辟新的致富途径提供条件。可以大大促进当地的精神文明和社会稳定。

实施项目后，有利于水资源的充分利用，使缺水地区有限的水资源得到合理的管理与调配，提高水资源的利用率，改善生态环境和社会环境，加速水利工程产权制度改革，从而带动当地其他资源包括人力资源的开发与利用，特别是对于交通落后、饮水困难的村，解决了吃水的问题，也就从根本上改善了当地的投资环境，有利于国家经济建设、拉动经济增长。

2. 国民经济评价。按照水利部的相关要求，经济效益分析主要从减少农民医药费支出、节省劳动力、发展庭院经济、促进农村经济和地区经济发展等方面进行分析，按照《建设项目经济评价方法与参数》（第二版）、《水利建设项目经济评价规范》（SL72－94）对整体工程进行经济效益分析。

（1）计算期及社会折现率。①农村饮水工程的经济计算期按 30 年计。其中项目建设期 3 年，正常运行期 27 年。②社会折现率按规范采用 12%。

（2）费用估算。工程费用包括项目的固定资产投资、流动资金和年运行费。①固定资产投资：工程总投资 2 760 万元。②年运行费：第一，工资及福利费。包括职工工资、工资性津贴、福利费、房屋统筹、养老金统筹等费用。该项目暂定管理人员 28 人，参照济南市有关规定，并结合当地的实际情况，考虑每人按年均 6 000 元计，年费用 16.8 万元。第二，燃料动力费。本工程的燃料动力费主要是电费，工程生产用电，当地基本电价为 0.56 元/kWh，根据当地实际情况，考虑补偿因素后生产用电为 0.67 元/kWh，电费共 55 万元。第三，维护费。工程综合维护费包括工程日常养护费、年修和大修理费，按工程固定资产原值的 1.5% 计，固定资产形成率按 80% 计，年维修费用为 33.1 万元。第四，其他费用。其他费用包括清除或减轻项目带来的不利影响所需补救措施的费用、日常开支、观测及其他经常性支出费用。该项费用按工资及福利、燃料动力费、维修费等费用总和的 10% 计，每年为 10.5 万元。因此，该工程正常运行的年运行费为 115.4 万元。③流动资金。工程流动资金包括维持工程正常运行所需购置的材料、备品、备件和支付职工工资等周转资金，参照类似工程分析，按年运行费的 10% 计，为 11.5 万元。

（3）效益计算。该工程属社会公益性，经济效益主要由水费收入和水质改善而带来的其他效益组成。①供水效益。本工程日供水量 6 500 立方米，年可供水 237 万立方米。供水对象主要为农村居民生活用水。农村居民生活用水所产生的社会经济效益难以计算，故采用影子水价计算其供水效益。因影子水价受影响因素较多，本次分析按分解成本法计算，取 1.6 元，项目年效益为 379 万元。②其他效益。由于该工程的实施，每年可节省群众挑水、拉水的劳动力开支及因水质改善对牲畜、家禽都具有显著的增质增量作用，节省运水的劳力等费用：按受益人口每年可节省 1 个工日，每个工日按 20 元计，可产生效益 124 万元。其他效益不再定量计算。③固定资产余值及流动资金回收。固定资产余值根

据工程施工管理状况预测，按固定资产投资的8%考虑，固定资产余值为
220.8万元。

固定资产余值220.8万元和流动资金11.5万元均应在计算期末一次
回收，并计入工程的效益中。

（4）国民经济评价指标计算：

① 经济内部收益率（EIRR）：

$$\sum_{t=1}^{n} (B - C)(1 + EIRR)^{-t} = 0 \qquad (10-1)$$

式（10-1）中：B——年效益，万元；

$\qquad\qquad C$——年益用，万元；

$\qquad\qquad n$——计算期，包括建设期和正常运行期；

$\qquad\qquad t$——计算期各年序号，基准点的序号为0；

$\qquad\qquad t(B-C)$——第t年的净效益，万元。

② 经济净现值（ENPV）：

$$ENPV = \sum_{t=1}^{n} (B - C)_t (1 + is)^{-t} \qquad (10-2)$$

式（10-2）中：is——社会折现率。本工程取7%。

③ 经济效益费用比（EBCR）：

$$EBCR = \frac{\sum_{t=1}^{n} B_t (1 + is)^{-t}}{\sum_{t=1}^{n} C_t (1 + is)^{-t}} \qquad (10-3)$$

式（10-3）中：B_t——第t年的效益（万元）；

$\qquad\qquad C_t$——第t年的费用（万元）。

（5）计算成果分析结论。计算成果分析如下：

① 经济内部收益率：$EIRR = 16.7\% > 12\%$；

② 经济净现值 $ENPV = 2165$ 万元 > 0；

③ 经济效益费用比 $EBCR = 1.33 > 1.0$。

综上说明，国民经济评价指标较为合理，因此，从国民经济角度来
看，本工程经济效果较好，是合理可行的。

3. 财务评价。

（1）评价准则。

① 计算期。依据《水利建设项目经济评价规范》SL72－94，采用动态法对工程的经济效益进行评价分析。经济分析采用21年，资金时间价值计算的基准点统一定在建设期的第一年年初，并以第一年年初作为资金折现基准点，投入物和产出物按年末发生和结算。

② 财务基准收益率。依据《水利建设项目经济评价规范》SL72－94的有关规定，对属于或兼有社会公益性质的水利建设项目，财物基准收益率采用10%。

③ 财务支出。水利建设项目的财务支出主要包括项目总投资、年运行费用、流动资金和税金等。

项目总投资2 760万元，年运行费用115.4万元，流动资金11.5万元。

④ 财务收入。该项目的财务收入包括出售水产品和提供服务所获得的收入。对该项目而言，主要包括向生活供水及向工业产业供水的收入等。

本工程年供水237万立方米。供水对象主要为农村居民生活用水。农村居民生活用水所产生的社会经济效益难以计算，平阴县水费1.8元，项目年效益为426.6万元。

（2）现金流量分析

① 评价指标。

第一，财务内部收益率（FIRR）：

$$\sum_{t=1}^{n} (CI - CO) (1 + FIRR)^{-t} = 0 \qquad (10-4)$$

式（10-4）中：FIRR——财务内部收益率；

　　　　　　CI——现金流入量，万元；

　　　　　　CO——现金流出量，万元；

　　　　　　n——计算期，包括建设期和正常运行期；

　　　　　　t——计算期各年序号，基准点的序号为0；

　　　　　　t（B－C）——第t年的净效益，万元。

第二，财务净现值（FNPV）：

$$FNPV = \sum_{t=1}^{n} (CI - CO)_t (1 + ic)^{-t} \qquad (10-5)$$

式（10-5）中：is——设定的财务基准收益率，本工程取10%。

FNPV——财务净现值。

②投资回收期（*Pt*）：

$$\sum_{t=1}^{P_t} (CI - CO)_t = 0 \qquad (10-6)$$

式（10-6）中：P_t——投资回收期，年。

计算成果分析如下：

财务内部收益率：FIRR = 12.6% > 10%；

财务净现值 FNPV = 160.5 万元 > 0；

投资回收期 = 7.8 年（不包括建设期）。

综上说明，财务评价指标较为合理，因此，从财务评价的角度来看，本工程是可行的。

4. 环境影响评价。项目建成后，可以合理调配水资源，保护水环境。由于局部地区地下水已严重超采，导致地下水呈现无法恢复的连年下降的趋势，出现了大面积的地下水位降落漏斗，可供水量日渐减少，群众正常的生产生活秩序受到影响，在造成地下水资源咸化的同时，使地下水质也遭到污染。解决农村饮水工程后，可以合理开采和调配水资源，减轻地下水位下降速度，缓解水资源紧张状况，增加泉群喷涌时间，对美化环境、吸引外资、促进经济发展和人民生活水平的提高都将产生积极的影响。

工程实施后，对环境的影响主要体现在以下几个方面：（1）解决了人畜吃水，改善了受益群众的生存环境。（2）供水管网化，避免了水资源受污染，达到了饮用水标准，保障了山区人民的身体健康。（3）节约了用水，为科学利用水土资源创造了条件。（4）涵养了地下水源，优化了水土结构。（5）改善了土壤、田间小气候条件，使经济林木和农作物得到良好发展，绿化、美化了环境，改善了生态环境。

四、财政资金整合使用中存在的主要问题及改进措施

1. 存在的问题。

（1）涉农部门支农职责不够明确，部门协调有一定难度。中央及以下各级政府支农职责和范围不够清晰，财权和事权划分界限不清，没有形成合力和合理的分工。部门整合单位认识有偏差。有的部门从上到下对项目资金的审批和分配使用本位意识强，认为整合就是简单的合并，就是财

政集权，担心整合后自己的工作业绩将无法体现，从而对申报和实施项目缺乏积极性和主动性，势必影响资金整合工作的统一性。

（2）资金不充足。平阴县是一个山区小县，财政收入不宽裕，属于典型的"吃饭"财政。近年来，随着农村税费改革的深入开展，不允许向农民群众摊派资金，筹资筹劳有很大难度。加之农村饮水工程属于社会公益事业，投入大、回报低、营利难，企业或个人不愿投资。由于县本级财政十分困难，每年除了给农业系统安排必需的人员经费外，其他的财政支农资金就要看当年的财力而定了，根本无法在机制上保证支农资金的稳定增长。根据《平阴县"十一五"农村饮用水安全规划报告》，今后几年，该工程共需投资 2 760 万元，其中水源工程投资 177.3 万元，水厂工程投资 397.2 万元，管网工程投资 1 356 万元，申请国家补助 460 万元，省政府补助 750 万元，市县政府配套 800 万元，社会融资 50 万元，群众自筹资金 700 万元。具体数额如下表：

表 10－6　　2008～2010 年平阴县农村饮用水安全工程所需资金细化　单位：万元

年份	政府投资	社会融资	群众自筹	总额
2008	900	20	360	1 280
2009	480	20	160	660
2010	630	10	180	820
总额	2 010	80	700	2 760

（3）财政支农资金使用方向的专项性与项目区的选定难以形成统一。目前财政直接支持"三农"资金有 14 类，包括基本建设投资（国债资金）、农业科学事业费、科技三项费用、支援农村生产支出、农业综合开发支出、农林水气等部门事业费、支援不发达地区支出、水利建设基金、农村税费改革转移支付农产品政策性补贴支出、农村中小学教育支出、农村卫生支出、农村救济支出、农业生产资料价格补贴等。这些支出都有严格的使用方向，资金的投放也有区域的限定，这就造成在整合过程中无法进行资金的有效捆绑。

（4）工程建设进度不平衡。部分乡镇工程建设进展很快，但个别乡镇因乡镇合并、配套改革、乡镇水利站撤销等原因，工作人员不确定，工作积极性不高，影响了工程进度。

2. 改进措施。

（1）加强领导，明确职责。根据水利部提出的新时期水务工作，要应对好中央水利投入变化和生态问题两大挑战，确保饮水安全、防洪安全、粮食安全、经济用水安全、生态用水安全的指导思想，结合平阴县实际，进一步落实以人为本的科学发展观，把饮水安全作为当前水务工作的第一任务来抓，列入政府工作报告，成立了以分管副县长为组长，水务、卫生、环保、国土、计划、财政等有关部门参加的农村饮水安全工程规划和建设领导小组，对饮水安全工程实行统一领导，负责组织协调饮水安全工程的建设、管理。

（2）上下联动，明确整合职责。财政支农资金整合具有网状特征，有中央、省、市、县等四个主要层级，它们相互依赖，形成一条紧密的链条。要想有效整合财政支农资金，各级财政部门和县级政府必须进一步明确各自的职责，上下联动，树立"一盘棋"思想。

（3）多渠道筹措资金。项目实施中，上级财政资金由县财政局、水务局共同管理使用，设立专户，严格资金支付使用程序，根据工程进度拨款，切实做到了专款专用。由于农村供水事业属于公益性事业，投资大、回报少，特别是平阴县山丘区面积较大，工程建设难度相对更大，建议上级增加专项支农资金，积极扶持农村饮水工程建设。

充分利用当前国家对农村饮水安全工程的重视政策，抓住国家加大饮水安全工程投入的良好机遇，积极争取各级财政的扶持力度，同时，按照"一事一议"的原则，做好受益村民和集体的自筹资金。鼓励企业或个人兴建区域集中供水工程，在政策、技术、资金、扶持方面与集体办供水工程同等待遇。水务部门对供水行业进行宏观管理，以实现资源的最佳整合、优化配置，持续开发利用。

近几年来，农村改革和农业经济发展较快，特别是自去年来平阴县农业税费改革和国家粮农补贴等优惠政策的实行，使农民人均纯收入有了较大的提高，农民对自筹建设饮水安全工程的积极性较高，饮水安全工程的建设对加快地区经济发展、提高人民生活水平具有相辅相成的作用。农村受益群众集资投劳的到位，对农村饮水安全工程的建设顺利实施提供了决定性的保障。本次规划群众自筹资金为 700 万元，人均筹资 112.8 元。群众投工投劳纳入群众自筹范围。群众投工投劳折算资金约占自筹资金的2/3。所以本次规划人均集资 75.2 元。2006 年底，全县农民人均收入 4 725 元/年，按照这个水平，人均集资约占总人均收入的 1.6%。从总体发展水平而言，集资额是微乎其微的，农民是可以承担的。

（4）加强饮用水源保护。对于供水工程的水源要严格按照环保的要求进行保护。主要采取以下措施：第一，加大宣传力度。对于水源地范围内的群众，要积极进行国家有关法规的宣传教育，增强环保意识，转变思想观念，使水源地从源头上得到保护。第二，划定水源保护范围。农村饮水工程的水源要设立不同层次的保护区，对于地下水源，以水源为中心，直径30m内不设立生活区，不建开敞式厕所，不排放污水，有条件时要建围墙保护，要将上述措施扩大到水源井的影响范围。第三，聘用义务监督员。在工程受益群众中聘用有责任心的同志作为义务监督员，发现对水源地不利的行为要及时制止，不能制止时上报村委会及所在乡镇水利站，并由乡镇水利站作进一步处理。

（5）做好前期工作，加强项目管理。为切实加强农村饮用水安全工程建设管理，在项目审批、工程质量监督、工程检查验收和资金管理等方面，严把工程建设和项目管理每个具体环节，确保每一项工程都做到高标准、高质量、高效益。建立健全工程质量领导责任制和技术人员责任制，严把施工、监督、竣工验收等建设程序，严格推行项目法人制、招投标制、建设监理制、合同管理制，保证工程质量，出现严重质量问题的，要追究有关责任人的责任。

（6）加大宣传力度。农村饮水安全工程是一项关系到农村居民身体健康和正常生活的一项重要和长期的农村饮水工作任务。要大力宣传饮用不安全、卫生水的危害，提高农民安全用水意识与工程管护意识。利用宣传画、标语、现代传媒等宣传手段做到家喻户晓、人人尽知，达到共建安全用水工程、共同维护安全用水设施，增强水商品意识、节水用水意识，从而达到保护水资源、合理开发利用水资源，实现可持续发展，保障水生态环境安全的目的。要充分利用电视台、报纸等新闻媒体，通过实例，从卫生、环保、水务常识方面宣传饮水安全的重要性。不断加强对饮水安全工程的宣传力度，提高社会对这项工程的认识程度，激发动员有条件的单位和个人参与饮水安全工程建设与管理的积极性。

（7）强化监管，提高整合效益。加强对财政支农项目资金的跟踪问效，严肃财经纪律，改进考核评价方式。在加强财政日常监督检查的同时，采取不定期抽查、专项检查，与审计、纪检、检察等部门联合检查以及委托执法检查等多种方法加强对财政支农资金的管理监督，强化资金到位的约束机制。加大执法监督，对不符合总体规划和整合规模的资金，财政可以拒绝拨付。实行舆论监督，通过公示等方式，对资金到位情况实行群众和媒体监督。在项目建设中，积极探索和推行项目法人工程招投标制、工程监理制、工程施工责任追究制、工程预决算审计制、项目绩效考评制等相关制度，保证有限的财政支农资金通过整合发挥更好的支农效益。创新监督验收评价机制，对资金的使用、项目的实施实行全程有效监管。对财政支农资金实行绩效评价，改变过去只管投入，不计成本、不管效益的粗放管理模式，创新工程项目长效管护机制，确保工程长期发挥效益。

五、点评

平阴县人均水资源占有量仅为 $479m^3$，既属于资源型缺水区，又属于水质型缺水区。充分利用平阴县被列为中央、省、市三级支农资金整合试点县的有利时机，开展了村村通自来水工程建设。按照中央和省、市对村村通自来水工作的总体部署，结合平阴县村村通自来水现状，及时总结经验、超前思考、超前规划，提出了"建设城区以自来水公司为中心，沿汇以孔村镇、孝直镇为中心，沿黄以东阿镇为中心，形成由镇到村、由村到户、辐射周边、覆盖全县的整建制供水网络"的总体思路。建成覆盖全县 340 多个村的城乡一体供水网络，使全县城乡人民饮用上安全卫生水，实现农村供水城市化、居民用水商品化、城乡供水一体化。特别是 2005 年以来，平阴县为进一步加快农村基础设施建设、改善农村生产生活条件，加大了支农资金整合力度，在村村通自来水工程建设中表现的尤为明显。2005 年支农资金整合以来，共为村村通自来水工程筹集资金 2 000 多万元，有效地促进了这项工作的顺利开展。截至目前，平阴县大管网已覆盖 255 多个行政村，自来水普及率达到 88%，2008 年年底前将基本完成建设任务。特别是该项目实行公司化管理，为财政支农资金整合提供了重要的借鉴经验。该工程的实施为农业生产和农民增收节省了大量资金，为节水型社会的建立奠定了一定的基础。目前，该项目还存在着资金不足、群众积极性较低、相关部门协调性较差等缺点。应充分调动政府、社会等各方面的力量，加大资金投入，强化项目管理，实现"城乡饮水一体化"目标。

参考文献

1. 平阴县财政支农资金整合领导小组：《山东省济南市平阴县 2008

年度支农资金整合项目实施方案汇编》，2008 年 5 月。

2. 平阴县财政支农资金整合领导小组：《山东省济南市平阴县支农资金整合工作规划》（2008～2010），2008 年 5 月。

3. 卢现祥：《西方新制度经济学》，中国发展出版社 2003 年版。

4. 张维迎：《博弈论与信息经济学》，上海人民出版社、上海三联书店 1996 年版。

5. 彭克强、陈池波：《财政支农与金融支农整合论》，载《中州学刊》，2008 年第 1 期。

6. 吕凤祥：《关于县级支农资金整合的几个问题》，载《山西农经》，2006 年第 4 期。

7. 孙津：《中国农民与中国现代化》，中央编译出版社 2005 年版。

8. 王建国：《财政支持"三农"政策》，中国财政经济出版社 2004 年版。

9. 财政部办公厅：《财政支出结构优化与支出效率》，经济科学出版社 2001 年版。

10. 张少春：《政府公共支出绩效考评理论与实践》，中国财政经济出版社 2005 年版。

11. 钟晓敏：《地方财政学》（第二版），中国人民大学出版社 2006 年版。

12. 辛波：《政府间财政能力配置问题研究》，中国经济出版社 2005 年版。

13. 王小鲁、樊纲：《中国地区差距：20 年变化趋势和影响因素》，经济科学出版社 2004 年版。

14. 世界经济合作与发展组织：《中国公共支出面临挑战：通往更有效和和平之路》，清华大学出版社 2006 年版。

15. 杜放：《政府间财政转移支付理论与实践》，经济科学出版社 2001 年版。

16. 陶勇：《地方财政学》，上海财经大学出版社 2006 年版。

第十一章 平阴县财政支农资金整合的经验与启示

第一节 平阴县财政支农资金整合的成功经验

平阴县从 2005 年起相继被中央、山东省和济南市三级政府列为财政支农资金整合试点县。三年来，该县以"集中财力办大事"为目标，围绕着重点产业、重点区域、重点项目集中投入，共整合财政支农资金近 2.07 亿元，带动社会投资 6.37 亿余元，实施支农项目 69 项。其中，2005 年共建设项目 21 项，整合财政资金 6 600 万元（其中省以上财政资金 2 000 万元，市级财政资金 1 600 万元，县级财政资金 3 000 万元），带动社会投资 1.74 亿元。2006 年共建设项目 31 项，整合财政支农资金 7 440 万元（其中中央财政资金 1 000 万元，省级财政资金 2 003 万元，市级财政资金 1 797 万元，县级财政资金 2 640 万元），带动社会投融资 2.59 亿元。2007 年建设项目 17 项，整合财政支农资金 6 645 万元（其中中央财政资金 1 000 万元，省级财政资金 1 230 万元，市级财政资金 2 379 万元，县级财政资金 2 036 万元），带动社会投融资 2.04 亿元（如表 11 - 1 所示）。

表 11 - 1　　　　　2005 ~ 2007 平阴县财政支农资金整合　　　　　单位：万元

年　份		2005	2006	2007	合计
项目总数		21	31	17	69
财政资金	省级以上财政资金	2 000	3 003	2 230	7 233
	市级财政资金	1 600	1 797	2 379	5 796
	县级财政资金	3 000	2 640	2 036	7 676
	合计	6 600	7 440	6 645	20 685
	项目平均整合资金量	314.29	240	390.88	299.78
社会投融资资金		17 400	25 900	20 400	63 700

资料来源：根据平阴县财政局提供资料整理。

从表 11-1 可以看出，2006 年整合的项目最多，由 2005 年的 21 项增加为 31 项，2007 年又下降为 17 项，整合的财政资金总量也在 2006 年达到最多。但是，从单个项目整合的资金来看，2006 年单个项目的平均资金只有 240 万元，这不仅低于 2005 年的平均资金量，而且还低于三年平均资金量，从而揭示了资金总量的增加并不意味着财力的集中，这也就解释了为什么 2007 平阴县减少整合项目，由 2006 年的 31 项降低为 17 项，体现了"集中财力办大事"的财政支农资金整合目标。

在三年的试点工作中，平阴县树立了财政支农资金整合的理念，经过 3 年的努力，平阴县终于在探索的过程中，走出了一条以优势产业为整合平台、以"规划—项目—资金"为管理模式的新路子，形成了公开、透明、科学、实效的整合管理体系，创新了财政支农资金整合管理机制，摸索出了一整套财政支农资金整合的成功经验，促进了当地"三农"的发展，其资金整合的经验值得广泛研究和推广。

一、树立财政支农资金整合的理念

通过三年的实践，该县逐步呈现出了"支农投入总量逐年增加，支农项目规模迅速增大，项目数量逐年减少"的整合轨迹，支农项目由 2006 年的 31 项压缩为 2007 年的 17 项，真正体现了"集中财力办大事"的整合理念。主要体现为以下几点：

第一，扶持了伊利乳业等龙头企业，带动了相关产业和农民合作经济组织的发展，提高了农民的组织化程度，给县域经济的发展带来机遇。截至 2007 年，平阴全县规模以上龙头企业发展为 35 家，其中包括济南伊利乳业、绿安食品和惠农精油等一批龙头企业。提高了农民的组织化程度，农村合作经济组织发展到 55 家。例如，对伊利乳业项目的建设，平阴县通过集中捆绑整合资金 2 000 多万元投入到该项目的前期工程建设，在平阴县政府的大力扶持下，该企业于 2006 年 8 月正式投产，42 条生产线全部为目前世界最先进生产设备，日产 800 吨液态奶和 200 吨酸奶。2007 年又投资 2.1 亿元，新上了冷饮生产线，企业销售收入同年达到 7 亿元，估计 2008 年将超过 10 亿元。该企业的投产，带动了奶牛小区、奶牛科技推广、技术服务、农机具推广和奶业协会等项目的建设，为平阴县奶牛养殖业的发展带来了巨大的机遇。

第二，带动了畜牧、玫瑰、林果、蔬菜等优势产业的发展，促进了农业的增产和农民的增收。长期以来，基于平阴县自身的地理位置、资源分布以及环境因素，平阴县发展了玫瑰、林果等产业，但是囿于财力有限而且投入分散，因此没有形成规模，无法产生规模经济效应，也就无法带动整个县域经济的发展。2005 年平阴县自从被作为"三级"财政支农资金整合试点县以来，重点扶持了这四大产业的发展，2007 年畜牧、玫瑰、林果以及蔬菜四大产业创造的产值占平阴县全县农业总产值的比重达74.2% 之多，产生了巨大的经济效益、社会效益和生态效益。如在平阴万亩核桃基地建设项目中，平阴县将林业、水利、土地整理、扶贫等资金整合在一起，集中使用，项目由县林业局、水务局、国土资源局、产业办以及项目所在乡镇等单位共同实施，建设了 10 000 亩核桃基地，并对该项目区内的山、水、田、林、路进行了综合治理。该项目的建设促进了平阴县的产业结构调整，壮大了林果产业。核桃进入盛产期后，预计万亩核桃基地的年产值可达 3 200 万元，可实现人均收入 500 元，预期能够大大增加农民的收入。

第三，农村的基础设施得到了明显改善。平阴县从 2005 起通过整合资金，实施了村村通自来水工程。规划建设了城区、沿黄、沿汇三大供水板块，形成了覆盖全县的统一供水网络，实现了城乡供水一体化，从根本上解决了全县人民的饮水安全问题。目前，全县农村的自来水普及率达到了 99%，成为山东省山地丘陵地区大管网供水的样板。

通过这些项目的建设，促进了当地农业产业结构的调整，提高了产业的集约化程度和经营水平，农民收入显著提高，农村的生产生活条件得到了改善，县域经济得到了长足发展。例如，2007 年，全县的农业增加值为 15 亿元，比 2006 年同比增长了 9.6%，农民人均纯收入 5 405.2 元，比 2006 年增加了 680.7 元，增长 14.4%。

二、财政支农资金整合的模式

1. 创建了财政支农资金整合的新平台。按照规模经济理论财政支农资金的整合也就是将散乱的资金聚集起来，集中投入到一个或几个项目上，以项目带动优势产业的发展，从而发挥整合资金的聚集效应和规模效应，搭建农村经济发展的平台，促进新农村建设。

平阴县从 2005 年起，依据平阴县农业和农村经济发展的"十一五"规划以及社会主义新农村建设的要求，编制了《平阴县支农资金整合优化工作实施方案》，确定了重点培植玫瑰、畜牧、林果、蔬菜四大主导产业，构建了以这四大优势主导产业为主线的整合平台，先后打造了圣母山小流域、农村供水工程、玫瑰花科技推广等亮点项目共计 69 个，通过这些项目，平阴县搭建了农村经济发展、农民继续教育、农村公共事业发展的新平台。

第一，通过项目整合资金搭建了农村经济发展的新平台，解决了靠什么发展新农村的问题。从目前来看，平阴县财政仍然比较紧张，难以安排足够资金支持新农村建设。在这种情况下就要千方百计的壮大农村经济实力，不断增强农村的造血功能，大幅度的增加农民收入。而达到这一目标的现实途径就是用好、用活现有的财政支农资金，并根据新农村建设的需要进行整合，将粮食生产、农业基础设施建设、农业科技推广、农业产业化、农业专业合作组织等方面的资金整合为"农业产业发展专项资金"，集中财力办大事，形成推动农业产业经济发展的稳定投入渠道。

第二，搭建了对农民教育和培训的新平台，解决了新农村由谁来建设的问题。将各级财政安排的农村劳动力转移培训资金、农民科技培训资金、农业职业教育资金、扶贫资金中的农民培训资金整合为"新农民教育与培训资金"，用于造就新农村建设人才，提高农业技术含量。

第三，搭建了农村公共事业发展的新平台，解决了如何建设新农村的问题。将农村义务教育、农村卫生、农村新型合作医疗、农村计划生育家庭奖励扶持等各项资金以及乡村道路、农村沼气、人畜饮水等方面的资金整合为"农村公共事业发展资金"，围绕新村庄的建设规划，支持村庄的道路硬化、改厕、改厨、改圈和饮水安全工程等，同时不断完善农村各项公益设施和公共服务，提高农民的生活质量。

通过项目整合资金解决了在整合过程中的"靠什么来整合资金（What）、靠谁来监督资金的使用（Who）、如何通过财政支农资金整合解决新农村建设中出现的（How）的新问题"，即财政支农资金整合过程中的"三 W"原则，这三个原则是解决财政支农资金整合的关键。

2. 创新财政支农资金整合的模式。第一，改变以往"撒胡椒面"的多头财政支农资金下达模式为"捆绑式直达"的一头财政支农资金下达模式。过去的财政支农资金以"条条"管理为主，主管部门在安排财政支农资金时往往从部门角度考虑问题的多，项目交叉和重复投资现象时有发生，尤其是涉农部门定点、定项目下拨的支农资金，投资本身存在着"点多、线长、面广"的问题，多数是单打一，星星点点分布，难成"气候"，而且缺乏后续资金的支撑和对资金的集中统一管理。因此，探索财政支农资金的"打捆"使用、集中力量办大事的支农资金管理新机制，改变支农资金"撒胡椒面"现象和"下毛毛雨"的做法成了当务之急。

长期以来，由于财政支农资金的分散管理，已经形成了固化的部门利益，一旦进行整合对相关部门来说无疑是伤筋动骨。在试点之初，财政支农资金刚刚开始整合时，有些涉农项目的部门基于自身的利益考虑不愿配合这项工作的开展，原因在于，对这些部门来说，有了这些钱，部门手头上会宽裕些，可以安排本部门的一些事情。现在财政要把钱拿走统一进行管理，他们认为这种做法剥夺了部门和乡镇的权利。也有少数部门和乡镇对整合财政支农资金的效果存在疑问，担心统一由财政部门"打捆"下拨和从前一样"换汤不换药"，对能否达到预期目标心存疑虑。

财政支农资金整合涉及多个部门利益的调整，一些部门或单位可能由于不能及时转变思想而影响财政支农资金整合的效果，为了顺利开展财政支农资金整合工作并取得较好效果，就需要我们首先要从政府部门抓起，由政府部门领导亲自"挂帅"，领导协调各涉农部门之间的工作。为此，平阴县政府成立了"支农资金整合试点工作领导小组"，为财政支农资金整合提供了有力的保证。多年固化的部门利益被打破，财政支农资金从"撒胡椒面"变为一个"漏斗"一致向下。从 2005 年起，截至 2007 年平阴县共整合近 2.07 亿元人民币，带动了社会投资 6.37 亿元人民币。实现了对基础设施建设、农业综合开发项目、奶牛养殖和玫瑰花产业发展等重点和全局性项目的投入。

第二，创建了"项目跟着规划走，资金紧跟项目行"的资金运行模式。财政支农资金整合不只是简单地把资金整合在一起，而是让这些资金发挥更大的经济效益和社会效益。平阴县是如何做到这一点的呢？平阴县的具体做法是，对全县的"三农"发展作出长远的科学规划，按照规划建设项目库，项目经过论证立项后，将财政支农资金投入到项目中。即"项目跟着规划走，资金紧跟项目行"。平阴县在反复论证的基础上，确定了畜牧、玫瑰花、蔬菜、林果等产业作为长期重点培植的产业并建立了项目库，严禁不经支农资金整合领导小组审批随意申报项目。对进入项目库的项目，根据上级项目的安排要求，领导小组指导各成员单位做好项目可行性研究报告的编报工作。同时，项目申报单位还需填写"财政支农专项资金整合项目审批会签单"，报领导小组审批后，方可由业务单位联合财政部门上报上级业务主管部门，上报的项目经上级业务主管部门批复后，在县领导小组的统一指导下，及时编报项目实施方案。

　　围绕规划，平阴县将伊利乳业、长荣畜产等龙头企业作为整合资金重点支持项目。县财政通过集中捆绑整合资金 2 000 多万元，对伊利乳业项目前期工程予以重点扶持，经过半年的运作，总投资 3.15 亿元的伊利乳业于 2006 年 8 月正式投产。在伊利乳业奶源基地建设中，针对奶牛养殖贷款难的问题，又整合资金 1 000 万元，成立了奶牛养殖风险基金担保公司。担保公司与农行、信用社签订协议，按照 1∶5 的比例，可取得 5 000万元的贷款放贷给养牛户，为奶牛养殖提供了资金保障。

　　根据规划，在重点区域整合上，突出农业综合开发项目。如圣母山现代农业园开发，因为建设标准较高，需要投入资金 2 000 多万元，而用于农业综合开发投资只有 1 216 万元。在不违背有关规定的前提下，该县将水利部门的节水项目资金、旅游部门的旅游开发项目资金和国土资源部门的土地整理项目资金与农业部门的综合开发项目资金等捆绑使用，共整合资金 2 326 万元，目前已完成投资 2 000 万元，使过去多年开发见效不大的圣母山小流域成为山东省农业综合开发的五大亮点工程之一，吸引了十余家外地客商前来该园区投资搞农业种植业、养殖业和加工业，为该园区的可持续开发打下了坚实的基础。

　　第三，建立了拧紧资金"跑冒滴漏"龙头的项目和资金监督管理模式。一是加强领导，严格纪律。平阴县成立了由县长任组长，分管副县长任副组长，财政局牵头、涉农有关部门组成的"财政支农整合试点领导小组"，负责整合工作的协调。资金整合领导小组办公室设在县财政局，负责日常工作。二是，健全项目申报制度，规范项目申报程序，实施规范化运作，从源头上确保项目资金的安全性和有效性。一方面要求县财政部门在加强项目前期的筛选、论证工作的基础上，建立了项目申报程序上的预报筛选制度，各乡镇根据自身的特点申报项目，项目上报到县局后，由县局组织人员实地考察，并根据各乡镇的特色和优势，确定拟上报项目，确保了项目申报的科学性、客观性和公正性，有效地解决了各乡镇上报项目重复，项目调研、论证、申报等环节上的费用浪费问题，突出了《支农资金整合优化实施方案》的指导作用。另一方面，制定了《平阴县支农资金整合项目申报程序及实施管理办法》，严禁不经领导小组审批申报项目。建立了项目公示制、由社会各界对项目进行广泛的论证和审议，确保了项目申报的可行性和公平性。在项目上报以后，县里组织专家进行评估论证，对项目的可行性进行论证把关，保证了项目标准文本编制的规范性和合理性，避免了项目申报的随机性和盲目性。

二是建立项目管理法人制。县支农资金整合领导小组与项目主管单位、资金管理部门和项目法人单位签订项目建设责任书，明确项目建设的内容、地点、时间和财政资金支持环节，科学安排施工进度，划定项目各相关主体的责任和权利。严格工程招投标制度，凡投资超过 30 万元（农业综合开发为 10 万元）的单项工程和大宗物资的采购，必须在县监察、审计、公证等有关部门的现场监督下进行招投标，充分体现了招投标过程的公开、公正、公平原则，保证了财政支农资金使用过程的透明性，防止了营私舞弊的发生。

根据项目的法人制管理制度，该县每年编制《财政支农资金整合项目的任务分解表》，明确了各项目的项目负责单位和责任人以及项目的实施单位和责任人。如在蔬菜产业的资金整合中，大棚食用菌、拱棚韭菜、拱棚西瓜高产高效技术推广以及农业综合开发有机蔬菜示范园的项目负责单位是县农业局，负责人是县农业局局长，具体实施单位为各项目所属乡镇，责任人为所属乡镇的书记；而蔬菜灌溉设施和科技成果转化则由县水利局负责。通过任务分解，使得各部门的责任更加明确，管理上也变得容易。

三是加强监督检查。一是建立了项目督导制度。资金整合领导小组抽调精干力量，组成项目督导小组，全面掌握项目建设的第一手资料，加强了项目管理的力度。二是建立了项目实施跟踪申报制度。通过会议、简报、新闻媒体、网络等方式，及时通报项目进展情况。同时，邀请县人大、政协的代表委员进行工作视察，并组织各成员单位和项目实施单位进行现场观摩。

四是严把资金使用关和资金审核关。平阴县对整合范围内的项目，全部实行县级报账提款制，进行专人管理、专账核算、专款专用；同时，资金的发放根据项目的实施进度由国库统一集中支付。同时，对各项资金的安排、到位和使用情况进行及时检查。并借助中介机构的力量，对重点、热点项目进行评审，对支农资金使用绩效进行检测评价。

总之，通过成立领导小组、建立项目管理法人制及资金管理的报账制和审核制，拧紧了资金"跑冒滴漏"的龙头，使资金使用的整个过程得到了充分有效的监督和控制。

三、财政支农资金整合治理机制

1. 建立健全财政支农资金整合工作运转机制。首先，建立财政支农资金稳定投入增长机制，在上级支农资金打捆到位的基础上，按照"三个高于"的要求，2006 年整合财政支农资金 7 440 万元，比 2005 年增长12.72%，2007 年整合财政支农资金 6 645 万元，比 2005 年和 2006 年有所下降，但是带动的社会投融资比 2005 年上升幅度大。之所以比 2006 年有所降低，原因在于整合的资金的使用和以往相比更注重理性投资。同时平阴县注重发挥政府资金的带动作用，引导农民和社会各方面资金投入新农村建设。逐步形成农民积极筹资投劳、政府持续加大投入、社会力量广泛参与的多元化投入机制，确保支农资金稳定增长。

其次，健全组织网络。一是建立了联席会议制度。由县政府分管领导牵头组织涉农部门研究制定全县农业中长期发展规划，协调县财政、发改委、科技、国土资源和农口各部门，整合各层次、各方面、各渠道的资金，确定年度实施方案。二是建立部门联络员制度。由各成员单位确定一名业务骨干为整合工作的联络员，搞好项目编报和项目实施进度的汇总，及时总结工作中好的经验、做法，并适时做好调查研究任务。三是加强办公室的力量。通过充实整合办公室人员等途径，使这些人员熟悉掌握支农资金整合的方针政策，及时了解省内外支农资金整合的工作信息，并建立开通平阴县财政支农资金整合信息网站，做好调查研究、项目编报和督办项目建设等工作。

再其次，建立财政内部协调机制。由县财政部门的负责同志组织协调财政局内管理涉农资金的各业务科室，先将支持"三农"的资金进行汇总分类，然后根据实施方案，分解任务，各负其责，分工协作，形成协调一致、公开透明的运作机制。

2. 改革财政支农资金分配机制，增强了县级政府干事创业的自主权和责任感。平阴县在没有对支农资金整合以前，县以上政府部门参与分配管理支农资金的部门较多，这些部门彼此间沟通很少，资金的投入比较分散，"乱撒胡椒面"的现象比较突出，并且下达的资金的时间以及下达的数量有不确定因素，早晚不一，县级政府在组织实施过程中难以统筹，往往处于被动地位，使政策和资金的合力得不到充分发挥。整合以后，中央、省、市将各级部门共同安排、资金性质相同的支农资金通过捆绑，变为一个渠道向下，缩短了拨付时间，提高了资金的到位率，同时下达目标任务和资金支持规模，下放了审批权，强化了对项目、资金的监督管理权，增强了县级政府干事创业的自主权。

一是增加财政支农规划权。县级政府结合县域经济发展情况制定了中长期财政支农规划，确定了每年的支持重点。在平阴县政府制定2005~2007年支农规划的基础上，又研究制定了2008~2010年支农规划，将围绕已经形成的玫瑰、畜牧、林果和蔬菜四大产业建设一批特色鲜明、规模较大的优质农产品基地，培育一批实力雄厚、覆盖面广、带动力强的龙头企业，开发一批市场占有率高的名优特农产品，准备走出一条农业增产增效、农民增收、农村繁荣的新路子。

二是优化资金分配权。在资金分配的过程中，平阴县严格根据资金规模和年度预算安排，结合当年的工作重点，依据项目的轻重缓急来确定支持项目的资金规模，避免了资金的分散和浪费，提高了资金使用效率。

三是提高县级政府组织项目建设的能力。通过财政支农资金整合领导小组，加强了对整合工作的组织、领导和协调，实现了对支农项目的统一规划、统一申报、统一组织实施和统一检查验收，增强了对事前、事中、事后的系统管理，提高了项目建设水平，保证了资金的安全有效使用。

3. 创新财政支农资金管理机制，形成支农工作合力，发挥了财政支农资金的集聚效应。在没有进行财政支农资金整合前，财政支农资金投入没有一个明确的思路，工作重点不突出，加上各部门在支农项目实施过程中各自为战，互不交流，往往造成职责不清，部门间的相互推诿扯皮，财政投入的缺位或越位现象时有发生，导致支农资金难以发挥应有的作用，降低了资金的使用效益，有时还会造成负面影响，需要投资的项目无人问津或同一项目重复投资，无法实现财政支农资金的优化配置。

2005年以后，平阴县通过支农方案的制订和联席会议制度的建立确立了和谐的整合资金管理机制，发挥了整合资金的集聚效应。其做法主要体现为以下几点：

一方面，根据全县农业的"十一五"规划和新农村建设的"十项举措"，组织各有关专家在实地调查研究的基础上，经过充分论证，科学筛选，编写了《平阴支农资金整合优化工作实施方案》，构建了以玫瑰、畜牧等优势主导产业为主线的整合平台，将各部门工作重点统一到了全县支农发展的大局上来，进一步理清了农业和农村经济发展的思路和重点。另一方面，通过联席会议的建立，形成了支农资金整合过程中的协调机制。联席会议是由县分管领导牵头，涉农部门有关负责人参加，负责研究制定全县农业中长期发展规划，整合各层次、各方面、各渠道的资金，确定年度实施方案；定期召开项目建设论证会、座谈会、调度会，及时调度、通报工作进展情况，确保项目建设落实到位。通过三年的改革经验可以看出，该实施方案较好地带动了当地农业的发展，发挥了项目对当地农业发展的引领作用，玫瑰等四大产业在当地农业发展过程中发挥的作用越来越大。

同时，联席会议制度改变了以往各部门间的联系松散，管理职责不到位，资金使用效益低下的弊端。通过联席会议制度，各部门加强了联系和沟通，认识到了整合不是部门利益的调整，而是部门力量的集中，整合成了自觉行动，逐步由"要我"整合向"我要"整合转变。在这种模式下，财政部门进一步加强对资金的管理，农口部门改变过去直接承担项目建设的惯例，增强了服务和指导意识，从争资金、跑项目中"解放出来"，集中精力和时间组织项目的管理和实施。各部门通过细化的建设方案，各司其职，各负其责，形成了工作的合力，建立了和谐的整合运转机制。这种机制的形成本身就是对过去政府部门运行机制的一次革新，在资金整合的同时，政府部门的人力资源也整合到了一起，资金在发挥集聚效应的同时，政府部门同样实现了合力效应。通过政府部门的观念更新和职能转换，更好地促进了资金整合的力度，也为其他方面资金的整合起到了引领作用，为我国的预算改革提供了一个较好的版本。

4. 实现财政支农资金管理的科学化和规范化，提高了财政支农资金的使用效益。在没有进行财政支农资金整合前，由于有些项目的资金管理办法不健全，支农项目在申报过程中存在着多头申报、交叉重复的现象，支农资金使用过程中也存在着欠规范，监管不到位等问题、其后果是财政支农资金的使用效率不高，社会效益和经济效益低下等方面的问题。整合以后，平阴县逐步建立科学合理、层次清晰、分工明确、覆盖全面的支农资金管理制度体系，做到了用制度规范资金的分配、支出以及管理。主要表现为以下几个方面：

一是建立项目立项申报审批制度。平阴县依据制定的《平阴县支农资金整合项目申报程序及实施管理办法》，在全县农业发展的中长期规划下，对项目的申报要由财政、发改委、农业等部门组织专家现场论证和财政支农资金整合小组的审批，然后再经由整合办公室统一上报。这种多部门的会签制度增强了项目的可行性，确保了财政支农发展预算编制的准确性。

二是建立项目建设质量监督制度。平阴县在项目管理的过程中积极推行项目法人制、公示制、招投标制、监理制。每年该县根据年度实施方案，下发支农资金整合项目政府采购目录，规定支农资金整合项目单项工程和大宗物资必须经县政府采购办公室统一招标采购，提高了项目工程的招标率，如农业综合开发项目招标率由整合前的 30% 提高到整合后的 80%；签订项目建设责任书，明确项目法人；对建设的内容、地点、时间和财政资金支持环节等内容在项目区张榜或通过广播、电视、网络等新闻媒体进行公示；为解决农业项目建设单位和监理人员少的问题，在项目工程施工前调剂县、乡农林水部门工程技术人员，村组推选的农民技术员成立建设班子，强化监督，确保建设质量。

三是建立资金使用监管制度。结合《山东农业财政专项资金实施县级报账管理暂行办法》出台了《平阴县财政农业专项资金报账制管理办法》，做到了对财政支农资金使用的专人管理、专账核算和专款专用。

四是建立了项目竣工验收评价制度。平阴县制订了《平阴县财政支农资金整合竣工验收办法》，对项目计划完成情况，项目建设效果以及档案建设情况等方面进行验收，提高了资金使用效率，确保了项目建设质量。

5. 形成了财政支农资金投融资的新机制。一是在项目资金的拨付上，上级财政资金通过国库集中支付这一"直通车"形式，缩短了拨付时间，提高了资金到位率。在项目审批上，减少了中间环节，扩大了基层干事的自主权，实现了资金、项目、效益的最佳结合。

二是实现了项目管理、资金使用的阳光操作。整合项目的立项、把关、审批进入了规范化管理程序，资金得到了科学有效的分配，项目实施进行了面向社会的全面公示。

三是放大了资金规模，发挥了财政资金"四两拨千斤"的作用。在伊利乳业奶源基地建设中，针对奶牛养殖贷款难，县财政投资 800 万元，成立了奶牛养殖风险基金担保公司。担保公司与农行、信用社签订协议，按照 1：5 的比例，取得了 4 000 万元的贷款放贷给养牛户，为奶牛养殖提供了资金保障。

四是财政资金的引导作用得到充分发挥。通过资金整合，完善了项目区基础设施建设和生态环境的改造，提高了项目的建设水平，增强了项目区招商引资的能力。

6. 创建生态保护机制和"三农"自我发展机制。首先，通过资金整合改善了农村的生产、生活条件，提高农民自我发展的能力。自 2005 年以来，平阴县通过资金整合，大力实施了村村通自来水工程。在全县建设城区、沿黄、沿汇三大供水板块，形成覆盖全县的统一供水网络，2006 解决改善了 144 个村、12.03 万人的饮水条件，农村安全自来水普及率达到 85%。同时，加大了"生态家园"富民工程实施力度，新发展沼气专业村 20 个，初步形成了"蓄—沼—菜"、"蓄—沼—果"生态循环农业模式，完善了农业基础设施，改善了农村、农民的生产、生活环境。生活条件和生存环境显著改善的同时，农民自我学习的意识增强，平阴县涌现出了大量的科技农民，如懂玫瑰花培植技术的花农以及通晓养殖技术的科技能人等，他们通过不同形式的学习带动了当地涉农产业的发展，从而形成了良好的自我发展机制。

其次，平阴县通过财政支农资金整合，实施"农业科技入户工程"、"新型农民阳光培训工程"、"2000 核心农户培训工程"等惠民培训工程，并抓好农民教育课堂和农业科技信息网建设。通过培训学习农民的综合素质有了显著提高，增强他们自我发展的能力，从而促进了农业结构的进一步调整和农民生活水平的进一步提高以及农村生产、生活环境的改善，形成了农业、农村、农民相互促进、相互提高的良性发展机制。

再其次，平阴县通过财政支农资金整合改善了农业基础设施条件，增强了生态保护，促进了生态保护机制的建立。该县通过圣母山等小流域的综合治理，整合农业综合开发土地治理、国土土地整理等项目，极大地改善了农业基础设施条件。2006 年，重点建设了孝直汇东 2 万亩生态农业园；实施了绿色通道建设；并以招商开发的形式，加快了玫瑰湖湿地综合治理，促进了生态平阴的建设，促进了生态保护机制的形成。

第二节　平阴县财政支农资金整合中存在的问题

平阴县在财政支农资金整合工作中取得了很大的成绩，获得了显著的成效，但是财政支农资金整合工作作为一种探索和尝试，目前仍存在不少的困难和问题需要解决。具体表现为以下几个方面：

一、观念有待进一步更新、相关法律需要完善

首先，平阴县在整合财政支农资金的过程中，各级政府改变了以往的观念，在财政支农资金整合过程中抛弃了以往的部门观念，将思想集中到财政支农资金整合这盘棋上来，但是由于财政支农资金整合是对既定利益格局的扬弃，必然会受到一些部门或某些人的反对，这些问题的存在势必会影响财政支农资金整合的效率，降低整合的成效。因此，一些部门或一些人的思想观念有待进一步更新。

其次，财政支农资金整合缺少完善的法律作指导。在财政支农资金整

合方面全国人大及其常务委员会没有相关的法律出台，我们能够依据的是国务院或财政部出台的一些意见或通知，法律效力较低，在具体的执行过程中，往往和国家的财税政策、审计政策、土地政策等法律、法规相冲突，导致在具体选用法律时，地方政府往往无所适从，由于担心法律风险，使得县级政府在开展具体的工作时不能放开手脚，降低了财政支农资金整合的效率。

例如，当前各项财政支农资金都是上级定项目、批项目，如果县里对上级下达的项目根据实际需要而改变实施地点、建设期限或调整项目建设内容时，在本县范围内，由于县级审计部门属于领导小组成员单位，比较好协调，容易过关。但是，若遇到中央、省、市等上级部门的指令性审计时，县里因财政支农资金整合而擅自改变项目建设范围和资金用途，即使这种改变和调整更符合实际情况，能够极大地提高了财政支农资金的使用效率，因与相关的制度、政策等相抵触，县里就得准备承担挪用资金的责任。这种可能随时会承担资金整合带来的无谓责任风险，使得县级政府在进行资金整合过程中，各主管部门和各级领导明知项目资金的整合属于硬性"拼盘"，有时甚至是"拉郎配"勉为其难，但也只能如此。这种体制上、制度上的弊端，使得县级部门在进行具体操作时没有人为此敢"越雷池一步"，挫伤了工作人员的积极性和创造性，影响了资金整合的效果，产生了较大的负面影响。

这就需要我们进一步完善相关法律、法规，提高财政支农资金整合的法律层次和法律效力，避免无法可依的现象。

二、财政支农资金管理机制有待进一步完善

资金管理机制不完善的原因在于财政管理体制没有理顺以及部门间的协调机制不顺畅：

1. 财政管理体制不顺。财政管理体制是指处理各级政府之间财政关系的一种制度安排，它是中央与地方的利益关系在财政领域中的具体反映。从其具体的内容构成来看，主要涉及各级政府间的事权、财权的划分以及政府间的财政转移支付制度等。我国现行的财政管理体制是 1994 年以来实行的分税制。① 目前财政管理体制仍然不顺畅，主要原因是由于现

───────────────

① 分税制是中央与地方政府之间划分税收收入的各种制度总称即中央和地方按照各自的事权来划分财权。

行财政管理新旧体制双轨运行，县级财政上解基数过高，包括向市财政上解财力，且逐年递增，留到县级财政的财力逐年减少，造成部分县级财政只能或基本能够维持"吃饭"财政，部分形成了大收入、小财力甚至"赤字"财政局面。虽然上级财政以转移支付方式将大部分财力划转到县级，但都属于专项资金，具有特定的用途。由于大部分财力上划到上级财政，造成县级财政经常性收入大幅度减少，在保财政供养人员工资等刚性支出的压力下，安排其他资金难免会捉襟见肘，这也是县级财政安排支农资金比例逐年下降的主要原因。这种体制造成部分县级财政收入虽然连年增长，但可用财力难以保障政府机关工作正常运转，更不要说对农业投入的问题。

从平阴县财政收入状况来看，平阴县财政收入只能处于一种"保工资、保运转、保稳定"的状态，支持"三农"发展的财政资金十分有限，依靠县级自身财力进行支农资金整合成为不可能，只有上级财政投入才是支农资金整合的有力保障。

2. 县级政府各部门管理财政支农资金体制不顺，管理职能交叉重叠。县级政府各部门管理财政支农资金体制不顺，其实质还是利益竞争问题，具体表现为以下几个方面：

首先，政府宏观经济管理部门直接或牵头管理工程，不利于工程监督管理和尽快实施。如县发改委（原计委）管理的以工代赈工程，既负责项目立项，又负责工程实施和管理，暂且不论专业技术和水平如何，仅就能否客观公正、公开透明履行职责，就很值得我们认真思考。

其次，同一类型项目由多个部门管理，缺乏统一整合、集中实施，造成资金投入过于分散，难以形成集中资金办大事，影响到建设项目投资效果。如近年来实施的人畜饮水解困工程，存在县政府发改委的以工代赈办、农业综合开发办、扶贫办等多个部门管理的问题。县级农业等主管部门为满足自身经营需求，普遍开展经营创收活动，这种政企不分的现象，即容易影响行政管理和服务职能的发挥，也不利于建立正常的财政支农资金投入机制。

再其次，资金使用中存在重要钱、轻管理，挤占挪用项目资金等现象。主要原因在于财政支农工程项目未能建立严格的项目管理监督检查机制。近年来由于财政管理体制原因，各级政府财政经济状况普遍较差，基础设施建设等的投入都依赖于上级财力，尤其是中央专项资金，因此部分单位或个人都想方设法争取项目，取得资金。但是对争取来的项目，普遍存在轻管理，资金上存在弥补机关经费不足、挤占挪用项目资金等问题。

3. 管理体制不顺造成财政支农资金的综合使用效率低下。现行的财政支农体制是在计划经济条件下形成并延续下来的，管理部门多，相互协调难，重复立项现象依然存在。目前，支农资金从中央政府来看分属于不同主管部门，这些部门主要包括发改委、财政部、科技部、水利部、农业部、林业局、气象局、国土资源部、国务院扶贫办、防汛抗旱办、交通、电力、教育、卫生、文化、民政等部门。中央政府支农资金的多头分配管理格局，也相应地影响和规定着地方各级政府支农资金的分配、使用和管理方式。除发改委下达的投资通过财政部门拨付外，其他行业主管部门均按"条条"层层下拨到县级对口部门。然后，再由县级各对口部门根据部门需要各自独立地通过项目方式进行实际拨付。历史形成的这种支农资金管理和运作格局带有浓厚的计划经济色彩，已不适应社会主义市场经济条件下的现代农业和新农村建设。

这方面存在的问题主要表现在以下几个方面：一是管理部门多，难以统筹协调。据统计，仅中央直接涉及支农资金的部委就高达十六七个之多，农业投入渠道多且乱，大约涉及20多个部门，而这些部门又往往各自为政，互不配合，往往为了更多地争取本部门利益而忽视全局利益，从而使支农资金管理困难，造成重复拨付和不必要的流失。二是资金使用分散，投资效益低。由于支农资金来自不同部门，而各部门又各行其是，投资分散，难以形成合力，低水平重复建设严重，导致支农资金总体规模与投资效益极不相称。第三，支农资金安排和使用随意性大，对新农村建设无法形成长效机制。许多支农项目的立项没有经过细致的调查研究和长期规划，投资安排基本上还处在"头痛医头、脚痛医脚"的局面，哪里出现问题较多，哪里投资就较大，无法形成长期稳定的激励机制。

三、县级对财政支农项目资金的整合与上级支农资金投入脱节，造成了资金整合的被动

尽管平阴县对圣母山小流域、人畜饮水等项目的不同资金进行了整合，也取得了很大成效，但通过调研可以发现在其中存在两个突出的问题：一是由于支农项目立项审批权的分离，项目审批和资金拨付在上级，而支农资金和项目整合在县级，这样的运行结果是往往形成两张皮，即便县里有了支农发展规划和项目库，并确立了年度实施计划，但县里上报的项目能不能批准，上级财政和主管部门当年能投入多少，准备投向哪里，

支农资金什么时候能到位等，全都是上级部门说了算，其结果往往造成了县级支农部门的心中无底，不能实现县级支农项目规划与上级投入的有效对接，影响了财政支农资金整合的效率。二是假使支农项目和资金能按照县里的设想完全到位，但由不同部门使用管理的支农资金，从立项时间、建设期限、建设内容和验收标准等方面均有不同的要求，如果不从上级部门加以协调解决，即使这些项目和资金整合到了一个项目区集中实施，也会使得县级对支农项目调控的范围十分有限，项目和资金的结合程度不高，资金整合始终处于一种被动状态。三是由于平阴县地处丘陵地带，住在山区的农民由于居住条件恶劣，需要二次定居，而二次定居的中心村建设资金的投入主要以乡级财政投入和农民自筹为主，缺乏上级部门的有力支持，使得新农村建设质量水平大打折扣，最终影响支农资金的整合力度和实施效果。

四、一些财政资金整合项目与县域农村经济长远规划结合上还存在着一定差距

从平阴县已进行资金整合的项目区实施情况来看，目前支农资金整合与全县农业产业结构调整和发展现代农业的总体规划相比，还有较大的差距，尤其是项目区的产业整合规划还不够明确和系统。比如，平阴玫瑰项目区的资金整合，应在对项目区做出农业种植业结构总体规划的基础上，由县、乡牵头将"公司＋基地＋农户"的现代订单农业生产方式积极引进到项目区，在依托项目区农产品重点扶持龙头农副产品加工企业的同时，鼓励农户有目的地生产，尽快形成"一村一品"和拿得出手的拳头产品和主导产业，引导农民尽快致富。而目前该项目区的农民种植业结构调整，只是一种自发性的订单，缺乏与乡、县农业发展规划的对接。这是平阴县在今后项目区进行财政支农资金整合时需要改进的地方。因此，要做好支农资金的整合工作，必须要解决好这些问题，认清形势，统一思想，进一步增强做好整合工作的责任感和紧迫感。

五、财政支农资金的监督机制不够健全

财政支农资金的投入、使用离不开对资金运用过程监督控制，但是，就目前来看，财政支农资金仍然存在监督机制不健全，监督不力的问题，在一定程度上限制了整合资金效用的发挥。主要体现为以下几个方面：

第一，财政支出约束软化，财政支农资金使用监督机制落后。虽然

《预算法》、《预算法实施条例》已经颁布实施，但执行情况不太理想，依法理财、依法进行支出预算管理的氛围还没有完全形成。资金使用效果差，影响了财政监督应有的权威性和有效性，从而影响到财政资金发挥应有的效益。

第二，对于项目的审批、监管水平低下。目前，财政支农工作的主要内容往往是分资金、下指标，相关部门下达的支农专项资金一般是依据单位报告、领导批示等确定，至于项目的必要性、轻重缓急、项目效益、项目预算的真实准确程度等，缺乏必要的论证。同时，由于项目审批制度化、公开化、科学化不够，资金供给范围模糊，各项支出没有一套规范的执行标准。

第三，事中和事后监督不够。财政对支农专项资金的管理大多没有建立起行之有效的事中和事后监督机制，多数支农项目的执行是由县乡政府或事业单位通过各种渠道自行联系设计、施工单位，只是项目执行中时常出现重拨轻管的现象。并且相关部门只管资金，不管项目建设实施，事前调查、事中监督、事后检查都不到位，致使挤占、挪用现象普遍，虚报、冒领等问题以及违规现象在各部门、各领域都有发生，很大程度上影响了财政资金使用的安全、有效、规范，支农资金不能在农业生产中真正发挥"导向"作用。

第三节　进一步优化财政支农资金整合的对策

财政支农资金的整合意义重大，影响深远。整合的成功与否直接关系到农业和农村的协调发展，影响到我国和谐社会的构建，也影响到建设社会主义新农村巨大历史使命的实现。因此，我们要积极吸取成功试点的经验做法，避免其中的问题和不足，以科学发展观为指导，提高财政支农资金的使用效率，使财政支农资金的利用更加科学、安全、高效。针对以上存在的问题，平阴县在优化财政支农资金整合的路径选择方面应做好以下几个方面的工作：

一、转变固有观念，形成整合共识

转变观念，达成整合共识。财政支农资金的整合既是对原有财政支农资金管理体制的一项重大改革，又是对部门利益的一次调整，各部门单位不应该仅局限于部门的局部利益，应树立全局观念，把思想高度统一到整合上来。认识到财政资金的整合是建设社会主义新农村的需要，在整合的过程中应摒弃个人观念、部门观念，认识到只有通过资金的整合才能改变以往的"撒胡椒面"现象，实现集中财力办大事的目标。观念的改变关键在于各部门的领导，县级政府可以通过政治学习、业务培训、外出调研等各种方式转变固有的思想，树立为民理财、依法理财、为建设新农村服务的思想，达成财政支农资金整合共识，提高财政支农资金整合的效果。

首先，强化各级领导的整合意识。财政支农资金整合是对来源于各级财政支农资金、各类项目资金的优化组合。资金的来源有来自县级的、市级的、省级的，也有来自中央部门的，要把各级部门的各类资金进行有效的整合，离不开各级政府强有力的统筹协调。因此，各级领导要在充分领会财政支农资金整合精神的前提下，本着切实为农民、农村、农业服务的原则，积极推动财政支农资金整合的有效进行。实践证明，没有一个强大的领导机构作后盾，整合工作将寸步难行。

其次，强化相关部门的整合意识。要广泛宣传，使各部门、单位的领导及其成员真正理解财政支农资金整合是集中财力办大事、办好事、办难事的重要举措。转变部门单位只重部门的局部利益，忽视大局的观念，克服惯性思维，消除疑虑，变"要我整合"为"我要整合"，变"单兵分散作战"为"集团协同作战"。

最后，强化群众的整合意识。财政支农资金整合最终目标是为农民切身利益服务，农民是这一整合工作的主角之一。所以应在保证农民有充分知情权的情况下，调动农民的积极性，让农民群众参与到整个整合活动中来，保障农民的话语权，以促进整合的财政支农资金落到实处。

二、建立完善的法律体系，规范整合资金范畴，降低相关人员的工作风险

在财政支农资金整合过程中，由于没有完善的法律体系往往使得整合工作无法顺利地开展。目前和财政支农资金整合相关的法律主要是财政部以及省级部门和地方政府出台的一些管理办法或实施办法、条例等，法律层次较低，而县级政府有关部门出台的一些管理规定只能是针对县一级范围，和上级部门的有关规定相冲突时，必须以上级部门为准，即使有些情况下，县里的办法更符合实际情况，有关人员也要承担相应的责任，从而影响了财政支农资金整合的实施效果。目前需要我们从更高的法律层次上对财政支农资金整合进行规范，在考虑成熟的基础上，可以提议全国人民

代表大会及其常务委员会出台相关的法律规定，提高财政支农资金整合的法律效力，规范整合资金的范畴，提高相关人员工作的明确性，降低他们工作的不确定风险，提高工作的积极性和创造性，从而更好促进财政支农工作的进展。

三、创新机制，加强项目资金整合的系统管理

第一，继续规范财政支农资金整合项目的管理。一是今后应按照"十一五"规划和新农村建设的要求，将围绕县域经济发展和新农村建设的重点产业、重点区域的重点项目经过论证、筛选后，进入项目储备库。财政部门按照主管部门报送的储备项目，建立项目总库，统一管理，对未纳入财政项目总库储备的项目，不得编制支农资金整合项目年度实施计划和上报。二是严格支农项目的申报和实施。所有向上级申报的项目须经领导小组统一评审，合格后，由领导小组组长签字，有关主管部门与财政部门联合行文上报。项目批复后，所有对下安排的项目，也需经县整合工作领导小组会议研究，由有关主管部门与财政部门联合行文安排，并严格按照批复方案执行。对项目的统一组织实施，要采用工程招标、合同制管理，严把质量关，建立行政监督管理、技术监督管理和群众监督管理的制度，实行全程监督，跟踪问效。三是对于"捆绑"、"配套"的支农项目，要采取灵活适度的原则，建立支农资金整合配套使用机制，做到各类支农项目、资金相互衔接配合。以上下结合、整体打包、项目支持为平台进行资金整合。同时应合理确定项目投资比例和规模，科学合理界定产权，项目验收做到有分有合，不重复，项目后续管护建立新的运行机制。

第二，切实加强对财政支农整合资金的管理。一是县财政局设立财政支农资金整合专户。各级财政资金下达后，应及时划入支农整合账户，以确保支农整合项目的正常实施。二是实行分级监督检查，健全约束机制。除国家、省和地区统一组织的监督检查外，县整合工作领导小组每年要对上一年整合资金情况组织一次全面检查，并对检查结果予以通报。对于未能通过上级验收的，严肃追究相关负责人的责任。三是建立绩效考评制度。应结合定量和定性考评，对全县每年整合资金在 50 万元以上项目，按照项目完成数量、资金规模、所涉及的资金类别、质量、项目实施的难易度，以及项目实施后的经济、社会和生态效益，进行综合考核和评估，明确奖惩措施和办法。

第三，成立涉农投资领导小组，建立支农资金整合协调机制。应在已

成立的县级支农资金整合领导小组的基础上，建立更富有实效性的支农整合工作机制。在试点领导小组和联席会议的基础上成立涉农投资领导小组，建立财政支农资金整合的协调机制，并逐渐将金融支农资金也整合进来，为今后更广泛范围的支农资金整合打下坚实的基础。一是从领导小组的成员构成上看，应体现出当地党委、政府的高度重视程度，以利于这项系统工程的整体快速推进。涉农投资领导小组的组长应由各县县委书记或县长亲自担任，常务副县长、分管农业的副县长任副组长，财政、审计、发改委、农发办、农业、林业、水务、畜牧等支农涉农部门的一把手为成员。对县域支农资金整合工作由领导小组组长亲自参与亲自抓，定期召开联席会议，统筹安排，统一规划，统一调配，集中使用，通过采取强有力的行政手段，部门配合，才能形成合力，保证财政支农资金整合工作的顺利开展。二是合理配置资源，强化涉农投资领导小组办公室的综合协调和管理职能。在涉农投资领导小组办公室下设综合协调组、项目申报组、资金管理组、项目监督组和项目绩效评价五个工作小组，可从相关部门抽调工作人员集中办公，并落实工作经费，以保障支农资金整合工作的顺利实施。

第四，各级联动，推动县级财政支农资金整合工作迈向新台阶。一是对县级实行支农资金和项目审批权的下放。针对农牧业发展实际，在资金整合中将项目选择权和资金使用权下放给县委、县政府，上级部门行使监督权。给予县委、县政府一定的资金调度权限，有利于将资金用在项目区和产业发展最需要的环节上，有效解决影响区域资金整合和产业发展的关键问题。同时，这样做也解决了困扰县级多年的随时要承担资金整合带来的无谓责任风险问题。二是省财政部门应会同各主管部门一道，搞好资金"切块"下达工作。对一些普惠性的、补助性的资金，由省财政厅财政支农资金整合工作领导小组协商有关主管部门，根据县域发展规划、支农实际和绩效考评结果，共同制定出较为科学、合理的"切块"分配依据，在明确资金投放重点、原则、支出范围和补助标准的基础上，将资金切块下达到县级。对每一项切块资金的使用原则、使用范围、使用条件等提出明确规定。同时，应及时下达资金，加快资金流动速度。省"切块"下达的资金，应以县为单位在资金下达的1个月内，向省财政和有关部门上报备案的项目具体落实情况。三是建立规范的政府财政支农资金管理制度。省要对现行支农资金使用管理制度进行清理、修订和完善，为县级支农资金整合消除制度上的障碍。

四、科学编制的整合方案，明确整合工作方向，防止资金投入脱节

任何一项工作的顺利实施及成效的取得，都离不开科学方案的指引。财政支农资金整合工作也不例外。因而，财政支农资金整合工作应按照国家"关于开展整合资金支持新农村建设工作"的主旨精神，依据县农业及农村经济发展规划以及社会主义新农村建设的要求，科学编制整合方案，制定和完善综合性发展规划，充分发挥规划的指导和统筹作用。具体做法，建议县级各涉农部门深入调查研究，提出各自的中长期发展规划，包括发展的指导思想、战略目标、总体布局和主要建设项目。县涉农投资领导小组根据各部门的发展规划，制定和完善县级综合性发展建设规划，在规划的指导下，逐步做到今后所有渠道的支农投资和项目的编报、实施，都按照规划进行统筹安排，可避免项目申报和实施过程中的盲目性、片面性、偏离性和照顾性。

例如，平阴县的做法是，对全县"三农"发展做出长远科学的规划，项目跟着规划走，资金跟着项目转。平阴县在反复论证的基础上，确定畜牧、玫瑰花、蔬菜等产业作为长期重点培植的产业，严禁不经支农资金整合领导小组审批随意申报项目。领导小组审批后，方可由业务单位联合财政部门上报上级业务主管部门。上报的项目经上级业务主管部门批复后，在县领导小组的统一指导下，及时编报项目实施方案。围绕规划，平阴县将伊利乳业、长荣畜产等龙头企业作为整合资金重点支持项目。县财政通过集中捆绑整合资金2 000多万元，对伊利乳业项目前期工程予以重点扶持，经过半年多的运作，总投资2.14亿元的伊利乳业于2007年8月正式投产。在伊利乳业奶源基地建设过程中，针对奶牛养殖贷款难的问题，又整合资金1 000万元，成立了奶牛养殖风险基金担保公司。担保公司与农行、信用社签订协议，按照1∶5的比例，可取得5 000万元的贷款放贷给养牛户，为奶牛养殖提供了资金保障。

同时，通过方案的编制，取得上级政府的支持，在上级政府进行审批的过程中，实现支农资金的同步到位，改变以往的资金投入脱节现象。

五、通过平台打造和项目综合储备制度的建立，实现财政支农资金整合和县域经济的协同发展

第一，打造财政支农资金整合平台的最佳方式，就是以主导产业和项目为载体，进行资金整合。各地可根据发展规划和重点项目对现有资金进

行适当归并，并以主导产业或重点建设项目打造支农资金整合平台，通过项目的实施带动支农资金的集中使用。在具体方式方法上，可根据实际需要灵活选定。如以农田水利设施建设为切入点，打造水利资金的整合平台；以新农村建设为契机，打造农村发展类资金和扶贫资金的整合平台；以发展优势产业和特色产品为抓手，打造生产类和产业类资金的整合平台；以改善生态环境为重点，打造生态保护和治理资金的整合平台等。

　　在这方面，全国不少试点县都取得了很大的成效，平阴县就是其中之一。一是通过自来水建设为切入点，对全县用于自来水建设的资金进行整合，解决了人畜饮用水问题。在这类资金进行整合之前，中央、省、市、县各级政府均对这个专项资金做了安排，但各级部门在安排使用时，经常出现项目分散、交叉重复、管理不一等问题，产生的效果是年年解决吃水困难，年年人畜吃水困难的局面。自2005年平阴县实施支农资金整合以来，平阴县采取大区域联片供水方式，推进"村村通自来水"工程建设，转变了过去村村打井，井井配套，各自为战的局面，既集约利用资金，发挥了资金使用效益，又有利于地下水资源的开发利用，推进了农村基础设施建设。二是小流域综合治理取得显著成效。平阴县荒山绿化、水土保持任务艰巨。在实施支农资金整合试点前，由于上级拨付和本县安排的有关专项资金分属不同主管部门，缺乏统一协调机制，部门之间、部门内部也存在各自为政的现象，加上运行环节多、过程长、管理成本高，致使荒山绿化、水土保持成效差，见效慢，甚至"年年栽树不见林"的现象时有发生。实施资金整合后，平阴县尝试打破部门和行业界限，把各部门、各行业性质相似、功能相近的专项资金整合集中使用，按照"山、田、路、林、桥、涵、闸"统一建设的小流域治理模式，治理开发荒山。资金整合后实施的圣母山小流域治理已建设成为生态农业观光园，被命名为国家AA级景区。实施小流域治理的意义，不仅仅是整合了各部门资金，更重要的是形成了政策"洼地"，发挥了积聚效应，调动了金融、民间、企业、外资等社会资金投入的积极性，为支持新农村建设提供了新的资金来源。

　　第二，建立政府领导下的财政部门和主管部门协同共管、权责分明的项目管理责任制，有条件的地方应该成立专门的项目管理部门，全面负责本地区项目的立项、审查、申报工作。同时，建立由各类专家组成的项目咨询机构，具体承办项目的技术事项。这样做现阶段看来，至少有四个好处：一是有助于精兵简政，减少冗员；二是可以统筹安排项目，避免项目分布上的畸轻畸重；三是可以反映政府主旨，有利于政府行政目标的实现；四是可以避免一项多投和无项乱投，防止出现财政投入上的重复和缺位。从而实现整合项目管理能够站在政府的高度、全局的角度权衡项目效益，弥补分管领导意志化和部门意志化所带来的缺欠，科学安排项目的行业分布、地域分布和结构分布，提高资金利用效益。

具体做法，完善政府项目储备库，把各行业主管部门掌握的项目全部囊括其中，并不断吐故纳新。这个项目储备库应涵盖农、林、牧、副、渔、教科文等农村地区的各行各业，项目管理上应按项目建设状态分门别类，由项目管理机构根据上级政府的项目扶持政策，统筹行业主管部门意见，结合本级政府的农村发展规划，统筹确定上报项目。同时要求立项补助的建设单位，必须以书面形式提出申请；项目管理机构负责项目建设的业务指导和监督；财政部门及时安排支农资金，监督和帮助项目资金的筹集、使用和管理。申请立项补助时，必须附可行性研究报告，确定立项补助前，必须组织可行性论证。乡镇财政配套资金和农民、集体经济组织及部门单位的自筹资金，采取"先上缴，再统一下达"的办法，即乡镇配套资金和自筹资金先上缴市财政，与补助资金（包括中央、省、市）捆在一起，按工程进度分期分批下拨。从而提高了立项补助的透明度和公正性，也使真正重要、紧急的建设项目能够优先立项补助建设，提高了资金的使用效益，大大减少了"人情"项目和假项目的发生。

另外，需要注意的是，有关整合项目的立项审批权的问题。多年来，由于国家和省政府是财政支农的投资主体，惯性形成了项目的立项、审批和资金投入权相对集中到了国家和省政府及其行业主管部门，以下各级地方政府及其行业主管部门只有项目申报权和资金使用权。这样就出现了上级拥有资金投入决策权但缺乏对基层实际情况的全面了解；下级全面了解基层情况但没有投入决策权的情况，影响了资金扶持的"雪中送炭"效应。因此，必须改革现行的投入方式，从项目立项上建立起国家和地方分权制度，给地方特别是县级政府一定的立项自主权。

平台的打造和项目储备库的建立历经项目的筛选、项目的可行性研究等程序，这些项目的选择必然要考虑促进当地经济的发展状况，从而有利于县域经济和财政支农资金整合的协同发展。

六、改革单一的资金支出形式，实行多元化的支出方式

在当前建立财政支出新体制下，财政支农支出作为我国财政支出的重

要组成部分也要适应新形势、新体制、新要求，逐步改革传统的财政支农资金支出方式，实行新的支出方式：

第一，实行政府采购制度，提高资金使用效益。在对支农资金的管理上实施政府采购制度是国家节约预算内财政支农资金的重要管理手段。政府采购制度也称为公共采购制度，是指各级政府为满足开展日常政务活动或面向公众服务的需要，在财政监督下，以法定的程序、形式和方法，从市场统一采购商品和劳务的制度。在财政支农中实施政府采购，即财政支农资金的各项支出通过政府财政统一采购、公开招标，其资金结算都由财政直接集中支付，从而即避免了资金被截留、挪用，又保证了所购买的农用物资或农业工程（包括兴修水利、修建交通设施、改造环境等在内的公共工程）的质量，有效地提供区域性的公共产品，从而提高了财政支农资金的使用效率，确保了资金的效益。

通过政府采购支出的方式，能够节约财政支农资金，提高资金使用效益，主要体现在如下几方面：（1）建立竞争机制，保证农用物资质量。（2）实行公开招标投标，防止"暗箱"操作。（3）资金及时支付，提高资金使用效率。（4）公开、公平、公正交易，有效地抑制了腐败发生。（5）集中采购，降低成本费用，节约农业资金。

第二，实行国库集中支付制度，避免农业项目资金被截留、挪用。通过国库集中支付财政支农资金，能缩短资金的在途时间，加快资金的周转速度；同时可以使以往分散在财政各个涉农科室和各农口事业单位的支农资金统一由财政支付减少了中间环节，节省了交易费用。即农业支出各项目由财政拨付资金，由国库按预算数额直接拨给农业资金使用单位，而不再经过支出单位进行转账结算。这种资金拨付制度的改革有利于农业资金使用单位合理使用资金，有利于避免资金被截留或挪用，同时也能避免有效的支农资金形成重复投放或非系统性投放的状况，从而提高资金的效益。如：在加大国债农业基础设施建设投入的同时，采取了一些有利于防范财政风险的措施，2001 年起，国家加强了对国债项目农业资金使用的监督管理，对部分国债项目农业资金实行国库集中支付，努力提高投入农业国债资金使用效益。

第三，合理使用转移支付办法，确保财政支农资金足额到位。一方面，对财政支农资金的转移支付要实行公示制度，即管理财政支农资金的部门必须对每年的财政支农资金进行公示，防止"暗箱"操作，财政部应把转移支付给各市的支农资金进行公示，省（直辖市）级财政部门应把转移支付给各省的支农资金进行公示，如此类推，以此来减少财政支农资金的流失。另一方面，根据转移支付的地区和具体情况合理安排转移支付办法，如对于扶贫性转移支付资金（支援不发达地区发展资金），可按照贫困县的贫困人口数、人均财力、农民人均纯收入、贫困村个数等因素进行测算支付，就能较全面地考虑到各项客观因素，减少资金分配中人为因素的影响，加大资金分配过程的规范性和透明度，杜绝资金不到位现象，从而提高资金效益。

第四，因地制宜，采取灵活的投资方式。实行灵活的投资方式，对不同的农业投入资金来源，不同的农业建设项目，采取不同的投资方式。可以实行补助、贴息、以奖代拨等多种形式相结合的支出方式，因项目制宜改革传统的财政支农支出管理模式，建立农业投入的诱导机制。一是全额无偿投资。这类投资方式主要适用于对国民经济和社会发展具有全局意义的农业教育、农业科学技术的研究、大中型水利工程建设、道路建设以及有社会效益、生态效益而没有直接经济收入或收入很低、受益者主体不能明确的项目。二是投放补助金。这类投资方式主要适用于中低产田改造、小型农田排灌设施以及确保城乡副食品供应的畜舍鱼塘的建设。三是提供中长期低息贷款。这类投资方式主要适用于农业开发性生产建设，如营造速生丰产林，非耕地的水果种植生产，沿海滩涂的利用，以及从事规模经营和为农业生产提供社会化服务组织和个人购买先进的农业机械、仪器设备。通过这种财政资金信贷化的方式，从而增加财政对农业的投入。

第四节　平阴县财政支农资金整合的几点启示

从山东省平阴县财政支农资金整合的实践探索来看，至少有以下几点启示：

1. 建设社会主义新农村需要建设现代农业，建设现代农业财政不仅责无旁贷，而且必须整合财政支农资金。整合财政支农资金，有利于逐步规范政府农业资金投向，合理有效配置公共财政资源；有利于转变政府和部门的职能，消除"缺位"和"越位"现象；有利于集中力量办大事，提高支农资金的整体合力和使用效益。这对于改善农业发展的外部环境以及促进农村经济的发展来说都是当务之急，应在取得试点成功经验的基础上积极推广。

2. 财政支农资金整合并不是将各种渠道的资金简单归并，而是要通过整合明确支农资金的重点投向，提高资金的使用效益。因此，如何积极推进财政支农资金整合，探索财政支农资金整合新路子，显得尤为重要。结合平阴县试点工作的实际，财政支农资金整合应以科学发展观为统领，以农业农村发展规划为依据，以主导产业、优势区域和重点项目为平台，以县级为主与多级次资金整合相结合，以切实提高支农资金使用整体效益为目的，通过建立政府领导、部门配合的协调机制，整合各政府部门、各来源渠道安排的支农资金，逐步形成支农资金投资项目合理、运作流程规范、使用高效、运行安全的管理机制，使财政支农资金"打捆"使用，提高财政支农资金发挥的整合力和使用效率。

3. 平阴县财政支农资金整合试点工作取得了较大的成效，具有一定的代表性，在资金运作、项目管理以及整合的措施等方面有许多好的做法值得推广。

（1）以新农村建设为契机，创建了具有平阴特色的资金整合新平台：搭建农村经济发展的平台，整合了"农业产业发展专项基金"，解决了靠什么建设新农村的问题；搭建支持农民教育和培训的平台，整合了"农民教育与培训资金"，解决了新农村谁来建设的问题；搭建了农村公共事业发展的平台，整合了"农村公共事业发展基金"，解决了怎样建设新农村的问题。

（2）通过重点项目的实施带动支农资金的整合和集中使用，在建立"项目跟着规划走，资金紧跟项目行"的机制基础上，推行项目综合储备制度，建立项目统一立项申报程序，实现了整合项目管理能够站在全局的高度，权衡项目效益，科学安排项目的行业分布、地域分布和结构分布。

（3）在项目制定上，严格项目申报程序，杜绝随意申报项目；为实施项目规范化管理，实行项目法人制管理，明确项目建设各环节的责任主体，划定各主体的责任和权利，从而科学地安排施工进度，确保项目建设的质量；加强督促检查，成立督导小组，全面监督项目的建设，强化项目管理的力度。

（4）明确部门职责，加强项目监管。各项目负责部门要贯彻落实法人制，加强规划和管理，加强技术指导和加强监督，在项目建成后，要做好后期的管护措施。

（5）做好资金划拨和管理的工作。实行直接集中支付，减少划拨中间环节，改变相关部门多头管理、各自为政的局面，减少交叉，强化协调。各部门采取有力措施，规范资金运作管理，建立和完善资金监管机制，严格财政支农资金监督，提高财政支农资金的使用效率。

参考文献

1. 财政部：《关于进一步加强推进支农资金整合工作的指导意见》。

2. 陈润源：《浅谈支农专项资金"报账制"管理》，载《农村财政与财务》，2003 年第 8 期。

3. 赵鸣骥、文秋良：《辽宁整合财政支农资金初见成效》，载《农村财政与财务》，2006 年第 7 期。

4. 陈池波、胡振虎：《整合财政支农资金的模式构建》，载《农村财政与财务》，2006 年第 6 期。

5. 郭蕊：《整合财政支农资金建设社会主义新农村的路径选择》，载《理论探讨》，2007 年第 5 期。

后　　记

　　平阴县财政支农资金整合试点工作始于 2005 年。试点伊始，平阴县就成立了支农资金整合试点工作领导小组，我为组长。作为中央、省、市三级试点单位，我们深知肩负的责任重大，自始至终高度关注并积极探索，力求在实践中把握规律，在研究解决矛盾中完善制度，以期通过试点提供有价值的参考。工作中，我们深刻认识到财政支农资金整合工作线长、面广、涉及部门较多、上下关联度高，支农资金整合背后是部门利益的调整，是政府职能的转变。因此，要面对许多新情况新问题并要逐一研究解决。可以说，我们是在边学习实践、边研究探索的过程中，逐步地对财政支农资金整合有了比较清晰的认识，并期望通过全面的总结升华更好的指导实际工作。

　　借助清华大学学习和研究的平台，在博士生导师韩廷春教授的具体指导下，我完成了《新农村建设中县级财政支农资金整合的对策研究》毕业论文。在论文答辩和审查过程中，韩廷春教授和几位专家都认为本课题具有很好的现实意义，并建议做深入研究。同时，随着我县财政支农资金整合试点工作的不断深入，也需要及时深化和完善。于是，2007 年在山东经济学院财政金融学院张志元院长、赵宇副院长的支持参与下，我们共同组建了课题组，对这一问题又做了更专业、更系统的研究，并形成了该书稿。现呈现给广大读者。

　　参与本书编著的人员有赵宇、李学刚、高凤勤、马恩涛、李红坤、刘蕾、路春城、陈超。

　　在课题的研究和本书的编著过程中，得到了各方面的大力支持和帮助，在此一并表示诚挚的谢意。清华大学公共管理学院博士生导师韩廷春教授，百忙中审阅了书稿并欣然为本书提写了序言。山东经济学院财政金融学院各位专家学者付出了艰辛的劳动。济南市委宣传部、市科技局给予了课题立项支持。平阴县政府办公室、财政局、农业局、水务局、统计局、法制局等部门和有关乡镇，为本课题的完成提供了丰富的实践和热情的帮助。特别感谢经济科学出版社以及本书的责任编辑白留杰女士为本书的编辑、出版和发行所做的辛苦工作。

　　谨向参阅和借鉴的相关文献资料的各位作者表示衷心感谢。

　　财政支农问题是一个大课题，财政支农资金整合试点工作还在继续。限于时间和作者水平，本书在编著过程中难免有不足之处，敬请诸位专家和广大读者批评指正。

2010 年 10 月